教育部 财政部职业院校教师素质提高计划职教师资培养资源开发项目

汽车电气设备与维修
Qiche Dianqi Shebei yu Weixiu

楼江燕 江 帆 主 编
李晓萍 覃有森 杨年炯 楼华山 副主编

人民交通出版社股份有限公司
China Communications Press Co.,Ltd.

内 容 提 要

本书根据车辆工程专业职教师资培养目标、培养方案及教学大纲的要求编写。

本书共有5个单元,15个项目,29个工作任务。以汽车电气设备的结构与工作原理为主线展开,为凸显符合学生认知和技能规律,内容的组织上设计了汽车电路的识图和汽车电路检修的铺垫;蓄电池构造与维护、发电机构造与检测、汽车电源系统的故障诊断、起动机构造与检修、电动车窗构造及检修、中央门锁构造与检修、电动座椅构造及检修、电动后视镜构造与检修、刮水器与清洗器构造与检修、汽车灯系检查与调试、汽车信号系统构造与检修、汽车仪表与报警系统构造与检修、汽车空调系统构造与维修各项目均在铺垫知识基础上反复的强化训练,贴切行业需求、职业要求和岗位的规范?本书每一单元都有教学内容的设计,引导职教师资培养中示范性的训练。

图书在版编目(CIP)数据

汽车电气设备与维修/楼江燕,江帆主编.—北京:人民交通出版社股份有限公司,2017.1
ISBN 978-7-114-13390-9

Ⅰ.①汽… Ⅱ.①楼… Ⅲ.①汽车—电气设备—车辆修理—职业教育—教材 Ⅳ.①U472.41

中国版本图书馆 CIP 数据核字(2016)第 245022 号

书　　　名:	汽车电气设备与维修
著 作 者:	楼江燕　江帆
责任编辑:	夏　韡
出版发行:	人民交通出版社股份有限公司
地　　址:	(100011)北京市朝阳区安定门外外馆斜街3号
网　　址:	http://www.ccpress.com.cn
销售电话:	(010)59757973
总 经 销:	人民交通出版社股份有限公司发行部
经　　销:	各地新华书店
印　　刷:	北京市密东印刷有限公司
开　　本:	787×1092　1/16
印　　张:	18.5
字　　数:	434 千
版　　次:	2017年1月　第1版
印　　次:	2017年1月　第1次印刷
书　　号:	ISBN 978-7-114-13390-9
定　　价:	42.00元

(有印刷、装订质量问题的图书由本公司负责调换)

项目专家指导委员会

主　任：刘来泉

副主任：王宪成　郭春鸣

成　员：(按姓氏笔画排列)

刁哲军　王继平　王乐夫　邓泽民　石伟平

卢双盈　汤生玲　米　靖　刘正安　刘君义

孟庆国　沈　希　李仲阳　李栋学　李梦卿

吴全全　张元利　张建荣　周泽扬　姜大源

郭杰忠　夏金星　徐　流　徐　朔　曹　晔

崔世钢　韩亚兰

教育部　财政部职业院校教师素质提高计划成果系列丛书

《车辆工程》专业职教师资培养资源开发（VTNE012）项目组
项目牵头单位：广西科技大学
项目负责人：廖抒华

出版说明

《国家中长期教育改革和发展规划纲要(2010—2020年)》颁布实施以来,我国职业教育进入到加快构建现代职业教育体系、全面提高技能型人才培养质量的新阶段。加快发展现代职业教育,实现职业教育改革发展新跨越,对职业学校"双师型"教师队伍建设提出了更高的要求。为此,教育部明确提出,要以推动教师专业化为引领,以加强"双师型"教师队伍建设为重点,以创新制度和机制为动力,以完善培养培训体系为保障,以实施素质提高计划为抓手,统筹规划,突出重点,改革创新,狠抓落实,切实提升职业院校教师队伍整体素质和建设水平,加快建成一支师德高尚、素质优良、技艺精湛、结构合理、专兼结合的高素质专业化的"双师型"教师队伍,为建设具有中国特色、世界水平的现代职业教育体系提供强有力的师资保障。

目前,我国共有60余所高校正在开展职教师资培养,但由于教师培养标准的缺失和培养课程资源的匮乏,制约了"双师型"教师培养质量的提高。为完善教师培养标准和课程体系,教育部、财政部在"职业院校教师素质提高计划"框架内专门设置了职教师资培养资源开发项目,中央财政划拨1.5亿元,系统开发用于本科专业职教师资培养标准、培养方案、核心课程和特色教材等系列资源。其中,包括88个专业项目,12个资格考试制度开发等公共项目。该项目由42家开设职业技术师范专业的高等学校牵头,组织近千家科研院所、职业学校、行业企业共同研发,一大批专家学者、优秀校长、一线教师、企业工程技术人员参与其中。

经过三年的努力,培养资源开发项目取得了丰硕成果。一是开发了中等职业学校88个专业(类)职教师资本科培养资源项目,内容包括专业教师标准、专业教师培养标准、评价方案,以及一系列专业课程大纲、主干课程教材及数字化资源;二是取得了6项公共基础研究成果,内容包括职教师资培养模式、国际职教师资培养、教育理论课程、质量保障体系、教学资源中心建设和学习平台开发等;三是完成了18个专业大类职教师资资格标准及认证考试标准开发。上述成果,共计800多本正式出版物。总体来说,培养资源开发项目实现了高效益:形成了一大批资源,填补了相关标准和资源的空白;凝聚了一支研发队伍,强化了教师培养的"校—企—校"协同;引领了一批高校的教学改革,带动了"双师型"教师的专业化培养。职教师资培养资源开发项目是支撑专业化培养的一项系统化、基础性工程,是加强职教教师培养培训一体化建设的关键环节,也是对职教师资培养培训基地教师专业化培养实践、教师教育研究能力的系统检阅。

自2013年项目立项开题以来,各项目承担单位、项目负责人及全体开发人员做了大量深入细致的工作,结合职教教师培养实践,研发出很多填补空白、体现科学性和前瞻性的成果,有力推进了"双师型"教师专门化培养向更深层次发展。同时,专家指导委员会的各位专家以及项目管理办公室的各位同志,克服了许多困难,按照两部对项目开发工作的总体要求,为实施项目管理、研发、检查等投入了大量时间和心血,也为各个项目提供了专业的咨询和指导,有力地保障了项目实施和成果质量。在此,我们一并表示衷心的感谢。

编写委员会
2016年3月

前言

百年大计，教育为本。强国富民，教育为先。职业教育是与基础教育、高等教育和成人教育地位平行的四大教育板块之一，职业教育受益于社会，社会也可受益于职业教育，促进社会发展是职业教育的应有之义和神圣职责。《国家中长期教育改革和发展规划纲要(2010—2020年)》发布之后，职业教育向科学化发展，对中等职业学校教师队伍建设提出了更高的要求。

2012年11月教育部、财政部在"职业院校教师素质提高计划"框架内专门设置了100个培养资源开发项目，系统开发应用于本科专业职教师资培养的专业教师标准、专业教师培养标准、评价方案，以及一系列专业课程大纲、主干课程教材及数字化资源。特色教材《汽车电气设备与维修》属于车辆工程专业职教师资培养资源开发项目课题中的子课题。

作为车辆工程专业职教师资培养的重要教学资料，针对学生是未来中职教师这一特点，根据职业教师培养目标和行业人才能力要求，以设计的课程大纲为基础，以岗位需求为依据，按照"项目导向、任务驱动、理实一体"的原则，培养具有技术性、师范性、职业性三性融合一体的专业人才，构建适应车辆工程专业职教师资培养需求的专业教材。

《汽车电气设备与维修》教材编写课题组的成员经过深入而广泛的探讨，确定教材通过工作任务分析，建立学习领域。在各学习领域中，以工作项目为载体，以完成工作任务为主要学习方式，组织教学内容。贯彻资讯、计划、决策、实施、检查、评价六步教学法。教材以雪弗莱、科鲁兹多种车型为例，选取本专业职业域中劳动、技术和职业教育三者关系的基本问题并兼顾应用于实践生产过程的新技术，有效促进学生理论知识与实操技能的掌握。

本教材具有以下特点：

(1) 强调以知识为基础，以能力为重点，技术性、师范性、职业性三性有机结合。

(2) 内容组织和体现形式符合学生认知和技能养成规律，体现以应用为主线。

(3) 体现行业需求、职业要求和岗位规范，尤其是紧跟技术更新趋势。

(4) 配套开发多媒体教学课件，充分利用数字化信息技术建立网络教学平台，打造立体化教材。

本书由广西科技大学楼江燕主编,楼江燕负责项目一~二、项目四~六、项目十~十三的编写;江帆(柳州市第一职业技术学校)负责项目十五的编写;李晓萍(广西科技大学)负责项目三、项目七~八编写;覃有森(柳州市第一职业技术学校)负责项目十四编写;杨年炯(广西科技大学)负责项目九编写;楼华山(柳州职业技术学院)负责项目十三编写。

柳州市五亿汽车销售有限公司伍家鋐、伍国友、杨超;东风柳州汽车有限公司商用车销售公司徐长辉、刘景昌、贾博元从汽车技术服务企业对应用型人才专业技能的角度出发,参与了编写大纲的讨论和草拟工作,使本书在教学内容、编写体例、实践能力的培养方面与用人单位的实际需求紧密结合,进一步提升和突出了本书的实用性和实战性。广西科技大学王龙、卢红、朱映红在教学内容设计中给予了中肯的意见。在此,对他们表示衷心的感谢。

由于编者水平有限,书中难免出现缺点和错误,敬请广大读者对书中误漏之处予以批评指正。

编者

2016 年 3 月

目录

单元一 汽车电气维修基础教学内容设计

项目一 汽车电路识别 ·· 3
    任务1 汽车电路识图 ·· 3
    任务2 各车系汽车电路识图 ·· 12
项目二 汽车电路检修 ·· 21
    任务 电路检测与修复 ·· 21

单元二 汽车电源系统教学内容设计

项目三 蓄电池构造与维护 ·· 39
    任务1 蓄电池的检测与判定 ·· 39
    任务2 蓄电池的充电 ··· 49
项目四 发电机构造与检测 ·· 57
    任务1 发电机驱动带更换及发电机的拆卸 ··· 57
    任务2 发电机不发电故障检测与修复 ··· 66
项目五 汽车电源系统的故障诊断 ·· 77
    任务1 电源系统故障检测与修复 ··· 77
    任务2 充电指示灯一直不亮的故障检测与修复 ···································· 85

单元三 电动系统教学内容设计

项目六 起动机构造与检修 ·· 95
    任务1 起动机更换 ·· 95
    任务2 起动机检测与修复 ··· 105
    任务3 起动机不工作故障检测与修复 ··· 107
项目七 电动车窗构造及检修 ··· 122
    任务1 汽车电动车窗不升降故障排查 ··· 122
    任务2 汽车CAN总线电动车窗控制系统故障排查 ······························ 124
项目八 中央门锁构造与检修 ··· 134

任务　汽车中央门锁故障排查 ································· 134
项目九　电动座椅构造及检修 ································· 143
  任务1　电动座椅无调整动作故障检测与修复 ················· 143
  任务2　带储存功能的电动座椅故障检测与修复 ··············· 152
项目十　电动后视镜构造与检修 ······························· 160
  任务　电动后视镜故障检测与修复 ··························· 160
项目十一　刮水器与清洗器构造与检修 ························· 171
  任务1　刮水器部件的检查与更换 ··························· 171
  任务2　刮水器不工作的故障排查 ··························· 182

单元四　汽车灯系、仪表及报警系统构造与检修教学内容设计

项目十二　汽车灯系检查与调试 ······························· 191
  任务1　更换前照灯 ······································· 191
  任务2　前照灯故障检测与修复 ····························· 193
项目十三　汽车信号系统构造与检修 ··························· 207
  任务1　转向灯故障检测与修复 ····························· 207
  任务2　汽车CAN总线控制的转向灯不工作故障诊断与排除 ····· 209
项目十四　汽车仪表与报警系统 ······························· 220
  任务1　组合仪表不工作故障诊断 ··························· 220
  任务2　车速里程表故障排查 ······························· 230

单元五　汽车空调系统维修教学内容设计

项目十五　汽车空调系统的维修 ······························· 243
  任务1　汽车空调的使用与维护 ····························· 243
  任务2　汽车空调制冷剂的压力检测及回收与充注 ············· 252
  任务3　汽车空调电器控制系统的故障诊断与检修 ············· 277

附录 ··· 285
参考文献 ··· 286

单元一　汽车电气维修基础教学内容设计

一、教学目标设计

1. 本单元的教学目标

学生熟知汽车电路图形符号，能说出汽车电路的基本类型及作用，掌握汽车电路识图方法，理解汽车电气元件的工作特性。

2. 本单元的能力目标

学生能正确规范使用电工检测仪器及工具，正确检查电气元件的质量，能分析汽车控制电路的工作过程，熟知电路故障的排查流程。

二、教学任务分析

学生已经修完电子电工技术课程，对电器元件符号、电路图有一定的认识，通过学习发动机构造与拆装、汽车底盘构造与拆装、电控发动机等课程已经构建学修汽车各大车系控制电路的平台，为培养学生基本职业能力的电器故障诊断做了坚实的铺垫。

三、教学内容分析与组织

1. 教学内容分析

内容	学时	重点与难点
项目一　汽车电路识别	12	重点：描述汽车电路控制图表达的工作原理及过程
任务1　汽车电路识图	6	
任务2　各车系汽车电路识图	6	难点：各车系汽车电路的识图
项目二　汽车电路检修	6	重点：正确检测汽车电路各电气元件
任务1　电路检测与修复	6	难点：汽车电路常见故障排查流程

2. 教学内容组织

汽车电路识图是汽车电路检测的基础，首先识别汽车各车系、各类电路图的特点和作用，掌握各电器元件工作特点及检测方法，才能分析汽车电路常见故障，为提高检修效率，归纳汽车故障诊断流程。教学内容组织环环相扣、逐渐递进，为后续单元搭建基础。

教材首先布置任务卡，让学生从任务卡中记录不理解和未知的内容，带着疑问进入相关知识和知识拓展中寻求答案，通过任务驱动的教学活动，强调学生"做中学"，强化学生汽车电气设备系统故障诊断与排除方面的基本知识和技能。

采用六步任务驱动教学法：

(1)资讯：完成任务应备的知识。

(2)决策：分析故障产生原因，确定故障点的范围。

（3）计划：制定排查排除故障的过程。
（4）实施：具体的操作过程（教师先示范或讲解）。
（5）检查：落实任务完成是否成功。
（6）评价：针对任务完成情况给予评分。

在排查故障时，能够按规范的流程（接车问诊→故障现象确认→预检，确定故障范围→执行系统诊断（诊断仪诊断）→部件测试→电路测量→故障部位确认和排除→维修结果确认→现场恢复）诊断简单的汽车电气设备故障。

四、教学的监控与评价

序号	项目	内容	分值	评分
1	教学目标	根据课程大纲要求，教学目标明确	10	
2	学情分析	对学生知识基础、学习特点及适宜的学习方法进行分析和引导	10	
3	教学材料	教学材料的选择和组织符合教师现在所教学生实际的知识基础和能力水平，有可操作性	25	
4	教学重点、难点	重点、难点确定准确	25	
5	教学内容组织	教学内容序化合理，符合学生认知规律	10	
6	课时安排	学时安排合理	10	
7	格式与表达	设计格式规范，表达清晰流畅	10	
总分			100	

项目一　汽车电路识别

学习目标

能　力　目　标	知　识　目　标
熟练运用汽车电路图图形符号	能说出汽车电路基本类型
能分析汽车电路控制图工作原理及过程	掌握汽车电路识图的基本方法

任务1　汽车电路识图

客户任务	对五菱宏光汽车电路进行分析、查找
任务目的	了解汽车电路图的类型,掌握电路图识读的基本方法

一、资讯

(1)汽车电路图的表达方法有＿＿＿＿、＿＿＿＿、＿＿＿＿、＿＿＿＿和＿＿＿＿。

(2)汽车电气设备电压为＿＿＿＿V,采用(□交/□直)流电源,各用电设备之间＿＿＿＿(□并/□串)联,电气设备的＿＿＿＿极采用导线相互连接,蓄电池的＿＿＿＿极搭铁,电路还应设有＿＿＿＿装置等特点。

(3)汽车电路的接线端子"B"或"＋"表示接至＿＿＿＿;接至点火开关的接线端子用＿＿＿＿表示;接至起动机的接线端子用＿＿＿＿表示;接至各种灯具的接线端子用＿＿＿＿表示;发电机中性点接线端子用＿＿＿＿表示;发电机磁场接线端子用＿＿＿＿表示,励磁电压输出端接线端子用＿＿＿＿表示,发电机电枢输出端接线端子用＿＿＿＿表示等。

(4)汽车线束有＿＿＿＿、＿＿＿＿、＿＿＿＿及＿＿＿＿。

(5)电路原理图由＿＿＿＿＿＿＿＿＿＿而成。

(6)电路元件位置图＿＿＿＿＿＿＿＿＿＿,给维修和排除故障查找提供方便。

(7)电路中一般设有保护装置,如＿＿＿＿、＿＿＿＿等。

(8)任何一个完整的电路都是由＿＿＿＿、＿＿＿＿、＿＿＿＿、＿＿＿＿等组成的。电流流向必须从＿＿＿＿,经过熔断丝、开关、导线等到达用电设备,再经过导线(或搭铁)间到＿＿＿＿,才能构成回路。

二、决策与计划

根据任务要求,对小组人员合理分工,制订详细的诊断和修复计划。

(1)小组成员分工。

＿＿

＿＿

(2)诊断和修复计划。

＿＿

＿＿

三、实施

(1)根据图1-6和图1-7的资讯,认识五菱宏光冷却风扇控制原理图中的电器元件,在实车上找到相应元件。

　　A＿＿＿＿　　　　B＿＿＿＿　　　　C＿＿＿＿　　　　D＿＿＿＿

续上表

E_____ F_____ G_____

（2）在下图中绘出五菱宏光冷却风扇控制原理图电器元件位置图及接线图。

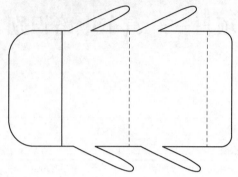

（3）分析冷却风扇工作原理图。

四、检查

五、评价（表1-1）

评　价　表　　　　　　　　　　　表1-1

	检查评价项目	完成标准	学生自评	小组评价
职业技能	熟练运用汽车电路图图形符号	熟练认知		
	能分析汽车电路控制图工作原理	熟悉分析		
技术知识	了解汽车电路基本类型	会描述		
	掌握汽车汽车电路识图的基本方法	会描述		
素质目标	安全、规范操作			
	团结、合作			
	现场5S			

 相关知识

一、汽车电路图的概念

汽车电路图是将电器与电子设备用图形符号和代表导线的线条用图形符号连接在一起的关系图。

汽车电路图主要由电源、电路保护装置、控制器件、用电设备及导线组成,组成的各元器件见表1-2。

汽车电路元器件　　　　　　表1-2

电　源	电路保护装置	控制器件	用　电　设　备	导　　线
蓄电池	熔断板	开关	汽车电源系统	低压导线(由工作电流及机械强度选择导线截面积)
发电机	熔断器	继电器	汽车电动系统	
	断路器	中央控制盒	汽车灯系	
	易熔丝	电控单元	汽车仪表与报警系统	高压导线(工作电压高,绝缘层厚,线芯面积小)
		连接器	汽车电子控制系统	
			汽车空调系统	

二、汽车电路图的种类

汽车电路图的表达方法有电器布线图、电路接线图、电路原理图、电路线束图、元件位置图等。

1. 电器布线图

电器布线图 1-1 是传统的汽车电路表达方法,它是把用电设备在汽车上的实际位置用线从电源到开关至搭铁——连接起来所构成的线路图。

电器布线图中用电设备的外形、安装位置都与实际情况一致,可以循线跟踪查线,导线中间的分支、接点容易找到。缺点是线路图中线束密集、纵横交错,读图和查找及分析故障不便。

2. 电路接线图

电路接线图 1-2 是为了表达汽车电路元件的每一个接线柱、继电器的每一个插脚及中央控制盒的每一个端子等和线束的每一连接器插脚之间的连接关系而绘制的,它主要用来指导电器件和线束的装配。汽车电路接线图是一种介于电路原理图和线束图之间的表达方式,它既表达电路连接关系,又表达电路工作原理。

3. 电路原理图

电路原理图 1-3 是用简明的图形符号按电路原理将每个系统由上到下合理地连接起来、合理排列而成。

电路原理图高度地简化,图面清晰,电路简单明了,通俗易懂,电路连接控制关系清楚,因此,对迅速分析排除电气设备的故障十分有利。

4. 电路线束图

电路线束图 1-4 是将有关电器的导线汇合在一起组成线束,以便于在汽车上安装。汽车可以有多个线束,一般包括发动机线束、仪表板线束、车身线束图、空调线束图等。线束总成由导线、端子、插接器及护套等组成。

5. 电路元件位置图

图 1-5 是一辆丰田乘用车发动机电控系统元件位置图,通过该图,可以迅速找出安装隐蔽的电路元件,给维修和排除故障查找提供方便。

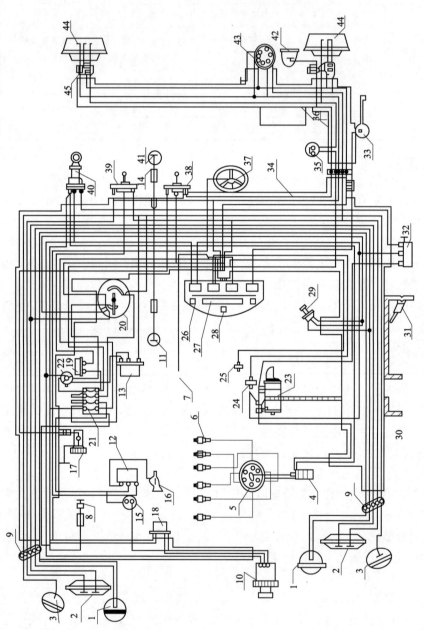

图 1-1 电器布线图

1-前照灯;2-前小灯;3-侧前照灯;4-点火线圈;5-分电器;6-火花塞;7-冷却液温度表传感器;8-化油器电磁阀;9-5 接头接线板;10-发电机;11-发动机舱盖下照明灯;12-喇叭继电器;13-灯光继电器;14-接线管;15-工作灯接管;16-电喇叭;17-暖风电动机;18-发电机调节器;19-闪光器;20-车灯总开关;21-熔断丝盒;22-双金属电路断电器;23-发动机;24-机油压力传感器;25-机油压力警告灯传感器;26-转向指示器;27-车速里程表;28-机油压力警告灯;29-脚踏变光开关;30-蓄电池;31-电源总开关;32-起动机继电器;33-燃油表传感器;34-驾驶室线束;35-制动灯开关;36-车架线束;37-喇叭按钮;38-后照灯开关;39-转向灯开关;40-点火开关;41-驾驶室顶灯;42-后照灯;43-挂车灯插座;44-尾灯;45-三孔(单孔)插座接头

项目一　汽车电路识别

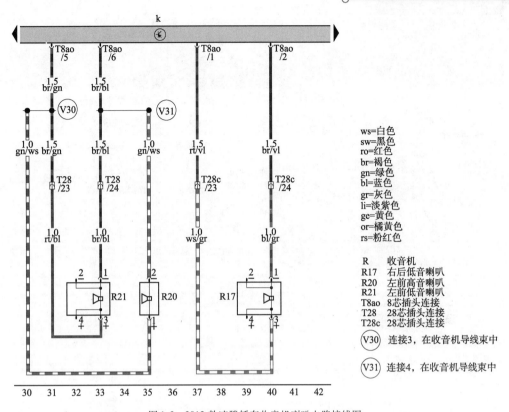

图1-2　2012款速腾轿车收音机喇叭电路接线图

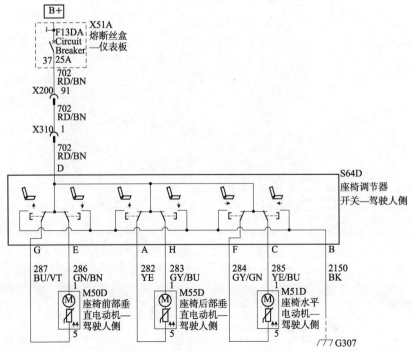

图1-3　2013款雪佛兰科鲁兹电动座椅电路原理图

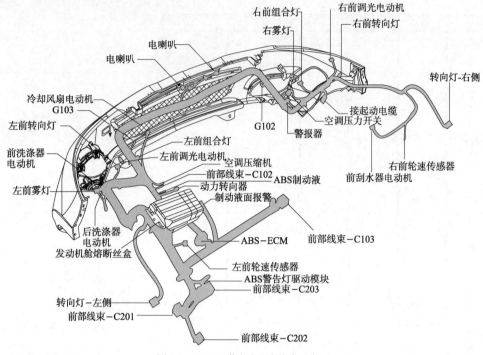

图 1-4 2012 五菱宏光整车线束示意图

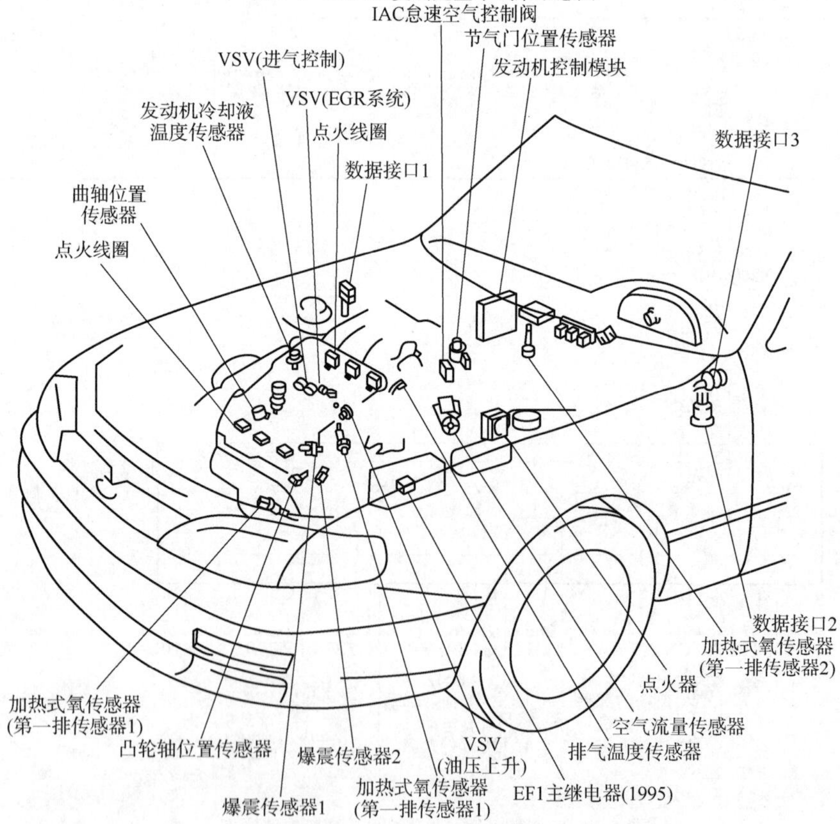

图 1-5 丰田凯美瑞乘用车发动机电控系统元件位置图

三、汽车电路的特征

1. 低压

汽车电气系统的额定电压有12V和24V两种。汽油车普遍采用12V蓄电池电源（发电机额定电压则为14V），柴油车多采用24V蓄电池电源（发电机额定电压则为28V）。

2. 直流

现代汽车发动机是靠电力起动机起动的，起动机由蓄电池供电，蓄电池充电用直流电源，所以汽车电气系统为直流系统。

3. 单线制

单线连接是汽车线路的特殊性，它是指汽车上所有电气设备的正极均采用导线相互连接；而所有的负极则直接或间接通过导线与车架或车身金属部分相连，即搭铁。任何一个电路中的电流都是从电源的正极出发经导线流入用电设备后，再由电气设备自身或负极导线搭铁，通过车架或车身流回电源负极而形成回路。

4. 并联连接

各用电设备均采用并联，汽车上的两个电源（蓄电池与发电机）之间以及所有用电设备之间，都是并联连接。

5. 负极搭铁

采用单线制时，蓄电池的一个电极需接至车架或车身上，俗称"搭铁"。蓄电池的负极接车架或车身称为负极搭铁。蓄电池的正极接车架或车身称为正极搭铁。负极搭铁对车架或车身金属的化学腐蚀较轻，对无线电干扰小。我国标准规定汽车线路统一采用负极搭铁。

6. 设有保护装置

为了防止因短路或搭铁而烧坏线束，电路中一般设有保护装置，如熔断器、易熔线、断路器等。

图1-3比较清晰地表达了汽车电路的特征。

四、汽车电路识图方法

1. 电路原理图的识读技巧

电路原理图只表明组成汽车电路的各个电气设备的工作原理，如电流走向、用电设备的顺序等，图上的导线只表明各电路元件间的相互联系，而不代表实际安装位置。

识读电路原理图的一般步骤为：

（1）认真读图注，初步了解汽车装配的用电设备、控制器件、保护装置；通过它们的数码代号在电路图中找出其位置，再进一步分析相互连线、控制关系。

（2）牢记电器图形符号，了解电器图形符号的含义，才能看懂电路图。

（3）熟记电器部件接线端子的标记符号，例如，接至电源端接线端子用"B"或"＋"表示；接至点火开关的接线端子用"IG"表示；接至起动机的接线端子用"S"表示；接至各种灯具的接线端子用"L"表示；发电机中性点接线端子用"N"表示；发电机磁场接线端子用

"F"表示,励磁电压输出端接线端子用"D+"表示,发电机电枢输出端接线端子用"B+"表示等。

(4)牢记回路原则,任何一个完整的电路都是由电源、开关、用电设备、导线等组成的。电流流向必须从电源正极出发,经过熔断丝、开关、导线等到达用电设备,再经过导线(或搭铁)间到电源负极,才能构成回路。

(5)牢记搭铁极性,我国和世界各国都规定了汽车电器电路为负极搭铁。

(6)注意开关在电路中的作用,对于多层多挡多接线柱的开关,按层、按挡位、按接线柱逐级分析其各层各挡的功能。当开关接线柱较多时,首先选定从电源来的一两个接线柱,再逐个分析与其他各接线柱相连的用电装置处于何种挡位,从而找出控制关系。

(7)注意开关、继电器的初始状态在电路图中,各种开关、继电器都是按初始位置画出的,如按钮未按下,开关未接通,继电器线圈未通电,其触点未闭合(动合触点)或未打开(动断触点),这种状态称为原始状态。分析电路时,通过开关、按钮、继电器触点的变化而改变回路的,进而实现不同的电路功能。

(8)注意电气装置在电路图中的布置,大量电气装置的驱动部分和被驱动部分采用机械连接,为避免线条往返和交叉线过多,采用分开表示法,电路图用同一文字符号或数字符号将分开部分联系起来,如图1-11中的 $\overline{\underline{61}}$。

(9)注意各局部电路之间的内在联系和相互关系。

2. 电器布线图的识读技巧

电器布线图注重各电气设备在汽车上的实际位置,左边一般代表汽车的前部,图的右边则代表汽车的尾部。图中的电气设备大多以实物轮廓的示意形状来表示,给人以真实感。

(1)浏览:拿到布线图后,先认真阅读图注,然后对照图注了解整车有哪些电器,并找出各主要电气设备在布线图上的位置。

(2)展绘:用直尺或纸条把每一条电流通路找出,并把它详细地绘下来。为防止遗漏失误,绘图时每条支路一般按电源正极→相线→熔断丝→继电器或开关等中间环节→用电设备→搭铁→电源负极顺序找线,把布线图展开。

(3)整理:展绘是"化整为零,找出通路"的过程,通过反复改绘,整理出简洁整齐的原理图。改绘的电路原理图布局应有统一的格式,原理图上接线柱的标号、导线的标号、元器件的标号应与原图的编号一致。

3. 汽车线束图的识读方法

(1)电器原理图是汽车线束图的基础,先看懂电器原理图,可以比较容易地了解整车电路的工作原理及特点,有助于快速读懂线束图。利用线束图,可以了解线束各部分所连接的电气设备。

(2)汽车线束图上,其主要元器件标注都比较明显,易于找到,当找到了所需要检查的单元电路的主要元器件后,再将其与汽车上的实物对应,就可根据线路图上各导线的颜色和去向找到所要找的导线或其他元器件了,如图1-4和图1-8所示。

(3)导线中都标注有数字代号(或数字与字母组合代号),这些代号代表了该线的颜色、直径。在读识导线的颜色、线径代号时,出现33、33A、33B、33C、33E的标注方法,表示这是同一通路的导线。其中,33 是基本的主线,33A 是 33 线的一个分支,用字母 A 加以区别,以此类推。

(4)对照实际的电路线束,画出电路线束的直观分布图,根据电路原理图和线束图在图中标出每个分支所连的电器、开关等的名称,再给出一个附表,在附表中列出每一分支中每根导线的颜色或符号标记、作用及去向。这样在实际安装电路线束时,对照直观图就可以顺利地识别线束的各个接线端子。

一、五菱宏光汽车相关资讯

五菱宏光汽车相关资讯如图 1-6、图 1-7 所示。

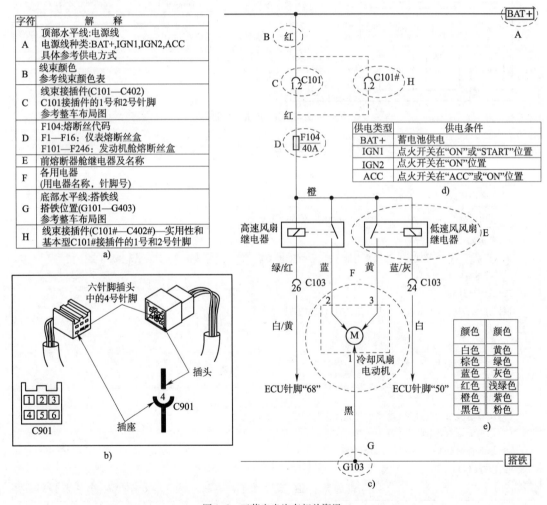

图 1-6　五菱宏光汽车相关资讯一

a)解释说明；b)插接器针脚识别；c)冷却风扇工作原理图；d)电源供电；e)配线颜色

二、阅读 2012 五菱宏光电路手册中第一章如何使用电路示意图和第二章各接插件和搭铁点位置。

1.熔断丝和继电器的布局

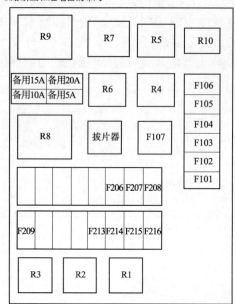

2.接插件信息

接插件号	连接的线束	接插件位置
C101	前部线束——起动电缆	位于蓄电池旁边
C102	前部线束——机油压力过渡线	位于左前照灯后面
C103	前部线束——发动机线束	前刮水器电动机旁边

3.搭铁点信息

搭铁点	线束类型	搭铁点位置
G101	起动电缆	蓄电池旁边
G102	前部线束	右前照灯旁边
G103	前部线束	左前照灯旁边

说明:R4——低速风扇继电器。
R8——高速风扇继电器。
F104——冷却风扇熔断丝。

图1-7 五菱宏光汽车相关资讯二

任务2 各车系汽车电路识图

客户任务	各车系汽车电路分析及各元件查找
任务目的	掌握电路图识读的基本方法

一、资讯

大众车系_____号线为直接接蓄电池正极,称为常电源线;_____号线接点火开关,当点火开关处于_____及_____挡时有电。

二、决策与计划

根据任务要求,对小组人员合理分工,制订详细的诊断和修复计划。

1.小组成员分工

2.诊断和修复计划

三、实施

(1)填写美国车系电路图1-8中电气元件含义。
(2)填写大众车系电路图1-9中电气元件含义。
(3)填写日本车系电路图1-10中电气元件含义。

四、检查(1-3)

检 查 表　　　　　　　　　　　　　表1-3

任 务	鉴　　定	
大众车系识别	□合格	□不合格
美国车系识别	□合格	□不合格
日本车系识别	□合格	□不合格

五、评价（表1-4）

评 价 表　　　　　　　　　　　表1-4

	检查评价项目	完成标准	学生自评	小组评价
职业技能	熟练各车系汽车电路图图形符号及规则	熟练认识		
	能分析汽车电路控制图工作原理	熟悉分析		
	掌握汽车电路识图的基本方法	会描述		
素质目标	安全、规范操作			
	团结、合作			
	现场5S			

一、大众车系电路图识读

各汽车制造公司的电路图在具体表达方式上有很大的差异，维修时需参照维修手册。图1-11对大众车系样图的标注做了详细说明。

大众车系电路图遵循德国工业标准DIN725527，图中最下端是标注图中各线路位置的编号，各线路平行排列，每条线路对准下框线上的一个标号，所有电气元件都处于图中间的位置。图中起连接作用的细实线表示接线柱、接线铜片及铰链等非导线连接的方式。

该图的特点是图上部第4条横线以下、第5条横线以上范围内的符号及细实线灰色区域表示汽车的中央接线盒的熔断丝与继电器盒内部的导电铜片连接。它反映的主要内容有继电器名称、位置号、插接件符号及熔断器续号、容量等。30、15、X水平线为接电源正极导线，其中30号线为直接接蓄电池正极，称为常电源线；15号线接点火开关，当点火开关处于"ON"及"START"挡时有电。

给小功率用电器供电；X线号当点火开关处于"ON"及"START"挡时，中间继电器闭合，通过触点给大功率用电器供电；31号线为搭铁线；50号线是受点火开关控制的只有在起动瞬间工作用电器的电源线；从上往下数第5条横线表示中央线盒的外框；最下部的横线是搭铁线，线的下面标有电路接续编号。

几种特殊表示：

(1) 在电路图最下部的搭铁横线上面用圆圈起来的数字，表示电路中不同的搭铁点，相同的数字表示共同的搭铁点。通过这些圆圈起来的数字号，可在电路图中查到搭铁点在车身的位置。图1-11中，①搭铁点表示在发动机ECU旁的车身上。

(2) 在电路图中"字母符号数字/数字"组合的表示方式：分子表示某插孔座总线数，分母表示总线数中的一个接点，如T80/16，表示80孔插头的16号接点。

二、日本车系电路图识读

图1-12所示为日本车系电路图符号含义。

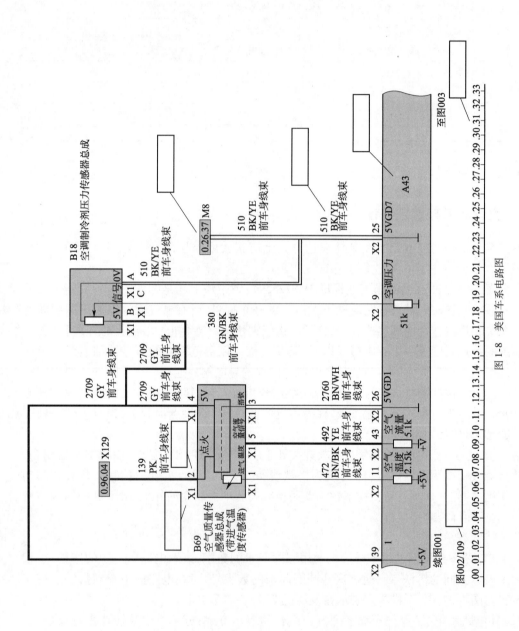

图1-8 美国车系电路图

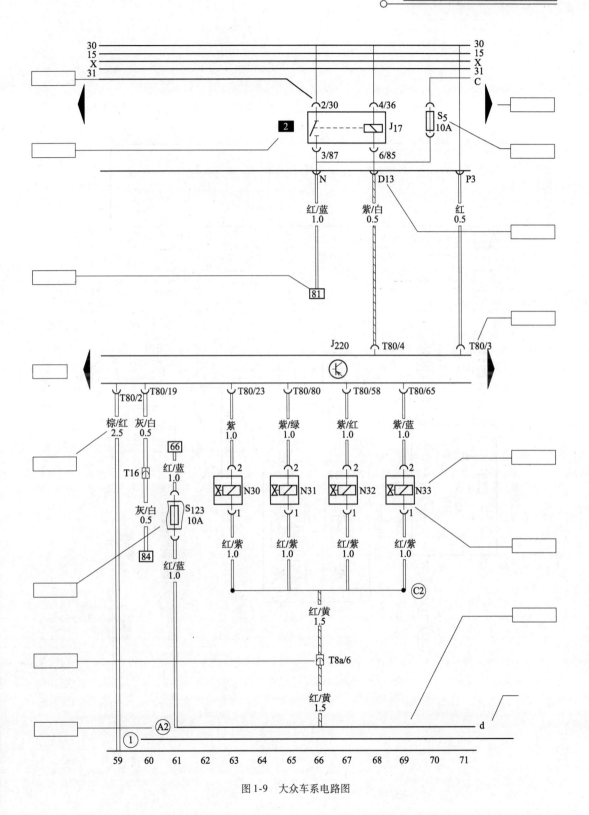

图 1-9 大众车系电路图

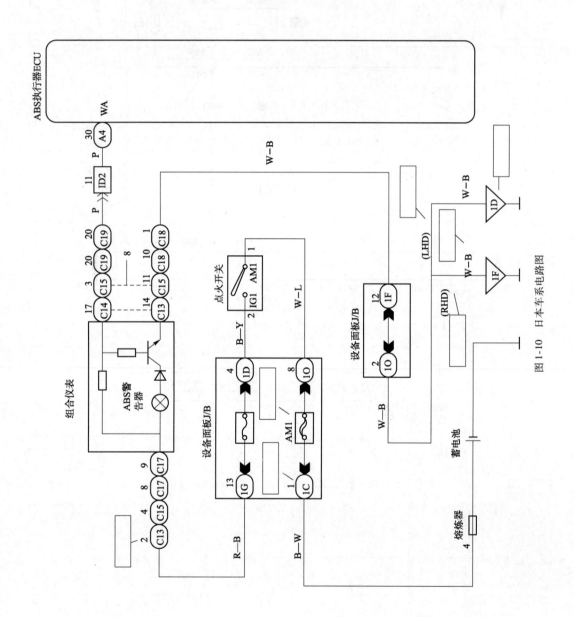

图1-10 日本车系电路图

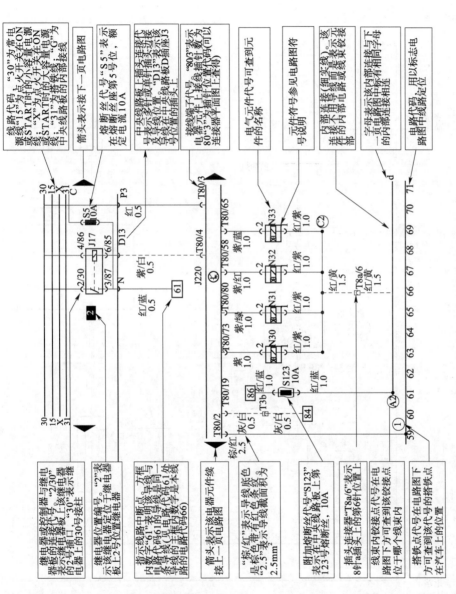

图 1-11 大众车系电路原理图识读示意

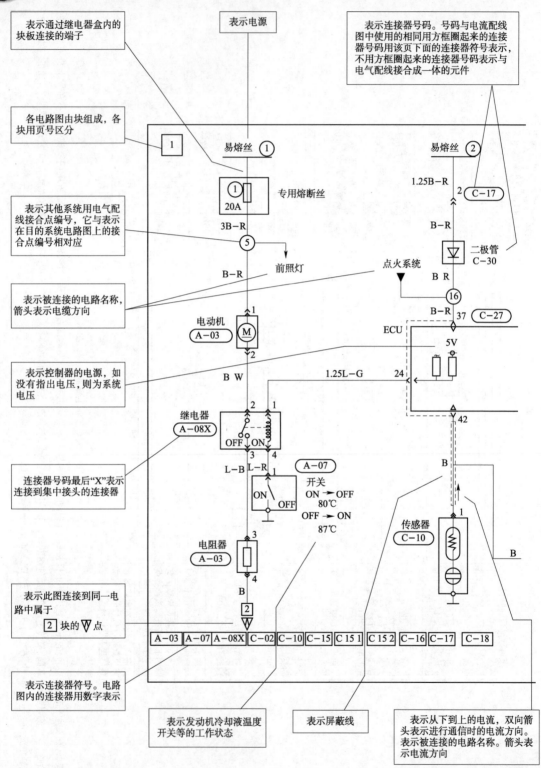

图1-12 日本车系电路

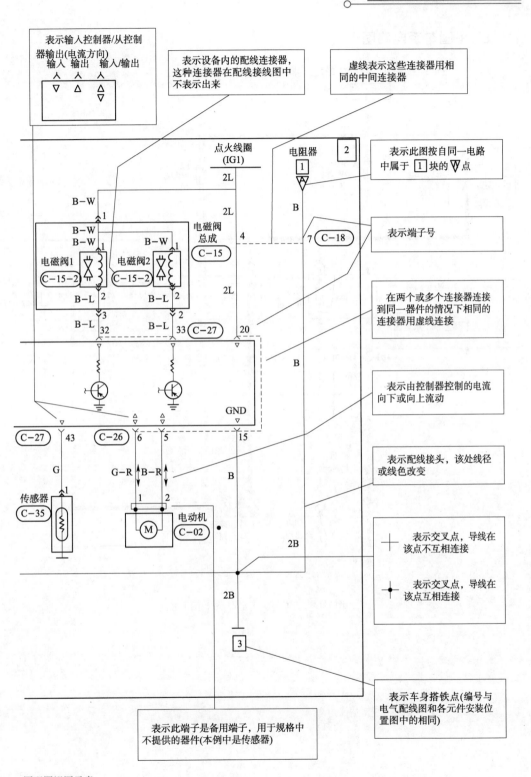

原理图识图示意

三、美国车系电路图识读

图 1-13 所示为美国车系电路原理图示意。

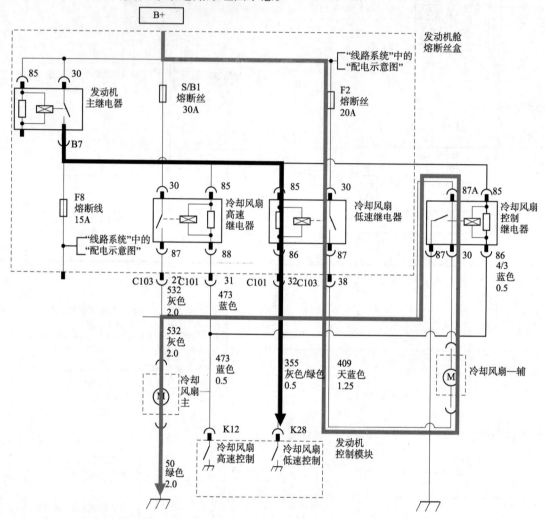

图 1-13　美国车系电路原理图识图示意

项目二 汽车电路检修

能力目标	知识目标
规范使用汽车常用电工仪器、工具	会描述检测仪器及工具操作规范
正确检测汽车电路元器件	能简述汽车电路各元器件的工作特性
掌握汽车电路故障排查流程	熟知汽车诊断流程

任务 电路检测与修复

客户任务	与客户交流，了解车辆使用情况，确认桑塔纳2000GSi电喇叭不响
任务目的	制订工作计划，并利用万用表、跨接线、测试灯对喇叭电路进行检测，判定故障点，并排除
项　　目	实 施 步 骤
一、确认客户报修故障	附录1 维修接待与接车问诊表
二、检测仪表、工具及车辆防护工作	根据任务要求，确定需要的检测仪器、工具并对小组人员合理分工，制订详细的诊断和修复计划。 (1)需要的检测仪表、工具见表2-1。 检测仪表、工具　　　　表2-1 | 序号 | 仪表、工具名称 | 规格 | 数量 | 备注 | |---|---|---|---|---| | | | | | | | | | | | | | | | | | | | | | | | | (2)车辆防护。
三、根据资讯查找电器元件位置，分析电路，初步检查	(1)电路检测的过程中常用的工具有_____、_____、_____、_____。 (2)跨接线主要起到_____作用，最常用来诊断接插件断路。

续上表

三、根据资讯查找电器元件位置,分析电路,初步检查	(3)12V测试灯由_____、_____和各种型号_____组成。它主要用来检查系统电源电路是否给电器部件提供电源。 (4)不可用测试灯检查_____,除非维修手册中有特殊说明,才可进行。 (5)开关检测的方法有:用_____旁通开关来检测,也可以用_____电阻挡检测开关连通性,或用_____检测开关的控制电源。 (6)断路器和熔断器不同,后者一旦断路,_____;而断路器在电流中断后,因_____降低,触点能重新闭合,使电路恢复通电。 (7)在测量直流电压时,将万用表置于_____电压挡合适的量程,将两支测试表笔以_____方式与被测元器件(或电路)相接,同时观察表针的摆动方向。正向摆动(接法正确)时,即可读出测量数值。 (8)测量直流电流时,将万用表置于_____电流挡合适的量程,将表以_____的方式与被测电路相接。 (9)测量电阻时,将万用表置于电阻(Ω)挡,此时表头与表内的电池_____。 (10)将万用表置于电阻(R×1k)挡,先将两支表笔与电容器的两根引线任意相接,万用表的指针突然向右摆动,表明表内电池开始对电容器_____。随着充电的进行,表针会自动向左回摆。此时,再将电容器两引线短接一下,进行放电。然后,交换两支表笔做同样的检测。两次检测中电阻值较大(即漏电小)的那一次,黑表笔所接的那根引线为电容器的_____极。 (11)选用万用表R×100或R×1k挡。用万用表黑表笔接二极管正极,红表笔接二极管负极,测出二极管的正向电阻。若被测二极管是一只良好的硅管,则表针指示约在表盘_____;若是一只良好的锗管,则表针指示约在_____。这表明被测二极管的正向特性良好。把两个表笔对换,红表笔接二极管正极,黑表笔接二极管负极,测出二极管的反向电阻。若是一只硅管,表针应_____;若是一只锗管,表针也应_____。这表明被测二极管的反向特性良好。 (12)根据桑塔纳2000GSi电喇叭控制电路图2-24和图2-25,进行电路分析。

续上表

三、根据资讯查找电器元件位置,分析电路,初步检查	(13)实车上确定各元件位置(依据检修手册),见表2-2。 **实车上各元件位置**　　　表2-2 	□S16	□S18	□J4
---	---	---
□H	□H1	□❾	 (14)细致目测电路的外部系统,检查各个相关线束、接插件及搭铁的情况,如有不良,记录表2-3。 **目测电路外部系统**　　　表2-3 	项　目	位　置1	位　置2	位　置3
---	---	---	---
线束			
搭铁			
接插件				
四、电路检测	(1)熔断器S16、S18的检查。 检查过程:＿＿＿＿＿＿＿＿＿＿＿＿＿＿＿＿＿＿＿＿＿＿。 结果:＿＿＿＿＿＿＿＿＿＿＿＿＿＿＿＿＿＿＿＿＿＿＿。 (2)继电器J4检查。 检查过程:＿＿＿＿＿＿＿＿＿＿＿＿＿＿＿＿＿＿＿＿＿＿。 结果:＿＿＿＿＿＿＿＿＿＿＿＿＿＿＿＿＿＿＿＿＿＿＿。 (3)点火开关的检查。 检查过程:＿＿＿＿＿＿＿＿＿＿＿＿＿＿＿＿＿＿＿＿＿＿。 结果:＿＿＿＿＿＿＿＿＿＿＿＿＿＿＿＿＿＿＿＿＿＿＿。 (4)整体控制电路检查。 接通点火开关D,用万用表的电压挡分别检测①～⑥对搭铁之间的电压(见图2-24,并与表2-4(线路电压)比较,不符合,即故障所在。 **线路电压(按下按钮H)**　　　表2-4 | 数据	①	②	③	④	⑤	⑥
---	---	---	---	---	---	---
标准数据	12V	12V	12V	约0V	12V	约0V
实测数据							 按下和断开H时,检测④处的电压均为0V左右,推测继电器K4有故障。 结果:＿＿＿＿＿＿＿＿＿＿＿＿＿＿＿＿＿＿＿＿＿＿＿ 请说明用试灯或万用表电阻挡检测的方法。

· 23 ·

续上表

	根据上述的所有检测结果,确定故障内容并注明。		
五、故障部位确认和排除	(1)确定的故障见表2-5。 **确定的故障**　　　　　　　　　　　表2-5		
^	□元件损坏		请写明元件名称:
^	□线路故障		请写明线路区间:
^	□其他		
^	(2)故障点的排除处理说明见表2-6。 **故障点的排除处理说明**　　　　　　表2-6		
^	□更换	□维修	□调整
^	□更换	□维修	□调整
六、确认修复			

评价见表2-7。

评　价　表　　　　　　　　　　　　　　　　表2-7

	检查评价项目	完成标准	学生自评	小组评价
职业技能	掌握检测仪器及工具操作	规范操作		
^	正确汽车电路元器件检测	正确规范		
^	熟练掌握汽车电路故障排查过程	正确规范		
技术知识	常用电工仪器使用	会描述		
^	汽车电路故障排查步骤	会描述		
素质目标	安全、规范操作			
^	团结、合作			
^	现场5S			

相关知识

一、汽车电路检测仪器、工具

1. 万用表

汽车上专用的万用表主要的测量功能有:电阻、电流、电压、温度、晶体管测试、转速、频率等。图2-1所示是常用万用表。

(1)用数字万用表测量电压:电路电压的检测一般都是从检测电源电压是否正常开始的。如果检测结果为无电压或电压过高、过低,应进行处理,使电源电压正常后再去作进一步检测。测试电压时,数字万用表在串联电路中的连接、测量方法如图2-2所示。

注意:将红色测试探针插入电路的正极插孔、黑色探针插入负极插孔或接地,便可测得正确极性(±)的直流读数。如果对上述做反向连接,带有自

图2-1　常用万用表

动极性的数字万用表将仅仅显示代表负极的负号;用模拟表时则会损坏万用表。

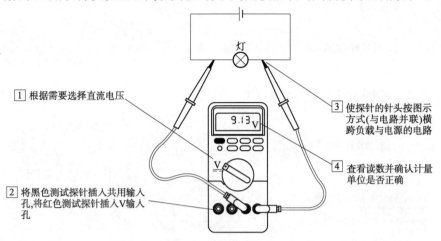

图2-2 测量电压的方法

(2)用数字万用表测量电阻:测量电阻时应断开电路电源,否则,将会损坏电路和万用表。若测量时数字万用表提供的测试电压低于直流0.3V,就可测试在电路中被二极管或半导体阻隔开的电阻器阻值。这通常可以在电路板上测试电阻器而不用将它们拆下。电阻测量方法如图2-3所示。

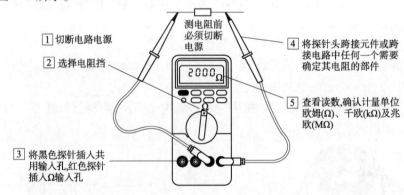

图2-3 电阻测量方法

(3)导通性检测:导通性检测是一种连通/断开电阻测试,以区别断路和通路。采用带有通路信号装置的数字万用表进行通路测试,既快又容易。当测到通路时,万用表会发出"嘟嘟"声,不用查看即可知道。不同型号的数字万用表对引发其发出"嘟嘟"声的电阻值的要求也不尽相同。

(4)二极管检测:二极管就像一个电子开关,当电压超一定值时(一般硅二极管电压为0.6V)二极管导通,使电流沿一个方向流动。有些万用表具有一种特殊状态,被称为二极管测试。在这种状态下,从一个方向跨接二极管的测量值应为0.6~0.7V,换相反方向测试时,显示断路,这样的二极管工作状况良好。若两次读数均显示断路,则二极管为断路;若两次读数显示通路,则二极管为短路。

(5)用数字万用表测量电流:用数字万用表测量电流与测量其他参数不同,电流是串联测量,电压或电阻是并联测量;要测量的全部电流都流经电流表,且测试导线必须插进万用表不同的输入插孔。电流测量方法如图2-4所示。

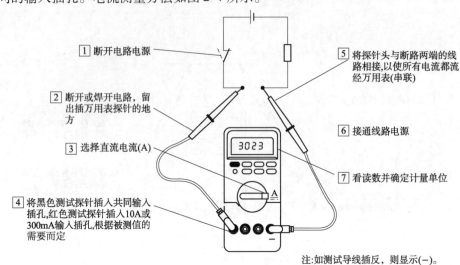

图2-4 电流测量方法

注意：一般情况下，万用表有两个测试电流的孔，一个是安培挡，一个是毫安挡。在不明确被测电流大小的情况下，先用安培挡。

测试导线还留在电流输入插孔中不可以去测量电压，这样电源电压会直接经过万用表内的低值电阻而导致短路。

2. 跨接线

简单的跨接线就是一段多股导线，它的两端分别接有鳄鱼夹或不同形式的插头，它有多种样式。图2-5所示为蓄电池跨接线。

跨接线可起到旁通电路的作用，如图2-6所示，电灯不亮，将跨接线连接在接插件之间，若此时灯亮，则说明接插件断路。

图2-5 蓄电池跨接线

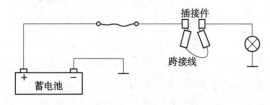

图2-6 跨接线的使用

3. 12V测试灯

12V测试灯由试灯、导线和各种型号端头组成。它主要用来检查系统电源电路是否给电器部件提供电源。

使用测试灯时，如图2-7所示，将12V测试灯一端搭铁，另一端接电器部件电源接头。如果测试灯亮，说明电器部件的电源电路无故障；如果测试灯

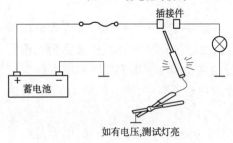

图2-7 测试灯使用方法

不亮,说明故障点在被测接头至蓄电池间的电路上,大多为断路故障。

4. 自带电源测试灯

如图2-8所示,自带电源测试灯与12V测试灯基本相同,它只是在手柄内加装了两节1.5V干电池。它用来检查用电器电路断路和短路故障。

(1)检查断路:断开电器的电源电路将自带电源测试灯的一端连接在电路首端,将另一端依次分别连接其他各接点,如果灯亮,说明测点与电路首端导通;如果灯不亮,则断路发生在测点与前一接点之间。

(2)检查短路:断开电器的电源电路,将自带电源测试灯一端搭铁,将另一端连接电器部件电路。如果灯亮,表示有短路故障。可一步一步地采取将电路接头脱开、开关打开或拆除部件等办法,直至使电源测试灯熄灭,则短路出现在最后开路与前一开路部件之间。

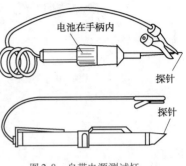

图2-8 自带电源测试灯

注意:不可用测试灯检查汽车电子控制系统,除非维修手册中有特殊说明,才可进行。

二、主要电器元件的检测

汽车电路常常用光敏电阻与PTC热敏元件,自动检测温度与光线强弱的变化,必须掌握检测光敏电阻和PTC热敏元件的好坏。

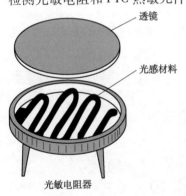

图2-9 光敏电阻

1. 判断光敏电阻的好坏

光敏电阻又称cds电阻(图2-9),属于有源器件,工作时必须加电源,可对光线强度进行检查。光敏电阻受光照时,光越强导电性越好,R_{cds}值就越小。无光照10s以后,电阻R_{cds}值为0.5~200MΩ的电阻为暗电阻;在100lx光照射下,其电阻值为0.5~5kΩ的电阻为亮电阻。

对光敏电阻的好坏可通过测其暗、亮时电阻值的方法进行判断。若测得的电阻值与上述的数值一致,说明光敏电阻是好的;反之,则说明光敏电阻已损坏,应换新件。

2. 判断PTC热敏元件的好坏

PTC是一种正温度系数半导体电子发热元件(图2-10),具有恒温、调温、自动控制温度等特性,在汽车电子电器中得以广泛应用。PTC元件具有特殊的特性,只用万用表很难判断其质量的好坏,但采用"串灯测量法"却能快速正确地作出判断。其具体方法如下:

(1)按图2-11所示方法将灯泡、PTC元件进行连接。

(2)接通电源,如果PTC电阻无故障,电路中的灯泡即会正常发光,经约几秒时间后,灯光逐渐由亮变暗直至暗淡,灯丝发红而熄灭。

(3)切断电源等待一段时间后重新接通电源,若重复以上现象,说明该元件无问题。如果接通电源后,灯泡不发光或长亮不暗、暗至某一程度后不熄灭,均说明PTC元件已失去自控能力或有短路问题,只能报废。

3. 判断半导体数字显示屏的好坏

电子仪表中一般采用半导体数字显示屏来显示发动机的转速、车辆的行驶里程等。半导体数字显示屏通常由 7 段组成,其结构如图 2-12 所示。

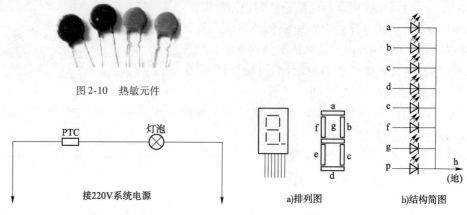

图 2-10 热敏元件

图 2-11 测量 PTC 元件的连接电路

图 2-12 半导体数字显示屏

判断半导体数字显示屏好坏的方法如下:先将万用表置于 R×10k 或 R×100k 挡,然后将红表笔接显示屏的"地"(即 h 端),黑表笔依次去接触显示屏的其他引出脚,7 段均应分别发光;否则,说明显示屏是坏的。

4. 判断电路开关的好坏

开关是支配电路电流流到附件最常用的电气元件,当触点副闭合时,开关承载电流;触点副断开时,开关切断电流。汽车上常用的开关有单刀单掷开关[图 2-13a]、单刀双掷开关[图 2-13b]、组合开关、联动开关[图 2-13c]。其中组合开关由多个单刀单掷开关组合在一起控制多个用电器。

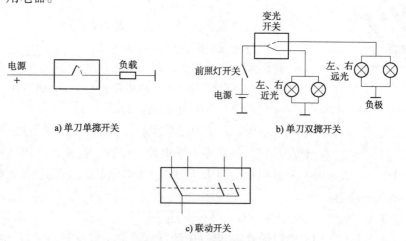

图 2-13 汽车电路的开关

开关检测的方法有:

(1)用跨接线旁通开关来检测常用开关,如图 2-14 所示。

(2)用万用表或测试灯检测开关,如图 2-15 图中控制正极的开关,如果开关两端电压为电源电压,则开关良好。

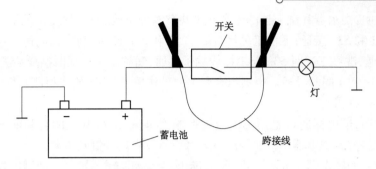

图 2-14　用跨接线旁通开关

(3)用万用表检测开关的连通性,如图 2-16 所示。

组合开关和联动开关的检测方法与上述单刀开关检测方法相似。分析开关的结构后能进行检测。

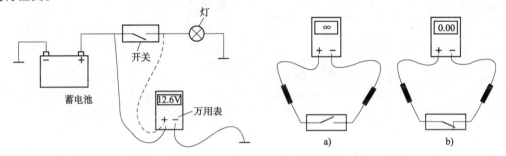

图 2-15　用万用表检测开关　　　　　图 2-16　用万用表检测开关的连通性

图 2-17 所示是刮水器及洗涤器组合开关接线图,开关设置在转向盘右侧,通过手柄控制。表 2-8 是组合开关的连通表。

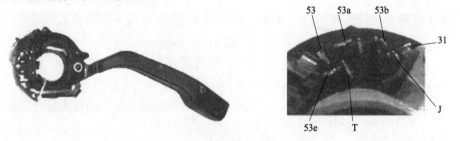

图 2-17　刮水器及洗涤器组合开关接线图

组合开关联通表　　　　　　　　　　　　　　　表 2-8

接线端子	53	53a	53b	31	J	T	53e
刮水片复位	○——————○						
零位	○						○
间歇刮水		○——————○					
低速刮水	○——————○						
高速刮水			○——————○				
洗涤				○——————————○			

表2-8表明:刮水器和洗涤器的组合开关共有六种工况,刮水片复位及刮水器低速工作时接线端子53和53a接通;零位工况接线端子53和53e接通,刮水器高速工作时接线端子53a和53b接通;洗涤工况时接线端子53a与T接线端子接通,间歇刮水工况时接线端子53和53e以及接线端子53a和J同时导通。根据组合开关的工作情况,用欧姆表检测其好坏。

5. 继电器的检测

汽车电路中,继电器通常是用小电流来控制大电流,减少开关闭合和断开时产生的火花,延长开关的寿命,继电器可以实现减少导线成本及自动控制功能等。

汽车上使用的继电器主要有三类:常开继电器、常闭继电器、混合型继电器。常开继电器未通电时,触点是断开的,通电后触点接通;常闭继电器未通电时,触点是接通的,通电后触点断开;混合型继电器兼有常开继电器和常闭继电器。继电器的检测方法见表2-9。

继电器的检测　　　　　　　　　　　　　　　　表2-9

继电器结构	条件	检测端子	导通情况
(图示①②③⑤)	固定	1~2	导通,电阻为60~80Ω
		3~5	不导通,电阻为∞
	1~2加电压	3~5	导通,电阻约为0Ω
(图示①②③④⑤)	固定	3~5	导通,电阻为60~80Ω
		1~4	不导通,电阻为∞
		2~4	导通,电阻约为0Ω
	3~5加电压	1~4	导通,电阻约为0Ω
		2~4	不导通,电阻为∞

6. 导线接头

汽车上经常使用快速接头或卢卡(Lucar)型接头(即插塞接头),眼孔式和叉形接头也偶尔使用,如图2-18所示。

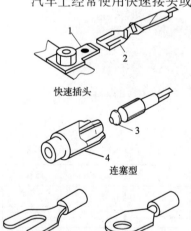

图2-18　导线接头

1—固定在设备上的插入式接头;2—压接导线的凹入式接头;3—线缆焊接在接头上;4—橡胶绝缘套;5—叉形插接片;6—孔眼式插接片

安装导线接头时应使用合适的夹钳,使接头和铜芯连接良好,并夹固在护套上,以防松动脱落。

可用万用表欧姆挡测量来判断接头是否接触良好。

7. 连接器

连接器是汽车电路中简单但不可缺少的元件。目前大量使用的称为插接式连接器(又称插接器),其使用方便,连接可靠,尤其适用于大量线束的连接。插接器的种类很多,可供几条到数十条导线使用,图2-19所示为几种插接器的类型。插接器由插座和插头、导线接头和塑料外壳组成。壳上有几个或多个孔位,用以放置导线接头,在导线接头上带有倒刺,当嵌入塑料壳后自动锁止,在塑料壳上也有锁止结构,当插头和插座接合后自动锁止,防止脱开。

连接器在结合时,应将插头和插座对准,平行插入牢固地连接在一起。当要拆开连接器时,压下闭锁,把连接器拉开。

连接器的检测与导线插头检测方法一样。

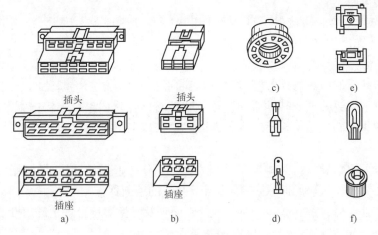

图 2-19 集中插接件的类型

a)14 线插接器;b)6 线插接器;c)12 线圆形插座;d)片状电线插头插座焊片;e)前照灯插座;f)仪表灯插座

8. 熔断器

熔断器是车辆的电路和各种电气设备的保护装置之一,熔断器的主要部件是细锡线,它装在玻璃管、磁料管内或陶瓷板上。每一个熔断器都有其额定最大容许电流值。当通过锡线的电流超过规定值时,锡线就会熔化而使线路断路。它不仅能在电路断路时防止线路烧坏,同时也保护电路中的多种电器部件,如开关、继电器和电动机等。

常用的熔断器有管状和插片式的,如图 2-20 所示。

若熔断器所保护的电路不能工作时,应检查熔断器的状况。若熔断器已断可以看出,有时是熔断丝本身或插座接触不良造成,因此,要使用测试灯检测,如图 2-21 所示。

当熔断器熔断之后,必须查明原因,排除故障之后才能换上新的熔断器。

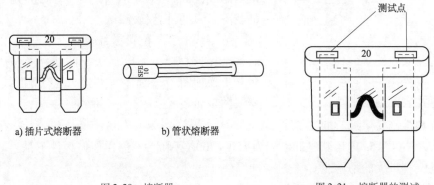

图 2-20 熔断器　　　　　　图 2-21 熔断器的测试

熔断器熔断丝烧断常见原因有:线路或负载短路、熔断丝自身断裂、充电电压过高、熔断丝端部锈蚀,影响导电和散热、电路过载(并联负载过多)、熔断器规格(电流容量)不符合要求。

更换熔断器时,一定要选用与原规格相同的熔断器,特别要注意,不能使用比规定容量大的熔断器。在汽车上增加用电设备时,不能随意改用容量大的熔断器。对于这类情况,最好另外再安装熔断器。

熔断器支架与熔断器接触不良会产生电压降和发热现象。因此,特别要注意检查熔断器支架有无氧化现象和脏污。有脏污和氧化物时,必须用细砂纸打磨光,使其接触良好。

熔断器熔断后的应急修理方法:熔断器熔断后,在没有备用熔断器的情况下,也绝对不能使用香烟盒上的锡箔纸或其他金属箔或丝代替熔断器。如果装上锡箔纸,即使流过锡箔纸的电流达到50A以上,锡箔纸除了会发热变红之外不会熔断,这将很可能会引起火灾,十分危险。

在应急时可用细导线代替熔断器,把汽车上使用的 $0.5mm^2$ 聚乙烯树脂多股绞合线拆开,使用其中的一股。这种细导线一股相当于15A的熔断器。

进行应急处理后,代用的熔断丝或细导线,必须及时换用符合规定的熔断器。

9. 易熔线

易熔线是另一种形式的线路保护装置,它实际上就是一小段标准的铜绞线,其尺寸通常要比所保护线路小4号,但在它的表面有比较厚的不易燃烧的绝缘层,所以看起来要比同规格的导线粗。易熔线相当于容量非常大的熔断器,主要用于保护电源电路和大电流电路。

如果线路短路或搭铁,由于易熔线阻值大,大电流会使易熔线中部熔断而使电路断开,从而避免发生失火危险。有的易熔线在它和被保护线路的接头处装有标牌,注明"易熔线"以便于辨识。

易熔线是电路保护的后备保险(双保险)系统。除起动机供电电路外,其余电路的电流都要先经易熔线然后再通过各自的熔断器。因此,有时可能易熔线已断而熔断丝没有烧断。

易熔线的绝缘层能承受较高的温度。一般情况下,如表层已膨胀或鼓泡,说明易熔线已熔断。但有时易熔线已断,而表层仍完好。因此,为判明易熔线的状况,还是要用仪表测试。

易熔线的安装位置尽可能靠近蓄电池,以便能更有效地保护直接由蓄电池引出的线路。易熔线的安装和更换如图2-22所示。如接头处有2股线束,就应安装两根易熔线。

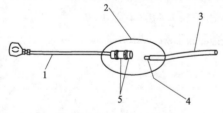

图2-22 易熔线安装和更换
1-易熔线;2-连接处;3-导线;4-剥去绝缘层的1/2;5-连接环,两头都要加紧

检查和维修易熔线时的注意事项:

(1)易熔线在5s内熔断时的电流为150~300A,因此,不论在任何条件下都绝对不允许换用比规定容量大的易熔线。

(2)易熔线熔断时,可能是电源电路或大电流电路等主要电路发生短路,因此,需要仔细检查,找出短路原因,彻底排除故障。

(3)易熔线的四周绝不能缠绕聚氯乙烯绝缘带,更不能和其他用电设备的导线绞合在一起,也不能和材料是聚乙烯树脂或橡胶的元件接触。

易熔线熔断后的应急修理方法:易熔线熔断后找不到故障原因,又无同规格的易熔线可代换,暂时可用同容量的熔断器串接在电路上或用粗导线代替,有条件时,应及时换用符合要求的易熔线。

10. 断路器(断路开关)

断路器多是一种热敏机械装置,它利用两种金属的不同热变形,能使触点开闭(图2-23)。当电路过载时,流过电流大,温度升高,双金属片弯曲,使触点打开,电路断路,以防止导线过热或部件故障而损坏电气设备,甚至失火。

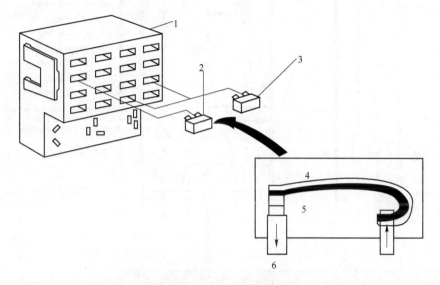

图2-23 插片式断路器

1-熔断丝盒和继电器组;2-6A 断路器;3-30A 断路器;4-双金属片;5-触点;6-电流流动方向

断路器和熔断器不同,后者一旦断路,就必须进行检修或更换;而断路器在电流中断后,因温度降低,触点能重新闭合,使电路恢复通电。断路器通常用于影响行车安全的电路。例如前照灯电路就应使用断路器,而不宜使用熔断器。因为前照灯电路中任何一处短路或搭铁,都会形成过大电流。如使用熔断器,电流中断后不能很快恢复通电,就可能发生事故。而断路器使电路断开后又能迅速恢复通电,因此在意外情况下还能在短时间内部分地保证前照灯的工作。

还有一些电路,如电动座椅、门锁、车窗等,由于其电流波动较大,也应使用断路器,才能保证其正常工作。

一、桑塔纳2000GSi 电喇叭控制图相关资讯

图2-24是桑塔纳2000GSi 电喇叭电路接线图,检修故障时,此图可以方便在车上查找电气元件连接关系;图2-25a)是桑塔纳2000GSi 电喇叭电路原理图,原理图表达了个电气元件之间的逻辑关系,便于分析工作过程及故障点的查找。

汽车电气设备与维修

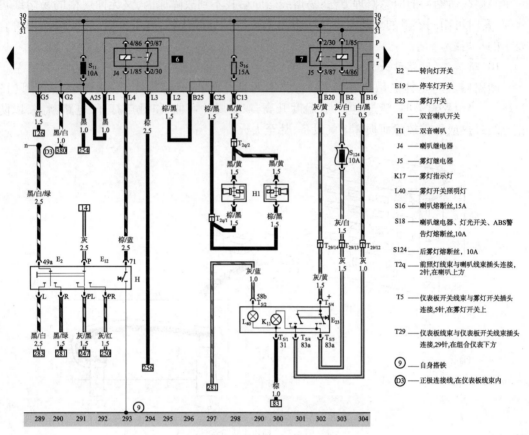

图 2-24 桑塔纳 2000GSi 电喇叭电路接线图

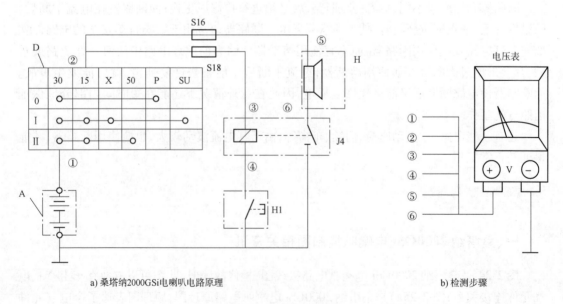

a) 桑塔纳2000GSi电喇叭电路原理　　　　b) 检测步骤

图 2-25 电路检查说明图

图 2-25 中 A 是蓄电池,D 是点火开关。

二、汽车电路诊断流程

汽车诊断流程是针对每个具体的故障制订的行动方案,按照诊断流程实施电路检测,可最大限度地提高车辆诊断和修理效率。不是每个客户报修都需要按照图 2-26 所有方框中的操作执行。但是,第一步必须是"了解并确认客户报修故障";最后一步应该是"维修和确认修复"。

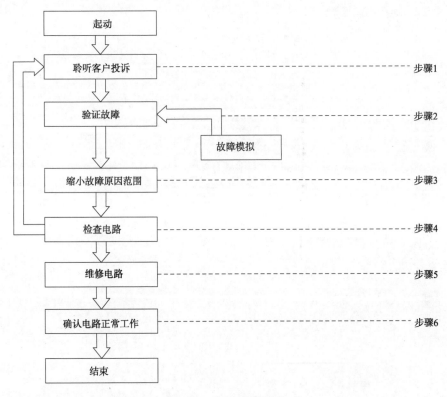

图 2-26　汽车诊断流程图

单元二　汽车电源系统教学内容设计

一、教学目标设计

1. 本单元的教学目标

学生能说出电源系统元件作用及安装位置,准确描述电源系统组成及工作原理,能分析电源系统电路的分析及描述其工作过程,能表达故障诊断思路和排查步骤。

2. 本单元能力目标

学生能正确使用检测工具,查阅维修手册完成蓄电池充电与更换、蓄电池技术状况检测、交流发电机拆装及元件检测、交流发电机性能检测、电源系统常见故障的排除。

二、教学任务分析

学生已经完成电子电工技术、发动机构造与拆装、汽车底盘构造与拆装、电控发动机等课程基础知识,了解汽车的基本构成及相关的功用、电路相关定律、电磁学及电子学基础知识,通过单元一汽车电气系统诊断基础(项目1 汽车电路识别和项目2 汽车电路检修)的学习,已经为学生学习本单元的内容作了充分的知识积累和能力提升的铺垫。

三、教学内容分析与组织

1. 教学内容分析

内　　容	学　时	重点与难点
项目三　蓄电池的构造与维护 任务1　蓄电池的检测与判定 任务2　蓄电池的充电	6 3 3	重点:正确测试蓄电池的状态和电量,确定维修内容 难点:能根据维修手册进行蓄电池充电,学会更换蓄电池
项目四　发电机构造与检测 任务1　发电机驱动带更换及发电机的拆卸 任务2　发电机不发电故障检测与修复	6 3 3	重点:能正确拆装发电机和检测发电机元器件 难点:能正确诊断和排除发电机常见故障
项目五　电源系统的故障诊断 任务1　电源系统故障检测与修复 任务2　充电指示灯一直不亮的故障检测与修复	6 3 3	重点:正确检测电源系统线路 难点:能正确诊断和排除电源系统的常见故障

2. 教学内容组织

教学内容组织按照知识序和认知序排列,从蓄电池、发电机到汽车电源组成的元件集合成的系统;程序性的知识和陈述知识也遵循简单到复杂,一般控制到模块控制,知识脉络清楚,环环相扣。

从任务单展开情境教学,为完成任务又必须从相关知识和拓展知识获取资讯,做到理论与实践有效相融。

采用六步任务驱动教学法:

(1)资讯:完成任务应备的知识。
(2)决策:分析故障产生原因,确定故障点的范围。
(3)计划:制定排查排除故障的过程。
(4)实施:具体的操作过程(教师先示范或讲解)。
(5)检查:落实任务完成是否成功。
(6)评价:针对任务完成情况给予评分。

在排查故障时,采用与现场汽车诊断流程一致的教学,显现实用性。

恰当选择教学方法,合理确定教学步骤,有秩序地呈现教材,促进学生积极地投入到知识的心理建构中,达成学生的学习目标。

四、教学的监控与评价

序号	项 目	内 容	分值	评 分
1	教学目标	根据课程大纲要求,教学目标明确	10	
2	学情分析	对学生知识基础、学习特点及适宜的学习方法进行分析和引导	10	
3	教学材料	教学材料的选择和组织符合教师现在所教学生实际的知识基础和能力水平,有可操作性	25	
4	教学重点、难点	重点、难点确定准确	25	
5	教学内容组织	教学内容序化合理,符合学生认知规律	10	
6	学时安排	学时安排合理	10	
7	格式与表达	设计格式规范,表达清晰流畅	10	
	总 分		100	

项目三　蓄电池构造与维护

能　力　目　标	知　识　目　标
能正确测试蓄电池的状态和电量,确定维修内容	描述蓄电池结构与型号,说明蓄电池的工作原理
能规范使用和维护蓄电池	解释蓄电池的容量及影响因素
能根据维修手册进行快速和慢速充电作业,学会更换蓄电池	能说明蓄电池的工作特性

任务1　蓄电池的检测与判定

客户任务	桑塔纳蓄电池型号6-QW-54HD,汽车起动无力
任务目的	正确测试蓄电池的状态和电量,确定维修内容

一、资讯

(1)蓄电池由_____、_____、_____、_____等组成。
(2)12V 铅蓄电池内部分为_____个单格,每格的静止电动势为_____V。
(3)正极板的活性物质及颜色是_____,负极板的活性物质及颜色是_____。
(4)QW-54HD 的含义：_____。
(5)铅蓄电池工作原理：_____。
(6)蓄电池通过测量电解液相对密度方法来判断蓄电池_____程度。

二、决策与计划

根据任务要求,确定需要的检测仪器、工具并对小组人员合理分工,制订详细的诊断和修复计划。
(1)需要的检测仪表、工具见表3-1。

检测仪表、工具　　　　　　　　　　　　　　　　表3-1

序　　号	仪表、工具名称	规　　格	数　　量	备　　注

(2)小组成员分工。
_____。

(3)诊断和修复计划。
_____。

续上表

三、实施
(1)打开前照灯,若前照灯_____,基本可判断_____。
(2)蓄电池检查。
①观察蓄电池外壳(□是/□否)有裂纹,极柱(□是/□否)松动,封胶(□是/□否)干裂。
②电解液液面高度(过高□/正常□/过低□)。
③蓄电池的放电电压为_____,开路电压为_____,起动电压为_____。
④蓄电池的容量为_____。
⑤蓄电池的密度为_____。
检查结果:_____。
(3)故障排除:_____。
四、复检
(1)电解液密度:_____。
(2)电解液液面高度:_____。
(3)蓄电池的放电电压:_____。
结论:_____。
五、评价(表3-2)

评 价 表　　　　　　　表3-2

检查评价项目		完成标准	学生自评	小组评价
职业技能		蓄电池技术状态检测	按规范熟练操作	
技术知识	掌握蓄电池结构和型号	会描述		
	掌握蓄电池工作原理及特性	会描述		
	影响蓄电池容量的因素	会描述		
素质目标	安全、规范操作			
	团结、合作			
	现场5S			

相关知识

一、蓄电池的组成

蓄电池的作用是在发动机起动、低速工作及发电机超载时,蓄电池向用电设备供电;当蓄电池存电不足,发电机剩余电能转换为化学能储存起来,即蓄电池充电;同时,蓄电池相当于一个较大的电容器,能吸收电路中出现的瞬时过电压,稳定电压,保护电子元件不被损坏,现代汽车当钥匙取下后,蓄电池向时钟、发动机和车身的ECU存储器、电子音响系统及防盗报警系统等供电。

1. 蓄电池的组成

汽车蓄电池绝大部分是铅蓄电池,蓄电池一般由6个(或3个)单格电池串联而成。每个单格电池的电压为2V左右,6个单格电池串联后对外输出标称电压为12V左右。

蓄电池主要由正极板组、负极板组、电解液和容器等4部分组成,其构造如图3-1所示。

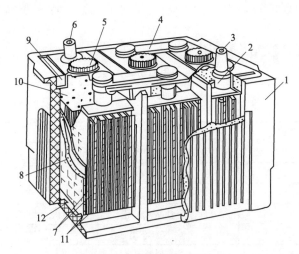

图 3-1 蓄电池的构造

1-蓄电池外壳;2-电极衬套;3-正极接线柱;4-连接条;5-加液孔螺塞;6-负极接线柱;7-负极板;8-隔板;9-封料;10-护板;11-正极板;12-肋条

蓄电池两极板组的活性物质参与化学反应,正极板组上主要是深褐色二氧化铅,负极板组上主要是青灰色海绵状主铅,如图3-2所示。

电解液由专用硫酸和蒸馏水按一定比例配制,其密度一般为 1.24~1.30g/cm³ (298K),电解液密度应按地区、气候条件和制造厂的要求来选用。

容器(即壳体)是用来盛装电解液和极板组的,外壳结构如图 3-1 所示。它应耐酸、耐热、耐振动冲击。

容器外面为蓄电池正、负极桩的安装平台,并保证容器的密封。在每个单格顶部都设有加液口,以便加电解液、补充蒸馏水和检测电解液的密度。

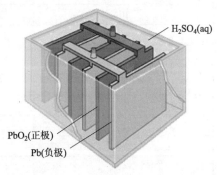

图 3-2 蓄电池的极板组

2. 蓄电池的型号和规格

蓄电池的生产厂商通常把标签贴在壳体的顶部或侧面,标签上具有通用型号、生产日期、极性。根据机械工业部 JB 2599—2012《铅蓄电池产品的型号编制方法》标准规定,蓄电池的型号由三部分组成,如图 3-3 所示。

——第一部分为串联的单体蓄电池数;
——第二部分为蓄电池用途、结构特征代号;
——第三部分为标准规定的额定容量。

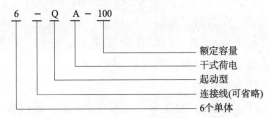

图 3-3 蓄电池的型号

示例:6个单体串联的额定容量为100A·h的干式荷电起动型蓄电池的型号命名为6-QA-100。

第二部分蓄电池用途、结构特征代号见表3-3和表3-4。

铅酸蓄电池用途代号　　　　　　　　　　　　　表3-3

序　号	蓄电池类型（主要用途）	型　号
1	起动型	Q
2	固定型	G
3	牵引(电力机车)用	D
4	内燃机车用	N
5	铁路客车用	T
6	摩托车用	M
7	船舶用	C
8	储能用	CN
9	电动道路车用	EV
10	电动助力车用	DZ
11	煤矿特殊	MT

铅酸蓄电池特征代号　　　　　　　　　　　　　表3-4

序　号	蓄电池特征	型　号
1	密封式	M
2	免维护	W
3	干式荷电	A
4	湿式荷电	H
5	微型阀控式	WF
6	排气式	P
7	胶体式	J
8	卷绕式	JR
9	阀控式	F

二、普通铅酸蓄电池的工作原理极工作特性

1. 蓄电池的工作原理

蓄电池向起动机及其他用电设备供电，称为蓄电池的放电过程；蓄电池在发动机高速运转时储存发电机的部分电能，称为蓄电池的充电过程。蓄电池充、放电过程是由蓄电池内部正、负极板组的活性物质与电解液之间的电化学反应来完成的。根据双硫化理论，蓄电池充、放电过程是一个可逆的电化学反应过程，其方程式是：

$$PbO_2 + 2H_2SO_4 + Pb \rightleftharpoons PbSO_4 + 2H_2O + PbSO_4 \quad (3-1)$$
　　正极板　电解液　负极板　　正极板　水　负极板

由式(3-1)可知，在接通用电设备时，蓄电池作为电源向外供电，在放电过程中，正极板

上的活性物质由深褐色的 PbO_2 转变为白色的 $PbSO_4$，负极板上的活性物质由深灰色的海绵状纯铅 Pb 转为白色的 $PbSO_4$，内部的化学能转变为电能，电解液中的 H_2SO_4 转变为 H_2O；充电过程中物质的变化与放电过程相反。在正常使用条件下，国产蓄电池的充放电循环寿命为 250~500 次。实际上，极板上的活性物质仅有 20%~30% 参加反应，大部分活性物质由于充、放电条件的限制未能进行电化学反应。因此，为提高活性物质的利用率，采用薄极板蓄电池。

蓄电池充、放电过程中，由于电解液中的部分水变为硫酸或硫酸变为水，所以电解液的密度将上升或下降。可以通过测量电解液密度方法来判断蓄电池的充、放电程度。

2. 蓄电池的工作特性

蓄电池的工作特性主要是指蓄电池的静止电动势、端电压、内阻、电解液密度等在充、放电过程中的变化规律。

1) 蓄电池的静止电动势 E_j

蓄电池在静止状态（不充电也不放电），正、负极板之间的电位差称为静止电动势，用 E_j 表示。在电解液密度为 1.050~1.300g/cm³ 时，蓄电池的静止电动势 E_j 经验公式为：

$$E_j = 0.85 + \rho_{25℃} \tag{3-2}$$

式中：$\rho_{25℃}$——298K 时的电解液密度。

实测所得的电解液密度应按式（3-3）换算成 298K 时的密度：

$$\rho_{25℃} = \rho_{t℃} + \beta(t-25) \tag{3-3}$$

式中：$\rho_{t℃}$——实际测得的电解液密度；

t——实际测得的电解液温度；

β——密度温度系数，$\beta = 0.00075$，即温度每升高 1K，电解液密度下降 0.00075。

2) 内电阻 R_0

蓄电池内阻为极板电阻、电解液电阻、隔板电阻、铅连接条和极柱电阻的总和，用 R_0 表示。在相同的条件下，内阻越小，输出电流越大，带负荷能力越强，能提高起动性能。

3) 蓄电池的放电特性

蓄电池的放电特性是指蓄电池在规定的条件下，恒流放电过程中，端电压、静止电动势和电解液密度随着放电时间而变化的关系。

电解液密度随放电时间的延长按直线规律减小。因为在恒流放电中单位时间内的硫酸消耗量是一个定值。铅蓄电池的放电程度和电解液密度减小值成正比。

在放电过程中，蓄电池端电压 U_c 的变化规律如图 3-4 所示，变化规律可分为以下 4 个阶段。

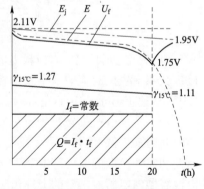

图 3-4 蓄电池放电特性图

（1）放电开始时，端电压由 2.11V 迅速下降到 2.0V 左右，这是因为放电前渗入极板活性物质孔隙内部的硫酸迅速反应变为水，而极板外部的硫酸还来不及向极板孔隙内渗透，极板内部电解液密度迅速下降，端电压迅速下降。

（2）端电压由 2.0V 呈直线规律缓慢下降到 1.85V，这是因为该阶段单位时间极板孔隙内部消耗的硫酸量与孔隙外部向极板孔隙内部渗透补充的硫酸量相等，处于一种动态平衡状态的缘故。

(3)放电接近终了时,端电压迅速下降到1.75V,因为极板表面已形成大量硫酸铅,堵塞了孔隙,渗透能力下降;同时单位时间的渗透量小于极板内硫酸的消耗量,极板内的电解液密度迅速下降,此时应停止放电,如果继续放电,端电压在短时间内将急剧下降到零,致使蓄电池过度放电,导致蓄电池产生硫化故障,缩短其使用寿命。

(4)蓄电池放电终止时,由于电解液渗透的结果,实际极板孔隙内外的电解液趋于平衡,电池的端电压会有所回升,单格电池电动势回升到1.95V。

蓄电池放电终了特征是:单格电池电压下降到放电终止电压(以20h放电率放电时终止电压为1.75V);电解液密度下降到最小值$1.10 \sim 1.12 g/cm^3$。

4)蓄电池的充电特性

蓄电池的充电特性是指蓄电池在规定的条件下,恒流充电过程中,端电压、静止电动势和电解液密度随着放电时间而变化的关系。

充电时,电源电压必须克服蓄电池的电动势E及蓄电池内部的压降,因此充电过程中蓄电池的端电压总是大于电动势。

在充电过程中,蓄电池端电压U_c的变化规律如图3-5所示,可分为5个阶段。

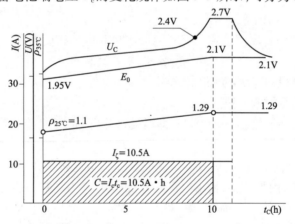

图3-5　蓄电池充电特性图

(1)充电初期,充电时极板上的活性物质和电解液的化学反应首先在极板孔隙内进行,极板孔隙中生成的硫酸来不及向极板外扩散,使孔隙中的电解液密度迅速增大,端电压由1.95V迅速上升至2.10V左右。

(2)从2.10V升至2.40V左右,此阶段电压稳定上升。随着充电的进行,新生成的硫酸不断向周围扩散,使孔隙中生成的硫酸来不及向极外扩散,当充至极板孔隙中生成硫酸的速度和向外扩散的速度基本处于动态平衡时,蓄电池端电压的上升速度较稳定,而且随着蓄电池容器内电解液密度的上升相应增高。

(3)由2.40V左右上升至2.70V,这时的充电电流除一部分尚未转变的硫酸铅继续转变外,其余的电流用于电解水,产生氢气和氧气,以气泡的形式放出,形成"沸腾"现象。在此过程中,带正电的氢离子和负极板上电子结合比较缓慢,来不及立即改变成氢气放出,于是在负极板周围便积存了大量的带正电的氢离子,使电解液与负极板之间产生约0.33V的附加电位差,从而使蓄电池的端电压由2.4V增至2.7V左右。

(4)当端电压升至2.7V保持电压不变时,即为过充电阶段,一般为2~3h,以保证蓄电池充足电。

(5)切断充电电源后,极板外部的电解液逐渐向极板内部渗透,极板内外电解液密度达到平稳平衡,同时附加电压消失,所以端电压又下降至2.1V左右稳定下来。

蓄电池充电终了的特征是:蓄电池内产生大量气泡,端电压上升至2.7V左右,电解液密度上升至最大值,并在2~3h内不再增加。

三、蓄电池容量

蓄电池的容量是指在规定的放电条件下,完全充足电的蓄电池所能提供的电量。蓄电池的容量是标志蓄电池对外放电的能力、衡量蓄电池质量的优劣、选用蓄电池最重要的指标。表达式为:

$$C = I_f \times t_f \qquad (3-4)$$

式中:C——蓄电池的容量(A·h);

I_f——放电电流(A);

t_f——放电时间(h)。

蓄电池容量的大小与极板的面积、放电电流、电解液温度和电解液密度有关。影响蓄电池容量的因素:①极板的面积增大,会提高蓄电池的容量;②放电电流越大,蓄电池的容量越低;③适当提高蓄电池电解液的温度会提高蓄电池的容量及起动性能;④电解液密度偏低,有利于提高放电电流及容量,延长蓄电池的使用寿命。冬季在不使电解液结冰的前提下,应尽可能采用稍低的电解液密度。

蓄电池的检测

当汽车出现起动运转无力,或是前照灯灯光暗淡,喇叭响度不足等现象时,首先应对蓄电池进行检测。

1. 蓄电池的外观检查

(1)检查蓄电池外壳是否破裂、电解液有无渗漏。

(2)检查蓄电池正、负极桩是否脏污或有氧化物。

(3)观察加液孔盖是否破裂、电解液有无渗漏、通气孔是否畅通。

2. 蓄电池的清洁

为了防止蓄电池过多地自行放电,蓄电池的表面必须保持清洁。因此,要经常清洗蓄电池表面,在清洗蓄电池时应注意以下几点:

(1)如图3-6所示,清洗时,要一边用水(最好用热水)冲,一边用刷子刷(在清洗蓄电池时,除了清水之外,还可以使用碳酸氢钠溶液)。

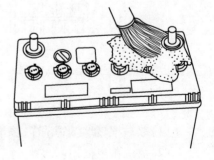

图3-6 用刷子清洁蓄电池

(2)蓄电池极柱由于有电解液漏出,容易被腐蚀,应仔细地把电解液洗掉,清理直到裸露出金属。

（3）如图3-7所示，检查蓄电池的加液孔盖，如有堵塞应清除干净。

（4）如图3-8所示，清理蓄电池槽和电极夹以后，安装时在电极夹上涂加少量的耐酸油脂。

（5）清洗蓄电池一般在充电结束后进行。当蓄电池表面很脏时，充电前应进行一次清洗，充电后重新用水冲洗并擦干净。

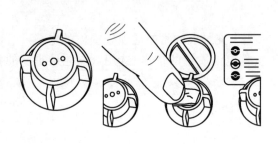

图3-7 清洁蓄电池加液孔盖

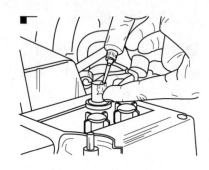

图3-8 涂耐酸油脂

3. 蓄电池电解液的检查

普通的非免维护的汽车用蓄电池仍在大量使用，以下电解液检查仅适用于传统的非免维护蓄电池。

1）蓄电池液面高度的检查

蓄电池中的电解液，一般应高出极板 10～15mm，电解液不足时应加注蒸馏水、一般不允许加注硫酸溶液（已知电解液溅出除外）。

有经验的凭肉眼可从加液孔看出液面的高度，对于塑料外壳的蓄电池、从外面可以看出液面高度，只要液面高度到规定的刻线即可。

检查方法如图3-9所示。

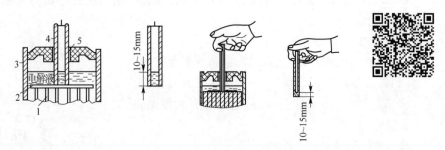

图3-9 蓄电池液面高度检查

1-极板；2-极板护板；3-容器壁；4-玻璃管；5-盖

（1）取一根玻璃量管洗净，擦干。

（2）清洗蓄电池顶部。

（3）打开蓄电池加液孔盖。

（4）将孔径为 3～5mm 的玻璃量管由加液孔插入蓄电池到极板处。

（5）用大拇指堵住玻璃量管的上口后、然后取出量管。

（6）此时量管中液面的高度即为蓄电池液面的高度，看是否在规定值范围内。

2）蓄电池密度的检测

电解液的密度、用吸式密度计测定，如图3-10所示，先吸入电解液，使密度计浮子浮起，电解液液面所在的刻度，即为密度值。

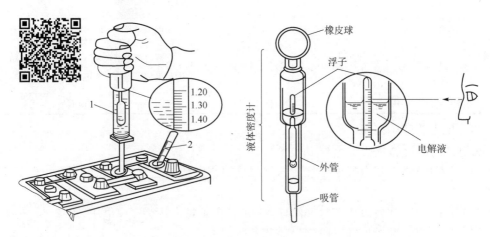

图3-10　蓄电池密度检查
1-密度计；2-温度计

因电解液密度是随电解液温度的变化而变化的，所以应同时测量电解液的温度，并将实测电解液的密度值修正到298K时的密度。

具体测量方法如下：

（1）取出吸式密度计，清洁洗干。

（2）将密度计和温度计插入蓄电池电解液中。

（3）挤压橡皮球，将电解液被吸入密度计。

（4）浮子所指刻度对准液面，即为测出的电解液密度值。

（5）查看温度计指示电解液温度。

（6）将实际测得的电解液密度，按式（3-2）换算成298K时的电解液密度。

有些蓄电池的内部安装有电解液密度计（俗称电眼），可自动显示蓄电池的存电状态和电解液液面的高度，如图3-11所示。如果密度计的观察窗呈绿色，表明蓄电池存电充足，可正常使用；若显示深绿色或黑色，表明蓄电池存电不足，应补充充电；若显示浅黄色，表明蓄电池电解液密度低于极限值或电解液不足，应更换或补加蒸馏水。但塑料球很容易就黏在某个位置不动，所以不能通过密度计对蓄电池的电解液情况进行评价。

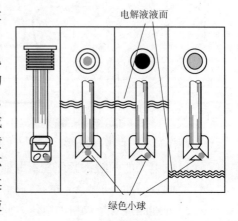

图3-11　内置密度计的蓄电池状态指示

蓄电池的密度与蓄电池存电情况关系见表3-5。

蓄电池的密度与蓄电池存电情况关系 表3-5

密度值(25℃)(g/cm³)	判　定	处　理
1.30 以上	电解液浓度高,加液错误	说明硫酸比例过大,应加注蒸馏水稀释
1.24~1.28	良好	说明蓄电池充电超过75%,或已充分充电,可正常使用
1.22~1.24	充电不足	说明放电超过50%,补充充电
1.220~1.100	过放电,浓度过低,或可能有故障	若充电后电解液密度还低于1.21g/cm³,说明蓄电池已损坏。充电后再检查
各单格密度相差0.04以上	可能单格有故障	充电后再检查,否则应调整

3)蓄电池的电压检查

蓄电池的电压测量如图3-12所示。

(1)开路电压:在发电机未正常工作时测量的蓄电池端电压为开路电压。一般为12~14.5V。

(2)充电电压:在发电机正常工作时测量的蓄电池端电压为充电电压。一般为16.2V。

(3)放电电压:起动发动机时测量的蓄电池端电压为放电电压。为9.6~11V。实际测量时采用高率放电计模拟起动状态

4)用高率放电计测量放电电压

如图3-13所示,高率放电计是模拟接入起动机负荷,测量蓄电池在大电流放电时的端电压,用以判断蓄电池的放电程度和起动能力。

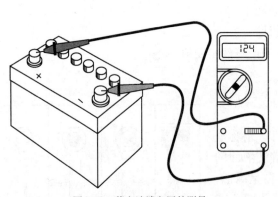

图3-12　蓄电池端电压的测量

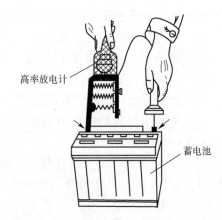

图3-13　用高率放电计(模拟起动放电)检测

测量时按以下步骤进行:

(1)放电叉的两触针紧压在蓄电池单格的正负极桩上。

(2)测量时间一般为5s左右,观察记录放电计的电压值。

(3)分别测得6个单格的电压。此时蓄电池是在大电流放电情况下的端电压,各单格的端电压应在1.5V以上,且能稳定5s。

检测数据可通过表3-6测评。

用高率放电计 12V 蓄电池放电程度的判断　　　　　　　　　　　表 3-6

容量		≤60A·h	≥60A·h
测试时间		5s	5s
测试电压	若稳定在	<9V 故障	<9.5V 故障
	若稳定在	9.6~10.6V 较好,应进行补充充电	9.5~11.5V 较好,应进行补充充电
	应进行补充充电	>10.6V,存电充足	>11.5V 良好,存电充足

任务 2　蓄电池的充电

客户任务	客户汽车无法起动,经检测为蓄电池电压为9V,需要充电
任务目的	制订工作计划,对蓄电池进行充电

一、资讯

(1) 蓄电池往车上安装时,应认清正负极,保持负极搭铁,安装时应先接＿＿＿＿＿极线,再接＿＿＿＿＿极线,以防扳手搭铁引起强烈火花;拆卸时,应先拆＿＿＿＿＿极线,再拆＿＿＿＿＿极线。

(2) 蓄电池充电方法有：＿＿＿＿＿、＿＿＿＿＿和＿＿＿＿＿等三种。

(3) 蓄电池电解液密度在＿＿＿＿＿、＿＿＿＿＿、＿＿＿＿＿,蓄电池需要充电。

(4) 定电流充电可以通过＿＿＿＿＿、＿＿＿＿＿、＿＿＿＿＿来判断充电结束。

(5) 充电过程中,经常需测电解液的温度,保证在＿＿＿＿＿以下进行,否则采取降温或停止充电。

(6) 蓄电池的充电种类＿＿＿＿＿、＿＿＿＿＿、＿＿＿＿＿。

二、决策与计划

根据任务要求,确定需要的检测仪器、工具并对小组人员合理分工,制订详细的诊断和修复计划。

(1) 需要的检测仪器、工具见表3-7。

检测仪表、工具　　　　　　　　　　　表 3-7

序　号	仪表、工具名称	规　格	数　量	备　注

(2) 小组成员分工。

＿＿。

(3) 诊断和修复计划。

＿＿。

三、实施

1. 拆卸蓄电池

拆卸步骤：

2. 定电流充电

(1) 绘出定电流充电的接线图。

(2) 按图的要求将所要充电的蓄电池连接好,并将其所有的加液孔盖＿＿＿＿＿。

(3) 接通电源和充电机开关,进行第一阶段充电,按规范选择充电电流＿＿＿＿＿,并调整好充电电流,到蓄电池单格电压为＿＿＿＿＿V、电解液＿＿＿＿＿为止。

续上表

(4)进行第二阶段充电,将充电电流_____,直到单格电压上升到_____V、电解液中冒出大量_____,且电池端电压和电解液密度_____保持不变,表示已充足电。

(5)充电完毕,将电解液密度调整为25℃的标准密度。并调整好液面高度。最后将电池外表冲洗干净后待用。

3.蓄电池安装

蓄电池安装步骤:

四、复检

电解液密度:_____;电解液高度:_____;蓄电池的放电电压:_____。

结论:_____

五、评价(表3-8)

评 价 表 表3-8

	检查评价项目	完成标准	学生自评	小组评价
职业技能	蓄电池充电机拆装	按规范熟练操作		
技术知识	掌握蓄电池工作特性	会描述		
	掌握蓄电池充电方法及种类	会描述		
素质目标	安全、规范操作			
	团结、合作			
	现场5S			

一、蓄电池的充电

常用的充电方法有:定流充电、定压充电和脉冲快速充电等三种。

若蓄电池电解液密度降至$1.2g/cm^3$以下、车灯明显暗淡、起动机无力、冬季和夏季的放电容量超过额定容量的25%和50%时,蓄电池需要充电。

1.蓄电池的充电前的准备(图3-14)

(1)卸掉通气孔塞。

(2)接蓄电池充电器的充电夹。

图 3-14 充电前的准备

(3) 检测电解液或蒸馏水是否符合规定要求。
(4) 加电解液或补蒸馏水至最佳液面线。
(5) 充电机的正极与蓄电池正极相接,负极与蓄电池负极相接,切勿反接,充电连接必须牢固。
(6) 对多只电池充电可根据充电机功率大小确定。

2. 定流充电法

在充电过程中,保持充电电流恒定的充电方法称为定流充电。如图 3-15 所示。

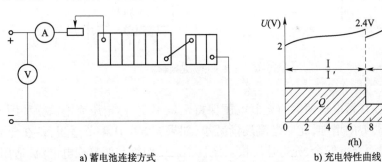

a) 蓄电池连接方式　　　　　b) 充电特性曲线

图 3-15 定流充电

随着蓄电池电动势的升高,逐渐升高充电电压,当充到蓄电池单格电压上升至 2.4V 左右时,开始电解液产生气泡时,再将充电电流减少一半保持恒定,直至充足电为止。充电电流的大小应按蓄电池容量选择,充电电流过大,会降低蓄电池性能;充电电流过小,会使充电时间过长。

1) 蓄电池连接方法

同容量的蓄电池连接。连接数:

蓄电池单格数 = 充电机额定电压 × 1/2.7

2) 充电电流

(1) 新蓄电池初充电。

第一阶段:电流为额定容量的 1/15 充至单格电压 2.4V 左右,进入第二阶段(电流减小一半),充至单格电压为 2.7V 时,2~3h 不变即充足电(一般新电池初充电需 45~65h)。

(2)普通蓄电池补充充电。

第一阶段:充电电流为额定容量的1/10充至单格电压上升至2.4V左右,进入第二阶段(电流减小一半)至充足,整个充电过程为13~16h。

蓄电池的定流充电,可以将不同电压值、容量相近的蓄电池依次从小到大串联起来充电。如果容量不同,应按容量小的蓄电池来决定充电电流。

(3)定电流充电判断。当蓄电池充电满足以下条件则判断充电充足,如图3-16所示。

①定流充电时,单格电压至2.7V,并在2h内不增加。

②定流充电时,电解液密度上升至最大值,并在2h内不变。

③电解液大量冒气泡,呈沸腾状态。

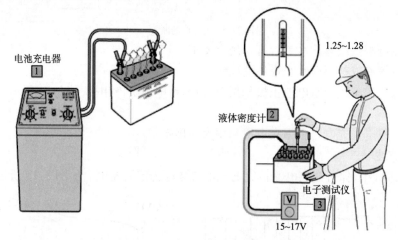

图3-16 定流充电充足判断

3. 定压充电法

充电过程中,加在蓄电池两端的充电电压保持恒定不变,称定压充电法。如图3-17所示,随着蓄电池电动势的增加,充电电流逐渐减小,如果充电电压调节适当,则在充满电时,充电电流为零。因而充电安全,充电速度快。而且不需要照管和调整充电电流,适用于补充充电。但是由于充电电流不可调节,不能将蓄电池完全充足,所以不适用于其他充电。

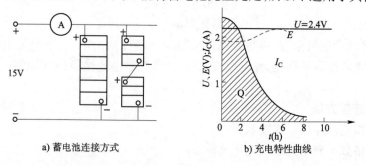

a) 蓄电池连接方式   b) 充电特性曲线

图3-17 定压充电

1)蓄电池连接方式

连接蓄电池时要求各并联支路电池总数相等,而电池型号、容量及放电程度可以不同还可以在某支路上加一变阻器,可对不同的蓄电池的容量调节,充电效果更好。

2)电压的选择

以单格电压2.5V为基准,即12V蓄电池充电电压为15V;6V蓄电池充电电压为7.5V。

4. 快速充电

快速充电是采用专门的快速充电机进行充电。其优点是充电时间可大大缩短(新蓄电池充电仅需5h,补充充电需1h),缺点是对蓄电池的寿命有一定的影响,并且脉冲快速充电机结构复杂,价格昂贵,适用于电池集中、充电频繁、要求应急的场合,但禁止在蓄电池与汽车线束未松开的情况下就车充电。

5. 蓄电池的充电结束

蓄电池充电完成后,应按图3-18所示,依次关闭充电机开关,拔下充电机电源插头,拆下充电机电缆,装好排气塞及蓄电池的正负极。

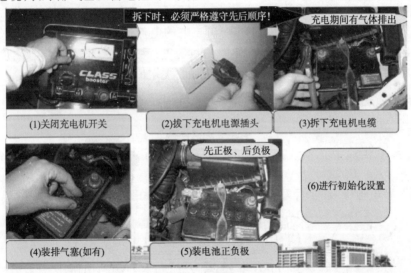

图3-18 充电结束的工作

6. 充电注意事项

(1)充电过程中,经常需测电解液的温度,保证在45℃以下进行,否则,采取降温或停止充电。

(2)蓄电池充电时,要安装通风设备,充电室内严禁烟火。

(3)充电结束,若电解液密度不符合规定,应用蒸馏水或密度为$1.4g/cm^3$的电解液调整,然后再充24h;若此时还不符合要求,应再调整至符合规定为止。

二、蓄电池的充电种类

充电种类有:初充电、补充充电、去硫化充电等。

1. 初充电

(1)按规定加注一定密度的电解液,放置4~6h,调整液面高度至规定值。

(2)将蓄电池的正、负极分别与充电机的正、负极相连。

(3)采用恒流充电法充电时,第一阶段充电电流为额定容量的1/15,待电解液中有气泡冒出、单格电池电压达2.4V时,转入第二阶段,将电流减小一半,直至蓄电池充足电为止。

(4)充好电后应检查电解液的密度,如不符合规定,应用蒸馏水或密度为 $1.4g/cm^3$ 的稀硫酸进行调整,并调整液面高度至规定值。调整后,再充电 2h,直到电解液密度符合规定为止。

2. 补充充电

(1)恒压充电。注意充电电流不应超过额定容量的 3/10,若超过了,应减小充电电压,待蓄电池电动势升高后再将充电电压调至规定值。

(2)恒流充电。先用超过额定容量 1/10 的电流进行充电,当单格电池电压达到 2.4V 以上时,改用额定容量 1/20 的电流充电,直至充足为止。

3. 预防硫化充电

先按补充充电的方法将蓄电池充足电,停歇 1h 后,再以减半的充电电流值进行过充电至沸腾,再停歇 1h 后,重新接入充电,如此反复,直到蓄电池刚接入充电就立即沸腾为止。

4. 去硫化充电

将铅蓄电池按 20h 放电率放电至单格电池电压为 1.75V;倒出电解液,用蒸馏水反复冲洗;然后加入蒸馏水至规定的液面高度,按初充电的电流进行充电,当电解液密度增大到 $1.15g/cm^3$ 时,再将电解液倒出,加入蒸馏水,继续充电;反复多次,直至电解液密度不再上升为止;最后按初充电方法充电,调整电解液密度额为规定值。

三、蓄电池和蓄电池托架的更换

1. 拆卸程序

(1)点火钥匙处于"OFF(关闭)"或"LOCK(锁定)"位置,所有电器负载为"OFF(关闭)"。

(2)断开蓄电池负极电缆,再断开蓄电池正极电缆,如图 3-19 所示。

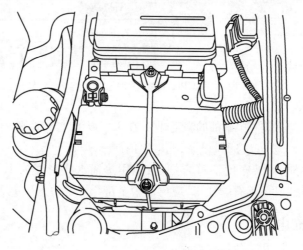

图 3-19 蓄电池

(3)从蓄电池箍杆上拆卸蓄电池压紧箍条的紧固螺母。

(4)检查蓄电池托架是否存在明显开裂或损坏。

(5)从蓄电池托架侧部松开夹在蓄电池负极电缆上的引线(若有)。

(6)必要时,拆卸蓄电池托架上螺栓,及连接液压离合器软管支架和蓄电池托架的侧螺栓(若有),从而脱离托架。

(7)拆卸蓄电池托架下螺栓。

2.安装程序

(1)紧固蓄电池托架上、下和侧螺栓,安装蓄电池托架。

(2)紧固蓄电池托架上、下和侧螺栓(若有)至20N·m(15lb·ft)。

(3)将蓄电池负极电缆线夹推入蓄电池托架侧部的孔中(若有)。

(4)将蓄电池装入托架。

(5)从蓄电池托架孔口,通过压紧箍条孔松弛连接蓄电池压杆,拧上螺母但不要拧紧,从而将压紧箍条连接到蓄电池上。

(6)紧固蓄电池压紧箍条至蓄电池箍杆的螺母至5N·m(44lb·in)。

(7)应先接正极线,再接负极线(搭铁线),以防扳手搭铁引起强烈火花。

相关拓展

一、新型酸性蓄电池

1.干荷电蓄电池

干荷电蓄电池是指极板处于干燥的已充电状态和无电解液储存的蓄电池称为干荷电蓄电池。负极板的铅膏中加入松香、油酸、硬脂酸等抗氧化剂;具有较强的荷电能力。

2.湿荷电蓄电池

湿荷电蓄电池采用极板组化成,化成后将极板浸入稀硫酸溶液里,离心沥酸后,不经干燥即进行组装密封成为湿荷电蓄电池。自出厂之日算起,湿荷电蓄电池可允许储存6个月。超过6个月的湿荷电蓄电池,则需经过短时间的补充充电方可正常使用。

3.免维护蓄电池

免维护蓄电池特点是:极板栅架采用铅钙锡合金、铅钙合金或低锑合金等材料制成高强度低阻值薄型栅架,袋式微孔聚氯乙烯隔板,避免活物质脱落,又能防止极板短路;壳体用聚丙塑料热压而成,槽底取消筋条,极板组直接安放在壳底部,使极板上部电解液存储量增多;加液口旋塞上设置安全通气装置,内装有氧化铝过滤器和催化剂钯。

4.少维护蓄电池

少维护蓄电池是铅酸蓄电池的一次革命标志,将栅架合金铅中锑的含量由6%~8%降低到3%以下,聚丙烯工程塑料电池槽替代黑色橡胶电池槽,电池槽与电池盖的密封用热封代替沥青胶封闭,单格间采用穿壁焊连接顶部裸露式连接,实现了蓄电池的少维护。

二、其他蓄电池

铅蓄电池高倍率放电,有良好的起动性能,而且价格低廉,高温性能优良,在汽车上作为起动电源使用十分广泛。与碱性蓄电池相比较也还存在一些不足之处,主要是使用寿命短,比能量较低,极板容易硫化等。

碱性蓄电池是以氢氧化钾或氢氧化钠溶液为电解液的一大类蓄电池的总称。以氢氧化钾溶液作为电解液的应用最为普遍。氢氧化钾的容易吸收空气中的水分和二氧化碳,溶于水和乙醇,是腐蚀性物品。

1. 镍-镉蓄电池

镍-镉电池是一种碱性电池,是 EV(电动汽车)、FCEV(燃料电池电动车)和 HEV(混合动力电动车)首选电池之一。镍-镉电池的比能量可达到 55(W·h)/kg,比功率可超过 225W/kg。极板强度高,工作电压平稳,能够带电充电,并可以快速充电。镍-镉电池过充电和过放电性能好,有高倍率的放电特性,瞬时脉冲放电率很大,深度放电性能也好。循环寿命达 2000 次,使用寿命 10~20 年,在所有蓄电池中是寿命最长的。采用全封闭外壳,可以在真空环境中正常工作。低温性能较好,能够长时间存放。

镍-镉蓄电池电解液是密度为 $1.20 \sim 1.27 \text{g/cm}^3$ 的氢氧化钾溶液,KOH 只作电流的传导,其浓度基本不变,因而不能根据电解液的密度大小来判断其充放电程度。镍-镉电池中采用的镉是一种有害的重金属,在蓄电池报废后必须进行有效的回收。

2. 铁-镍蓄电池

铁-镍蓄电池又称为爱迪生蓄电池,电池的电解液为碱性溶液,正极为 Ni_2O_3、负极为 Fe,总的化学方程式为:

$$Fe + Ni_2O_3 + 3H_2O = Fe(OH)_2 + 2Ni(OH)_2 \tag{3-5}$$

3. 氢燃料电池

氢燃料电池是一种把燃料氧化的化学能直接转换为电能的"发电装置",电池负极一侧的氢极输入氢气,正极侧的氧化极输入空气或氧气,在正极与负极之间为电解质,电解质有酸性、碱性、熔融盐类或固体类(图3-20)。氢通过阴极向外扩散和电解质发生反应后,放出电子通过外部的负载到达阳极。在能量转化过程中,经过电化学反应生成电能和水,不会产生氮氧化物和碳氢化合物等对大气环境造成污染的气体排放。

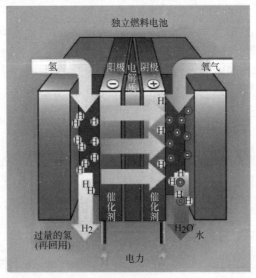

图3-20 氢燃料电池

项目四 发电机构造与检测

能 力 目 标	知 识 目 标
能正确拆装发电机和检测发电机元器件	叙述发电机的结构、工作原理
能正确诊断和排除发电机常见故障	解释交流发电机的工作特性

任务 1 发电机驱动带更换及发电机的拆卸

客户任务	判定桑塔纳 2000 轿车发电机不发电,需更换
任务目的	制订工作计划,并利用发电机万能试验台对发电机进行性能检测,判定发电机是否能够继续使用

一、资讯

(1) 交流发电机的功用是 _____。
(2) 硅整流交流发电机由 _____、_____、_____ 组成。
(3) 发电机的空载特性是 _____。
(4) 发电机的外特性是 _____,发电机的 _____ 特性最重要,可根据检测的参数,判定发电机性能良好与否。
(5) 汽车发电机工作原理是 _____。
(6) 发电机定子绕组的连接方式有 _____、_____。
(7) 发电机三相桥式整流器每相定子绕组 _____ 二极管连接,其中 _____。
(8) 汽车电压不变的情况下,发电机励磁,随转速不断增加,励磁电流 _____,为什么会出现这种现象?

二、决策与计划

根据任务要求,确定需要的检测仪器、工具并对小组人员合理分工,制订详细的诊断和修复计划。
(1) 需要的检测仪表、工具见表 4-1。

续上表

检测仪表、工具　　　　　　　　　　　　　　　　表4-1

序号	仪表、工具名称	规格	数量	备注

(2)小组成员分工。
_____
_____

(3)诊断和修复计划。
_____
_____

1. 旧发电机的拆卸

拆卸步骤：

(1)用_____拆卸发电机带轮的坚固螺母。

(2)用_____取下发电机带轮。

(3)拧下发电机后部的整流器罩盖螺栓，取下整流器罩盖。

(4)拧下前后端盖之间的紧固螺栓，_____，取出前端盖。

(5)取出推力垫圈和风扇。

(6)取出发电机转子总成。

(7)分解转子和定子。

2. 待装发电机的空载试验

实验步骤：

实验结果：

三、实施

交流发电机空载特性曲线　　　　　　　　交流发电机输出特性检测数据

转速 n (r/min)				
电压 U (V)				

续上表

3.待装发电机的负载试验
实验步骤:
实验结果:
交流发电机负载特性曲线　　　　　　　交流发电机负载特性检测数据
	转速 n(r/min)				
	电流 I(A)				
4.待装发电机检查结果分析
结论及提出解决方案:
5.发电机的安装
安装步骤:
6.驱动带安装及调整
调整步骤:

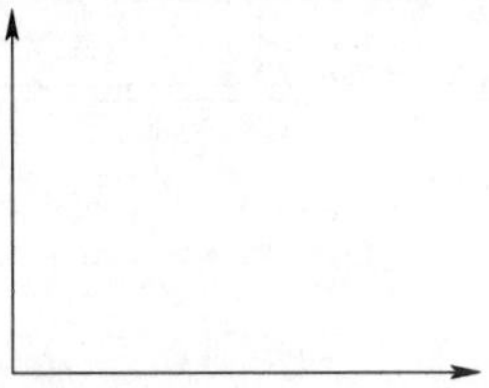

四、检查

(1)检查发电机输出电压＿＿＿＿＿＿＿＿＿＿＿＿＿＿＿＿＿＿＿＿＿＿＿＿＿＿＿＿＿＿＿

＿＿。

(2)通过检查分析,得出以下结论:

＿＿＿

＿＿。

续上表

五、评价(表4-2)。

评 价 表　　　　　　　表4-2

检查评价项目		完成标准	学生自评	小组评价
职业技能	拆装发电机及更换传动带	操作步骤正确规范		
	发电机工作性能检测	掌握检测判定标准和方法		
技术知识	发电机组成、工作原理及	会描述		
	发电机工作特性	会描述		
素质目标	安全、规范操作			
	团结、合作			
	现场5S			

一、汽车交流发电机的基本结构及工作原理

汽车发电机作为汽车运行中的主要电源,担负着向起动系统以外所有用电设备供电的任务,并向蓄电池充电。汽车发电机主要由三相同步交流发电机和二极管整流器和电压调节器组成,一般称为硅整流交流发电机(图4-1)。

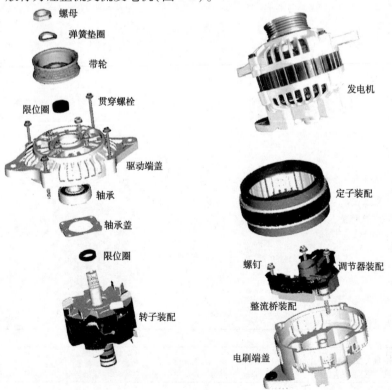

图4-1　交流发电机的基本结构

1. 电磁力学原理

电磁感应式动能产生电能。如图 4-2 所示,当线圈导体在外力的作用下,切割磁力线,导体内感应电压,若电路闭合,线圈匀速旋转,就产生一条正弦波单相交流电。

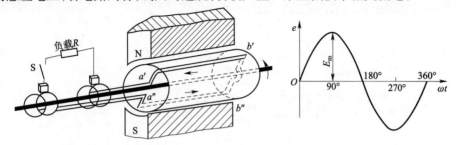

图 4-2 单相交流电产生原理

2. 汽车交流发电机的工作原理

当蓄电池或发电机(整流后电流)作用于磁场绕组两端时(电流通过电刷经集电环送至磁场绕组),磁场绕组就有电流流过,转子的爪极被磁化,产生磁场,磁力线经定子铁芯构成闭合回路,转子在发动机驱动下旋转,磁力线便切割三组定子绕组,使三相绕组中产生频率相同、幅值相等、相位互差 120°电位角的三相交流电(图 4-3)。

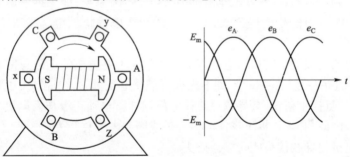

图 4-3 三相交流电产生原理图

发电机的定子绕组的连接方法有星形连接和三角形里连接(图 4-4),图中 U_p 为相电压,U 为线电压,I_p 为相电流,I 为线电流。

星形连接时,$U = \sqrt{3}U_p$,$I = I_p$。三角形联结时,$U = U_p$,$I = \sqrt{3}I_p$。

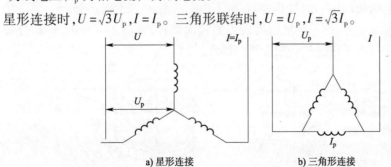

a) 星形连接　　b) 三角形连接

图 4-4 交流发电机三只定子绕组的连接方式

3. 交流电压整流

交流发电机定子绕组产生的三相交流电,采用 6 只二极管组成的三相桥式整流电路转变直流电，每相绕组连接两只二极管，一只二极管接正极，正半波可以通过；一只二极管接负极，负半波可以通过(图4-5中V相电压，正极接3管，负极节6管)。

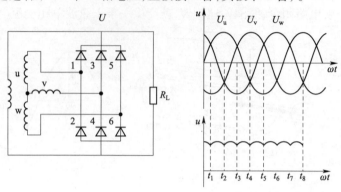

图4-5　三相桥式整流

二、汽车发电机的拆解与装配

(1)发电机从汽车上拆下时，应按以下步骤进行。

①读出故障码。目前，在现代汽车上都装有电子控制系统，如果拆下蓄电池搭铁电缆接头，将会使ECU内存中的故障码消失，所以在拆卸蓄电池搭铁电缆接头时必须首先读出ECU中的故障码。

②拆下蓄电池负极柱上的搭铁电缆接头。因汽车上蓄电池的正极与发电机的输出接线柱"B"接线柱是直接相连(图4-27)，如不先拆下搭铁电缆，那么在拆卸发电机"B"接线柱上的导线接头时，一旦扳手搭铁，会导致短路放电而损坏蓄电池正极与发电机"B"接线柱之间的导线和电缆。因此，必须先拆下搭铁电缆接头或断开电源总开关。

③拆下发电机的导线接头或连接器插头。

④拆下发电机紧固螺栓和传动带张力调节螺栓，并松开传动带。

⑤取下发电机，用干净棉纱擦净发电机表面的尘土及油污，以便解体与检修。

(2)发电机的拆解按照以下操作步骤进行。

①拆下电刷及电刷架(外装式)紧固螺钉，取下电刷架总成，如图4-6所示。

②在前后端盖上做记号，拆下连接前后端盖的紧固螺栓，如图4-7所示，将其分解为与转子结合的前端盖和与定子连接的后端盖两大部分。

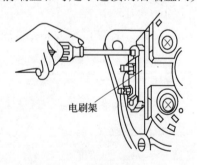

图4-6　电刷架拆解

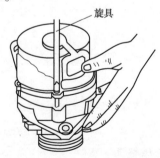

图4-7　前、后端盖的分解

注意：不能单独将后端盖分离下来，否则，会扯断定子绕组与整流器的连接线(即三相定子绕组端头)。

③将转子夹紧在台虎钳上,用扭力扳手拆下带轮紧固螺母,如图4-8和图4-9所示,用拉拔器拉出发电机带轮,再可依次取下风扇、半圆键、定位套。

④将前端盖与转子分离,若该部分装配过紧,可用拉拔器拉开,如图4-9所示。或用木锤轻轻敲,使之分离。

注意:铝合金端盖容易变形,因此,拆卸时应均匀用力。

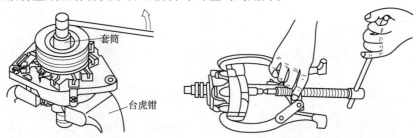

图4-8 带轮的分解　　　　　　图4-9 前端盖的分解

⑤拆掉防护罩,拆掉图4-10所示的后端盖上的3个螺钉(其中③兼作"－"接线柱),即可将防护罩取下。

对于整体式发电机,先拧下"B"端子上的固定螺母并取下绝缘套管,再拧下后防尘盖上的3个带垫片的固定螺母,取下后防尘盖;然后拆下电刷组件的两个固定螺钉和调节器的3个固定螺钉,取下电刷组件和IC调节器总成;最后拧下整流器二极管与定子绕组的引线端子的连接螺钉,取下整体式整流器总成。

⑥拆下定子上4个接线端(三相绕组首端及中性点)在散热板上的连接螺母,如图4-11所示,使定子与后端盖分离。

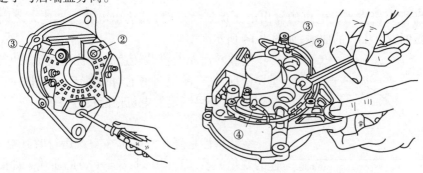

图4-10 后端盖的分解　　　　图4-11 定子线圈与整流板的分解

⑦拆下后端盖上紧固整流器总成的螺钉,取下整流器总成,如图4-12所示。

注意:若经检验所有二极管均良好,该步骤可不进行。

⑧零部件的清洗。对机械部分可用煤油或清洗液清洗,对电器部分如绕组、散热板及全封闭轴承等宜用干净的棉纱擦拭去掉表面尘土、脏污。

发电机的拆解要按照工艺要求进行,禁止生敲硬卸而损坏机件。拆解的零件要按照规范清洗并顺序摆放。对有问题的零件和拆解复杂部位的顺序和连接方法,必要时要有详细记录。

发电机的装配:按拆卸相反顺序组装,组装完毕后使用万用表检测各接线柱和与外壳间的电阻值,应该符合参数要求,同时更换发电机传动带。

传动带过松会造成带轮与传动带之间打滑,使发电机输出功率降低,发动机冷却液温度过高;传动带过紧易使传动带早期疲劳损坏,加速水泵及发电机轴承磨损。

传动带调整方法是:在发电机带轮和风扇带轮中间用100N的力往下按传动带,如图4-13所示,传动带的挠度应为10~15mm。若过松或过紧,应松开发电机传动带张力调节螺栓,扳动发电机进行调整,松紧度合适后,重新旋紧锁螺栓。

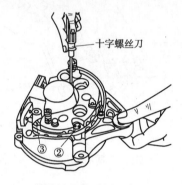

图4-12 整流板的分解

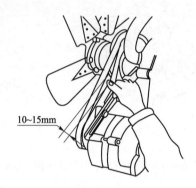

图4-13 传动带的调整

知识拓展

一、交流发电机工作特性

1. 输出特性

输出特性是研究当发电机的输出电压保持一定时,其输出电流与转速 n 之间的关系。即 $U=$ 常数时,$I=f(n)$ 的曲线,如图4-14所示。

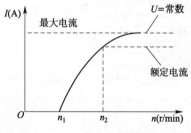

图4-14 交流发电机的输出特性

空载转速 n_1 与满载转速 n_2 是测定交流发电机性能的重要依据,在产品说明书上均有规定。使用中测得这两个数据比较,即可判定发电机性能良好与否。

2. 空载特性

空载特性是研究发电机在空载运行时其端电压随转速的变化关系,即 $I=0$ 时,$U=f(n)$ 的曲线。如图4-15所示,可以看出随着转速的升高电压上升较快。因此,在较低转速下发电机就能从他励发电转为自励发电,向蓄电池充电。空载特性可以判定发电机的低速充电性能是否良好。

发动机的转速不断变化,交流发电机转速很难保持不变。因此,为了使发电机能提供固定不变的电压,必须采用调节器来控制电压。

3. 外特性

外特性是研究当发电机转速一定时其端电压与输出电流之间的关系,即 $n=$ 常数时,$U=f(I)$ 的曲线,如图4-16所示。

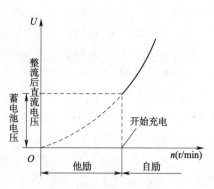

图4-15 交流发电机的空载特性　　　图4-16 交流发电机的外特性

发电机高速运转时,如果突然失去负载,则其端电压会急剧升高,发电机电路中的二极管和电子元件将被击穿,所以发电机工作时要避免外电路断电现象。

图4-17是交流发电机试验台电路图,试验时,被检测发电机由调速电动机驱动,可按表4-3完成交流发电机工作特性的检测。

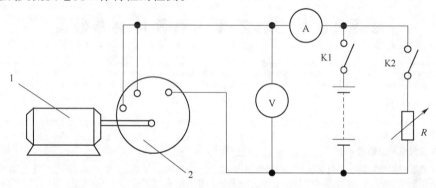

图4-17 交流发电机试验台电路图
1-无极调试电动机;2-被检测发电机

交流发电机工作特性试验　　　　　　　　　　　　　　表4-3

工作特性	试 验 步 骤
输出特性	(1)接通 K1,断开 K2,起动调速电动机,蓄电池励磁,调整调速电动机转速,记录电压表读数上升到额定电压时对应调速电动机转速 n_1(空载转速)。 (2)断开 K1,接通 K2,调整调速电动机转速,同时调节负载 R(保证被测发电机输出电压不变),记录额定负载情况下电压达到额定时的转速 n_2(满载转速)
空载特性	(1)断开 K2,接通 K1,起动调速电动机。 (2)缓慢调高发电机转速,调节被测电动机的转速,记录每一转速与发电机输出电压

二、凸极式无刷交流发电机

凸极式无刷交流发电机也称为感应式无刷交流发电机,它由转子、定子、整流器和机壳组成,如图4-18所示。

发电机的转子是由齿轮状钢片铆成,其上有若干个沿圆周均匀分布的齿轮凸极。磁场绕组和定子绕组均安装在定子槽中,发电机内没有集电环与电刷。

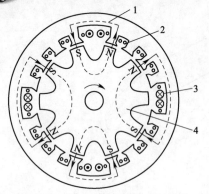

图 4-18 凸极式无刷交流发电机结构示意图
1-定子铁芯;2-电枢绕组;3-励磁绕组;4-转子

当磁场绕组通入直流电压时,在定子铁芯中产生固定磁场(右上部、左下部为 N 极,左上部、右下部为 S 极)。由于转子凸齿部分磁通容易通过,磁感应强度最大,从而形成磁极。但转子的每个凸齿是固定的,当它对着定子右上部时就是 N 极,对着定子左上部时就是 S 极。定子上的每个电枢绕组只有对同极性的凸极起作用,不存在旋转磁场。转子在磁场内旋转,当转子凸齿正对着定子凸齿时,磁通量最大;相反,当转子正对着定子凸齿时,磁通量最小。于是在定子内就产生了脉冲磁通,在定子绕组中便产生交变电动势,将电枢以一定的方式连接起来,经过三相桥式整流,变为直流电。

该发电机缺点是在空转和满载时转速较高,且比功率(单位质量所发出的功率)较低。

任务2 发电机不发电故障检测与修复

客户任务	检测任务1拆解的桑塔纳2000轿车发电机
任务目的	制订工作计划,并利用汽车万用表、百分表对发电机进行检测,确定故障原因并维修更换

一、资讯

(1)交流发电机的励磁方法有_____和_____两种。

(2)交流发电机输出的电压应在_____之间为正常。

(3)电压调节器的工作原理:
_____。

(4)电压调节器的内搭铁的特点是:

二、决策与计划

根据任务要求,确定需要的检测仪器、工具并对小组人员合理分工,制订详细的诊断和修复计划。

(1)需要的检测仪器、工具见表4-4。

检测仪表、工具   表4-4

序 号	仪表、工具名称	规 格	数 量	备 注

(2)小组成员分工。
_____。

(3)诊断和修复计划。
_____。

三、实施

1. 内装集成电路调节器检查

(1)分析图4-27b)的工作原理。

续上表

(2)四接线柱调节器检测步骤。

2.硅二极管整理器的检查
(1)整流器正极管导通性。　　　　　　　□合格　□不合格
(2)整流器负极管导通性。　　　　　　　□合格　□不合格
(3)示波器检查发电机输出电压波形。　　□合格　□不合格
3.转子检查
(1)转子绕组电阻_____。　　　　　　□合格　□不合格
(2)转子绕组搭铁检查,电阻_____。　□合格　□不合格
(3)集电环尺寸检查_____,表面状态_____。　□合格　□不合格
(4)转子轴尺寸检查_____。　　　　　□合格　□不合格
4.定子绕组检修
(1)定子绕组电阻_____。　　　　　　□合格　□不合格
(2)定子绕组搭铁检查,电阻_____。　□合格　□不合格
5.电刷的检测
(1)电刷的弹力_____。　　　　　　　□合格　□不合格
(2)电刷的长度_____。　　　　　　　□合格　□不合格

四、检查
(1)检查发电机技术性能,是否有异响:_____。
(2)通过检查分析,得出以下结论:_____。

续上表

五、评价(表4-5)。

评 价 表　　　　　　　　　表4-5

检查评价项目		完成标准	学生自评	小组评价
职业技能	发电机零部件检测	掌握检测判定标准和方法		
	电压调节器检测	掌握检测判定标准和方法		
技术知识	电压调节器工作原理	会描述		
	发电机零部件技术规范	会描述		
素质目标	安全、规范操作			
	团结、合作			
	现场5S			

一、发电机解体后检测

发电机拆解后,用指针式万用表检测转子、定子的电阻值及绝缘电阻,对于线圈电阻的测量,为取得较准确的数值,建议使用数字万用表。

1. 检查转子

(1) 转子绕组(磁场绕组)短路与断路检查:用万用表 R×1 挡检测两集电环之间电阻,应符合技术标准。若阻值为∞,则说明转子线路的接头已腐蚀或断开;若阻值过小,则说明短路。通用公司转子绕组电阻为 2.4~3.5Ω,福特的为 3.0~5.5Ω,大众的为 2.2~3.0Ω。

(2) 转子绕组搭铁检查:即检查转子绕组与铁芯(或转子轴)之间的绝缘情况,如图4-19所示。用万用表电阻最大挡检测两集电环与铁芯(或转子轴)之间的电阻,若表针有偏转,则说明有搭铁故障。正常应指示∞。

(3) 集电环(滑环)检查:转子上的集电环是个光滑的圆形(圆度公差为 0.05mm),集电环表面应平整光滑,无明显烧损,集电环加工出槽可以给电刷提供一个合适的工作表面,两集电环间隙处应无污垢。加工后的集电环尺寸不能小于制造商规定的最小尺寸,集电环圆度误差不超过 0.025mm,厚度不小于 1.5mm。

如果集电环已变色或变脏,可以用 400 号粒度或细金刚砂布清洗集电环。在清洗时要不断旋转转子以避免集电环上出现平点。

(4) 转子轴检查:转子轴检测方法如图4-20所示。用百分表检查轴的弯曲,弯曲度不超过 0.05mm(径向圆跳动公差不超过 0.1mm),否则,应予校正。爪形磁极在转子轴上应固定牢靠,间距相等。

2. 检查定子

测试前,要把二极管从定子上拆下,因为定子的 3 个绕组都有电器连接。

(1) 定子绕组短路与断路检查。用数字万用表检测定子绕组 3 个绕组的接线端,两两相测,如图4-21a)所示。正常时阻值小于1Ω且相等。指针不动或阻值过大,说明断路;过小

（近似等于0），说明短路。

（2）定子绕组搭铁检查。定子绕组搭铁检查，即检查定子绕组与定子铁芯间绝缘情况。用数字万用表电阻最大挡，检测定子绕组接线端与定子铁芯间电阻，如图4-21b)所示。若绝缘电阻≤100kΩ，则说明有搭铁故障，正常应指示趋于∞。

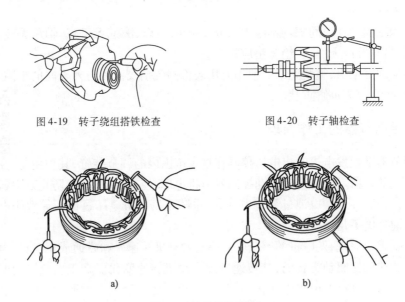

图4-19 转子绕组搭铁检查　　　图4-20 转子轴检查

a)　　　　　　　　　　b)

图4-21 定子绕组的检查

如果发电机所有的组成部件经过测试后都正常，但发电机的输出值仍然很低，这时就需要换上一个好的定子重新进行测试，如果定子变黑或有烧焦的味道，则要检查汽车的蓄电池是否放电或出现故障。如果蓄电池的电压一直达不到电压调节器的截止点，则发电机将持续地在定子绕组中产生电流，这种持续的充电常导致定子过热。

如果定子是三角形接法，则欧姆表检查不出定子的断路故障。因为这种接法使3个绕组相互之间都有电器连接，所以欧姆表的读数会一直很小。

3. 整体式整流器的检查

图4-22是夏利轿车JFZ1542型整体式发电机的整流器。当检测负极管电阻时，先将万用表选R×1挡，其中黑表笔接"E"端（图中有3个部位），红表笔分别接P1、P2、P3、P4点，万用表均应导通（如果使用数字式万用表则黑红表笔正好相反），如不通，说明该负极管断路，则应更换整流器总成；再调换两表笔对此部位进行测量，万用表应不导通，如导通，说明该负极管短路，亦需更换整流器总成；当检测正极管时，先将与万用表红表笔接整流器端子B；另一只表笔分别接P1、P2、P3、P4点进行检测，万用表均应导通，如不通，说明该正极管断路，则应更换整流器总成，再调换两表笔对此部位进行检测，此时万用表应不导通，如导通，说明该正极管短路，亦应更换整流器总成。

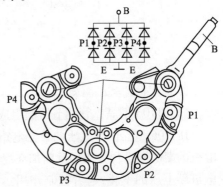

图4-22 整体式整流板

4. 检查电刷组件

电刷表面不得有油污,且应在电刷架中活动自如,电刷磨损不得超过原高度的 1/2(用游标卡尺或钢直尺检测),一般不小于 13mm;检测电刷弹簧压力时,当电刷从电刷架中露出长度 2mm 时,电刷弹簧力一般为 2~3N;电刷架应无烧损、破裂或变形。

5. 其他零件检查

检查轴承轴向和径向间隙均不应大于 0.20mm,滚珠、滚道无斑点,轴承无转动异响;检查前后端盖、带轮等应无裂损,绝缘垫应完好。

重新装配的发电机,组装完毕后使用万用表检测各接线柱和与外壳间的电阻值,应该符合参数要求,否则应该拆解重装。

二、电压调节器的工作原理

电压调节器是把发电机输出电压控制在规定范围内的调节装置,其功用是:在发电机转速和发电机上的负荷发生变化时自动控制发电机电压,使其保持恒定,防止发电机电压过高而烧坏用电设备和导致蓄电池过量充电,同时也防止发电机电压过低而导致用电设备工作失常和蓄电池充电不足。

根据电磁感应原理,发电机的感应电动势与发电机转速 n 和磁通成正比;发电机在汽车上是按固定的传动比驱动旋转的,其转速 n 随发动机转速变化而在很大范围内变化。如果要在转速 n 变化时维持发电机电压恒定,就必须相应地改变磁极磁通 $\varPhi$。因为磁极磁通取决于磁场电流的大小,所以在发电机转速变化时,只要自动调节磁场电流,就能使发电机电压保持恒定。电压调节器就是利用自动调节磁场电流使磁极磁通改变来调节发电机电压的(图 4-23)。

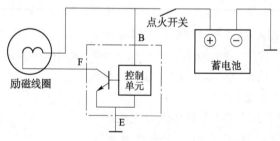

图 4-23 电压调节器的工作原理

1. 晶体管式电压调节器

1)JFT106 型晶体管调节器的组成

JFT106 型晶体管电压调节器电路组成如图 4-24 所示。电路中 R_1、R_2 为分压电阻,将发电机的端电压进行分压后反向加在稳压管 VS_1 的两端;稳压管 VS_1 为感压元件,随时感受发电机端电压的变化,起着控制作用。三极管 VT_1、VT_2、VT_3 构成开关电路,控制励磁电路的通断。

2)晶体管电压调节器的工作原理

接通 S,蓄电池→R_5→VD_2→R_7→VT_2be→VT_2 导通→T_3 导通,则有蓄电池 +→电流表→S→励磁线圈→VT_3ce→蓄电池 -(他励)。

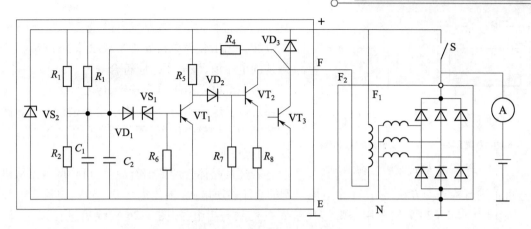

图 4-24　JFT106 型调节器的电路图

n 提高→U_A 提高。当 U_A 上升到规定值→UR_1 上升→DS_1 击穿,VT_1 导通→VT_2、VT_3 止→I_f 下降→U_A 下降→DS_1 截止→VT_1 截止,VT_2、VT_3 导通,U_A 稳定。

如此循环工作,发电机电压稳定在 13.5～14.5V 范围内。

3)其他元件的作用

VD_3——续流二极管,保护 VT_3。当 VT_3 电导通转为截止的瞬间,励磁线圈产生自感电动势,经 VS_1 自成回路,并按指数规律衰减,从而保证 VT_3 不会被击穿损坏。

VS_2——保护用稳压管。它反接在发电机的两端,当发电机突然失去负荷,产生瞬变电压时,VS_2 便被击穿导通,从而保护了调节器及其用电设备不被损坏。

R_4——正反馈电阻。具有高灵敏度,用来提高 VT_3 的翻转速度,减少功率损耗。当 VT_3 由导通趋于截止时,集电极的电位上升,经 R_4 反馈至稳压管 VS_1,提高了 VS_1 负极端电位,使 VS_1 提前击穿导通,VT_1 也提前导通,VT_2、VT_3 被加速截止。反之当 VT_3 由截止趋于导通时,由于 R 的正反馈作用,VT_3 加速导通。从而提高了 VT_3 的翻转速度。三极管的功率消耗主要发生在导通或截止过程中,完全导通或截止功率消耗极小,所以可减小功率消耗,防止元件发热。

C_1、C_2——用来降低 VT_3 的开关频率,减少功率消耗。由于电容 C_1、C_2 与 R_1 并联,R_1 两端电压的上升将随着 C_1、C_2 充电过程的延续而上升,推迟了 VS_1、VT_1 的导通和 VT_3 的截止,降低了 VT_3 的开关频率。

R_5——VT_2 的限流电阻,又是 VT_3 的偏压电阻。

R_7——VT_1 的限流电阻,防止 VT_1 导通后被损坏,同时又是 VT_2 的分压电阻。

VD_1、VD_2——用来保证 VT_1、VT_2 处于截止状态时可靠截止。

4)晶体管调节器的检测与调整

调节器有 3 个接线端子,分别是:"+"、"F"、"-",调节器又可分为内搭铁和外搭铁。调节器检测和调整前应先判断调节器的搭铁形式。方法是用一个 12V 蓄电池和一只 12V、2W 的小灯泡按图 4-25 所示接线,即可判断调节器的搭铁形式。

如灯泡接在"-"与"F"接线柱之间发亮,而在"+"与"F"接线柱之间不亮,则该调节器为内搭铁式;反之,如灯泡接在"+"与"F"接线柱之间发亮,而在"-"与"F"接线柱之间不亮,则该调节器为外搭铁式。判断出调节器的搭铁形式后,便可根据调节器的搭铁形式按图

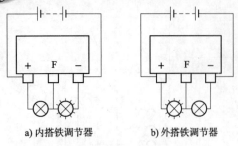

a) 内搭铁调节器 b) 外搭铁调节器

图4-25 晶体管调节器搭铁形式的判断

4-25接线进行检测。控制发电机转速为3000r/min。调节可变电阻,使发电机处于半载时,记下调节器所维持的电压值,该电压值应符合规定。

若调节电压值不符合规定,应予以调整。当调节器有调整电位器时,可利用电位器进行调节。如调节器中无调整电位器,调节器如调压值不符合规定,则应更换。

若怀疑晶体管调节器有故障,可将调节器从机上拆下进行检查。方法是,用一个电压可调的直流稳压电源(输出电压0~30V、电流3A)和一只12V(24V)、20W的车用小灯泡代替发电机磁场绕组,按图4-26接线后进行试验(注意:内搭铁式和外搭铁式晶体管调节器灯泡的接法不同)。

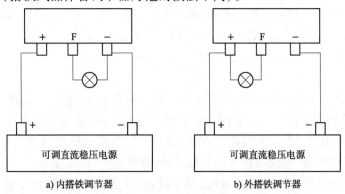

a) 内搭铁调节器 b) 外搭铁调节器

图4-26 利用可调直流电源检测晶体管调节器

调节直流稳压电源,使其输出电压从零逐渐增高时,灯泡应逐渐变亮。当电压升到调节器的调节电压14V±0.2V时,灯泡应突然熄灭。再把电压逐渐降低时,灯泡又点亮,并且亮度随电压降低而逐渐减弱,则说明调节器良好。电压超过调节电压值,灯泡仍不能熄灭或灯泡一直不亮,都说明调节器有故障。

2. 内装集成电路调节器的检测

集成电路调节器都是用环氧树脂或塑料模压而成的全密封结构,损坏或失调后,无法修复或调整。判断集成电路调节器好坏的最简单的方法是就车检查。

1) 内装集成电路调节器的组成

带有集成电路调节器的整体式交流发电机与外部(蓄电池、线束)连线端子通常用"B""+"(或"+B"或"BAT")、"IG"、"L"、"P"、"S"(或"R")和"E"(或"-")等符号表示这些符号通常在发电机端盖上标出,如图4-27所示,其代表的含义如下。

"B+"(或"+B"或"BAT")——发电机输出端子,用一根很粗的导线连至蓄电池正极或起动机上。

"IG"——通过线束接至点火开关,但有的发电机上无此端子。

"L"——充电指示灯连接端子,该导线通过线束接仪表板上的充电指示灯或充电指示继电器。

"P"——调节器内部检测发电机相抽头电压信号,控制VT_1和VT_2的通止。

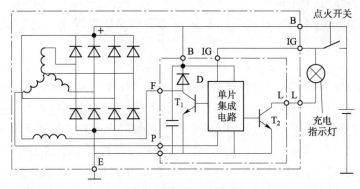

a) 夏利轿车集成调节器电路图

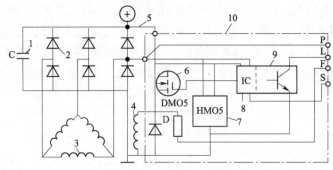

b) 北京切诺基集成调节器电路图

图 4-27 内装集成电路调节器发电机

1-电容器；2-整流器；3-定子绕组；4-磁场绕组；5-发电机；6-开关管；7-基准电压电路；8-线性集成电路；9-充电指示灯驱动电路；10-调节器

"S"（或"R"）——调节器的电压检测端子，通过一根稍粗的导线经线束直接连接蓄电池的正极。

"E"（或"-"）——发电机和调节器的搭铁端子。

2）内装集成电路调节器的工作原理[分析图4-27a）]

（1）当点火开关接通，发电机电压低于蓄电池电压时，蓄电池电压便经点火开关，整体式交流发电机的接线柱 IG 加到调节器上，调节器内部电路根据发电机相抽头 P 端检测出的电压信号，控制 T_1、T_2 导通，接通励磁线圈电路和充电指示灯电路。励磁线圈的电路为：蓄电池正极→发电机 B 接线柱→励磁线圈→调节器 F 端→T_1→调节器 E 端→搭铁→蓄电池负极。充电指示灯电路为：蓄电池正极→点火开关→充电指示灯→调节器 L 端→T_2→调节器 E 端→搭铁→蓄电池负极。此时充电指示灯点亮，指示蓄电池放电。

（2）当发电机电压上升到蓄电池电压时，发电机相抽头 P 端电压信号使 IC 控制 T_2 截止，充电指示灯熄灭，表明发电机开始自励发电，并可向蓄电池充电和向用电设备供电。

（3）当发电机电压上升至调节电压时，P 端电压信号使 IG 控制 T_1 截止，励磁线圈电路被切断，发电机电压下降，当下降到调节电压以下时，IG 又控制 T1 导通，励磁线圈电路又接通,发电机电压重又升高,当电压高至调节电压时,IG 调节器重复上述工作过程。T1 循坏导通与截止,励磁线圈电路循环接通与切断,将发电机电压控制在某一稳定值。

(4) 当励磁线圈电路断路使发电机不发电时,P 端电压为零,IG 得到该信号后,便控制 T_2 通,充电指示灯电路接通而点亮,告知驾驶人充电系统有故障。

图 4-27b)的调节器由开关管 DMOS、基准电压电路 HMOS、线性集成电路 1C、充电指示灯驱动电路等组成. 有 P、L、F、S 4 个接线柱。L 接线柱用于连接充电指示灯或电压表;P 接线柱从定子绕组的单相上直接引出为半波整流接线柱,可用于驱动继电器、检测发电机的整流器的工作状态或作为发电机转速的检测信号;S 接线柱与蓄电池检测元件相连;F 接线柱接到点火开关。当点火开关接通时,L,F 接线柱有电,同时,蓄电池的正电位经发电机输出接线柱 + 送到调节器内,加到开关管 DMOS、基准电压 HM05、线性集成电路 IC 上,充电指示灯电路导通,同时线性集成电路 IC 输出一高电平加到电路 DM05 上,DM05 导通,磁场绕组获得励磁电流,发电机电压升高。当发电机电压达到一定值时,半波整流电压加到线性 IC,使其输出低电平并加到充电指示灯驱动器上,指示灯熄灭。当发电机电压继续升高,线性集成电路 IC 获得的电压高于给定的基准电压时,输出一低电平,DMOS 截止,励磁电路切断,发电机端电压下降。当电压低于调定数值时,DM05 再导通,励磁电流又接通,达到调压的目的。

3) 检测方法

对三线柱调节器进行检测时可按图 4-28a)所示方法进行连接线路。

(1) 在调节器 B 与 E 端间接 1 只 0 ~ 16V 的可调直流电源,B 与 F 端间接试灯 2(12V,4W,替代交流发电机励磁线圈),L 与 IG 端间接试灯 1(12V,4W,替代充电指示灯),并在 IG 与 B 端间接开关 K_1。当开关 K_1 闭合时,两试灯应点亮。

(2) 在 P 与 E 端间接 6V 蓄电池(模拟交流发电机发电时的相电压)和开关 K_2,当开关 K_2 闭合时,试灯 2 应熄灭,当开关 K_2 断开时试灯 2 应点亮。

(3) 调节可调直流电源,当电压升高到 15 ~ 15.5V 时试灯 2 应熄灭,当电压下降到 13.5V 以下时试灯 1 应又点亮。

若结果不符合上述要求,表明调节器已损坏。

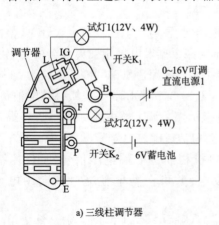

a) 三线柱调节器 b) 四三线柱调节器

图 4-28 内装集成电路调节器检测接线路

一、发电机输出电压波形

发电机是汽车电气系统的主要电源,使用过程中可能出现不发电、输出电压过低、输出电压过高和输出电压不稳等故障。发电机发生故障时,目前常用电压数值测量法和试灯法进行测量分析,测量输出电压的有效值,难以分析输出电压的动态情况,只能评价发电机的总体技术状况,不能确定故障的部位和原因。就车人工经验诊断可确定发电机驱动带张紧力过小和外部导线连接不良故障,但对发电机内部故障难以诊断。采用发电机就车电压波形诊断法就可以解决。

发电机电压波形诊断法的原理是:根据三相交流同步发电机发电和桥式全波整流原理,结构和性能参数正常的发电机工作时,其输出电压波形具有一定的规律;当结构和性能参数发生改变(产生故障)时,其输出电压的波形就会发生变化,且波形变化的形式和故障部位与原因具有良好的对应关系。因此,将实测电压波形与标准波形相比较,就可判断故障部位与原因。

实际检修过程中,采用就车诊断方法,在发动机怠速运转的情况下,用汽车示波器、汽车故障检测仪或发动机综合测试仪测量发电机输出电压波形,根据实测波形特征确定故障部位和原因,有效缩小检修范围,明确检修重点,提高检修效率。波形对照如图4-29所示。

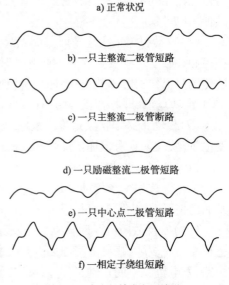

图4-29　发电机输出电压波形

二、交流发电机与调节器的正确使用与维护

1. 交流发电机使用注意事项

(1)及时清理,经常保持清洁。外壳及接线柱的灰尘、污垢要定期清理,以免外壳锈蚀,造成接线柱接触不良;整流子上的油污一般工作150h后,使用浸有汽油或酒精的纱布擦净,否则,将影响导电性。

(2)定期检查电刷。电刷磨损严重,应及时更换,为防止接触不好,引起火花,电刷与整流子的接触面积不小于75%。电刷在电刷架内应能自由起落,活动自如,压力适当。

(3)发电机润滑。发电机前后轴承润滑脂要定期填充,一般1000h更换,以充满轴承空间2/3为宜。不宜过多,否则,易受热外溢,造成电动机绝缘损坏。

(4)检查发电机绝缘性能时禁止使用220V交流电源或绝缘电阻表。用220V交流电源或绝缘电阻表(摇表)来检查发电机的绝缘性能,会因电压过高而将硅二极管击穿损坏。

(5)蓄电池正、负极不能接反。硅整流发电机都是以外壳为负极搭铁的,因此,在安装蓄电池时,一定要注意分清其正、负极,否则,蓄电池将通过硅二极管大电流放电会将二极管瞬间击穿。

(6)硅整流发电机的接线必须正确。一般情况下,硅整流发电机上"B+"接柱为电枢,应与电流表或蓄电池的正极相接;"F"接柱为磁场,应与电压调节器的磁场接柱相接;"N"接柱为中性点,应与充电指示控制继电器的"N"接柱相接;"E"或"-"为搭铁,应与电压调节器的搭铁接柱"E"或车身相接。

(7)硅整流发电机与蓄电池之间的连线必须牢固可靠。蓄电池可以缓解发电机工作时的瞬间过电压。若发电机在与蓄电池未连接的情况下运转,或正常运转时突然断开发电机与蓄电池之间的连线,就极易产生较高过电压,从而击穿整流二极管,或损坏电压调节器及其他用电设备。

(8)发动机熄火后应及时关闭点火开关。硅整流发电机磁场绕组直接受点火开关点火挡控制,因此,熄火后点火开关必须及时关闭,以防止蓄电池通过点火开关、调节器对发电机的磁场绕组作长时间放电,将磁场绕组或调节器烧坏。停车期间收听广播,一定要将点火开关打至ACC挡,即收音机等附属设备挡。

(9)传动带必须松紧适度。发电机传动带的张力应调整合适,过松易使传动带打滑造成发电不足,过紧容易损坏传动带和发电机轴承。具体调整时应按照车辆维修资料规定实施。

(10)听到发电机异响应及时检查。行驶中,若听到发电机运转声音不正常,应立即停车进行检查。首先检查传动带是否过松,必要时还应分解发电机,检查前、后端轴承磨损程度及润滑情况,防止发电机扫膛过早报废。

(11)发现故障应及时排除。若发现充电电流过小或接近于零时,应及时检查硅整流发电机是否有故障,找出故障原因并加以排除。因为发电机整流器中只要有一个二极管击穿短路,发电机就不能正常工作,若继续运转,就会引起其他二极管或定子绕组烧毁。

(12)禁用搭铁"试火"的方法检测发电机故障。诊断硅整流发电机充电系统故障,一般采用试灯法或仪表测试法,不能使用将发电机电枢"B+"接柱与外壳搭铁试火的方法来检查发电机是否发电,以免因瞬时大电流或感应所产生的过电压烧坏发电机的硅二极管和导线束。发电机高速运转时更应注意。

(13)正确区分交流发电机及其调节器的搭铁形式。交流发电机及其调节器分为内搭铁和外搭铁两种搭铁形式。一般情况下磁场绕组外搭铁的交流发电机与外搭铁形式的调节器配套使用,磁场绕组内搭铁的交流发电机与内搭铁形式的调节器配套使用。需要代换使用时,应同时改变发电机与调节器的接线方式。

2. 交流发电机调节器的正确使用

(1)调节器与发电机的电压等级必须一致,否则充电系统不能正常工作。

(2)调节器与发电机的搭铁形式必须一致,当调节器与发电机的搭铁形式不匹配而又急需使用时,可通过改变发电机磁场绕组的搭铁形式来解决。

(3)调节器与发电机之间的线路连接必须完全、正确,否则充电系统不能正常工作,甚至还会损坏调节器。

(4)调节器必须受点火开关控制。

项目五　汽车电源系统的故障诊断

学习目标

能 力 目 标	知 识 目 标
正确分析和检测电源系统线路	描述汽车电源系统的组成及工作原理
能正确诊断和排除电源系统的常见故障	明确电源系统的诊断思路

任务1　电源系统故障检测与修复

客户任务	威驰轿车行驶中电源系统工作不良
任务目的	制订工作计划，通过故障的分析解决，掌握充电系统的线路连接及电流走向分析，掌握充电系统故障的检测方法和步骤
项　　目	实施步骤
一、确认客户报修故障	附录1　维修接待与接车问诊表
二、检测工具及车辆防护工作	根据任务要求，确定需要的检测仪器、工具并对小组人员合理分工，制订详细的诊断和修复计划。 (1)需要的检测仪表、工具见表5-1。 检测仪表、工具　　　　　　　表5-1 | 序号 | 仪表、工具名称 | 规格 | 数量 | 备注 | |---|---|---|---|---| | | | | | | | | | | | | (2)车辆防护。
三、根据资讯查找电器元件位置，分析电路，初步检查	(1)充电电路由发电机、_____、_____、_____及点火开关等组成。 (2)充电指示灯_____时候熄灭。 (3)绘出威驰轿车电源系统电路图，并说明图中发电机有_____、_____、_____、_____端子，口述每个端子所起作用及工作条件。

续上表

三、根据资讯查找电器元件位置,分析电路,初步检查	(4)威驰轿车相关资讯,实车上确定各元件位置,完成填图。 □蓄电池　　□点火开关　　□易熔线60A □发电机　　□充电提示灯　□皮带轮 
四、电路检测	(1)蓄电池的检测。 开路电压_____,起动电压_____,充电电压_____。 (2)线路检测(口述检测条件)。 "S"端子电压_____,"L"端子电压_____,"IG"端子电压_____,"B"端子_____。 (3)发电机轻载与重载试验。 ①接通点火开关(将点火开关转到"ON"位,并不起动发动机),充电指示灯_____。 ②起动发动机,并逐渐升高发动机转速(即逐渐加大节气门),当发动机转速升高到600~800r/min时,充电指示灯_____。 检查结果:_____。
五、故障部位确认和排除	根据上述的所有检测结果,确定故障内容并注明: (1)确定的故障是: □元件损坏　　　　请写明元件名称: □线路故障　　　　请写明线路区间: □其他

续上表

	(2)故障点的排除处理说明		
	□更换	□维修	□调整
	□更换	□维修	□调整

六、确认修复	
七、评价	评价表见表5-2。 评 价 表　　　表5-2 <table><tr><th colspan="2">检查评价项目</th><th>完成标准</th><th>学生自评</th><th>小组评价</th></tr><tr><td colspan="2">职业技能</td><td>正确检测电源系统电路</td><td>步骤正确规范</td><td></td></tr><tr><td colspan="2">技术知识</td><td>电源系统的组成、电路分析</td><td>会描述</td><td></td></tr><tr><td rowspan="3">素质目标</td><td>安全、规范操作</td><td></td><td></td><td></td></tr><tr><td>团结、合作</td><td></td><td></td><td></td></tr><tr><td>现场5S</td><td></td><td></td><td></td></tr></table>

 相关知识

一、汽车电源系电路组成及工作原理

汽车电源系统由蓄电池、发电机、调节器(有些装在发电机内)、充电指示灯和点火开关组成,如图5-1所示。

蓄电池与发电机并联工作,发电机是主电源,蓄电池是辅助电源。发电机不但向用电设备供电,而且还给蓄电池充电;如因负荷增加,耗电量超过发电机的供电能力,蓄电池将协同发电机对全车电气设备供电;当发电机输出电压低于蓄电池电压时,其电气设备用电由蓄电池供给。图5-1中,发电机有4个端子B、S、IG、L,控制电路如下。

1. IG 控制线路

蓄电池+→熔断丝盒100A→熔断丝50A→点火开关IG(AM1)→熔断丝10A→发电机IG端子。

IG控制线是蓄电池给发电机励磁绕组供电线,控制磁场。

2. L回路

蓄电池+→熔断丝盒60A→熔断丝15A→点火开关IG(AM2)→并联组合仪表→发电机L端子。

当发电机不工作时,L端子无电压,组合仪表两端产生电压差而点亮;当发电机工作时,L端子电压升高,组合仪表两端产生无电压差而熄灭。

3. S反馈电压线路

蓄电池+→熔断丝盒60A→熔断丝7.5A→发电机S端子。

S是检测端子,发动机转速升高,S端子检测信号传送给电压调节器,控制发电机输出稳定电压。

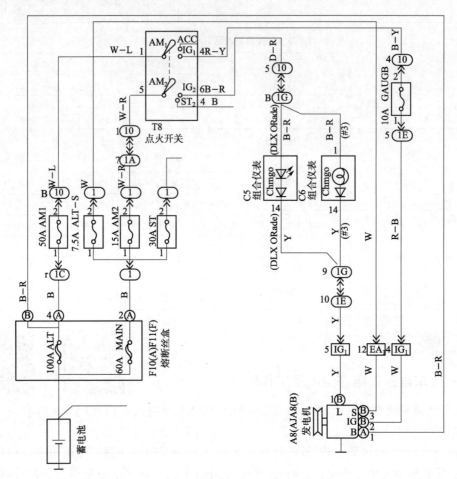

图 5-1　丰田威驰汽车电源系统电路图

电路特点如下：
(1) 蓄电池充放电电流的大小由电流表指示，熔断器保护发电机和充电线路。
(2) 发电机的磁场电流受点火开关控制，停车时应将点火开关断开。
(3) 指示灯亮时，发电机他激，指示灯灭时，发电机正常供电，由他激转为自激。

二、充电指示灯控制电路

充电指示灯典型控制电路有如下几种。

1. 利用中性点电压，通过组合继电器控制(图 5-2)

图 5-2 中发电机工作时，中性点 N 控制组合继电器 6 的 L_2 线圈通电，动断触点 K_2 断开，指示灯熄灭。

2. 利用交流发电机磁场二极管控制充电指示灯

图 5-3 的九管和十一管交流发电机利用 3 个磁场二极管控制充电指示灯电路，发电机工作时，充电指示灯两端电压差逐渐减小，充电指示灯由亮变暗直至熄灭，此时表明交流发电机正常工作。

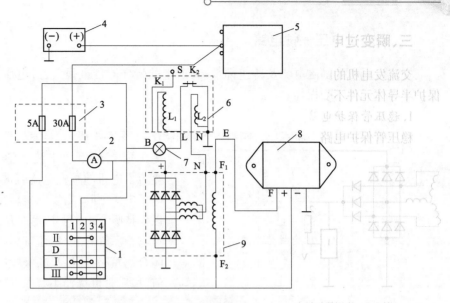

图 5-2 汽车电源系统电路

1-点火开关；2-电流表；3-熔断器盒；4-蓄电池；5-起动机；6-组合继电器；7-充电指示灯；8-调节器；9-发电机

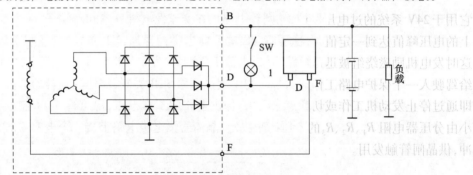

a) 九管交流发电机充电系统电路图

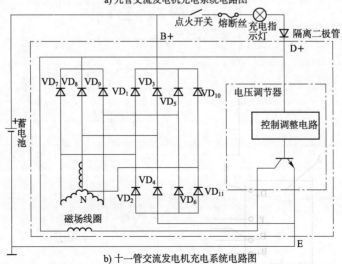

b) 十一管交流发电机充电系统电路图

图 5-3 磁场二极管控制指示灯

三、瞬变过电压保护电路

交流发电机的励磁电流及转速都很高,产生的瞬变能量也很大,过电压保护电路,用以保护半导体元件不受损坏。

1. 稳压管保护电路

稳压管保护电路中将稳压管与继电器绕组串联如图5-4所示,当发生浪涌电压时,由于稳压管导通,产生电流使继电器触点闭合,直流发电机的励磁电流就被分流而搭铁,发电机电压下降;当发电机输出电压降至不足以保持吸合时,触点就打开,由于继电器触点与稳压管并联,稳压管由于继电器的触点闭合而短路,所以只在极短时间内流过大电流,稳压管可选择小些。

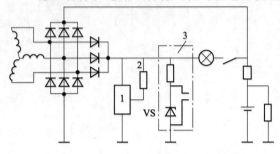

图5-4 稳压管加继电器的浪涌保护装置
1-调节器;2-磁场电阻;3-浪涌电压

2. 晶闸管过电压保护

图5-5所示为晶闸管过电压保护电路。它用于24V系统的过电压保护,晶闸管电路接在交流发电机D_+和D_-端子上,当发电机端子上的电压峰值达到一定值时,稳压管VS被反向击穿而导通,VT亦导通,晶闸管SCR导通。这时发电机励磁绕组被迅速短路,励磁电流下降为零,发电机电压迅速下降,充电指示灯亮,给驾驶人一个保护电路工作的信号。为了使晶闸管SCR关断,需使晶闸管的电流减小到零,即通过停止发动机工作或切断点火开关,保护电路的工作电压,稳压管VD的击穿电压的大小由分压器电阻R_1、R_2、R_3的分压比来决定,晶体管集电极电路上接一个电容C,产生正向脉冲,供晶闸管触发用。

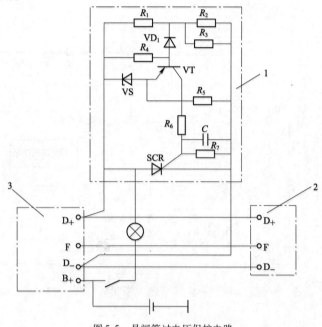

图5-5 晶闸管过电压保护电路

一、电源系统检测

1. 蓄电池的检测与分析

1) 静止电动势(开路端电压)检测

蓄电池刚充完电或车辆才完成行驶,应接通前照灯30s,清除"表面充电"现象,然后熄灭前照灯,切断所有的负载,用万用表测量蓄电池的开路电动势,若高于12.5V,蓄电池存电充足;若小于12V,蓄电池过量放电;若为12.2~12.5V,蓄电池部分放电。

2) 蓄电池起动电压检测

在起动系统正常的情况下,以起动机为试验负荷,拔下分电器中心线并搭铁,将万用表置于电压挡,接在蓄电池正负极上,接通起动机15s,读取电压表数值,对于12V蓄电池,应不低于9.6V。

3) 蓄电池充电电压的检测

在发动机正常的情况下,将万用表置于电压挡,接在蓄电池正负极上,读取电压表数值,蓄电池的电压应高于13V。

2. 充电系统线路检测

1) 控制线路检测

(1) 断开外部接线端子与调节器的连接,关闭点火开关,用万用表电压挡测量"S"端子电压,应有电压,否则为断路。

(2) 打开点火开关"ON"时,用万用表直流电压挡测"IG"端子电压,应有电压,否则为断路。

(3) 用万用表电压挡测"L"端子电压,应有电压,否则为断路。

2) 充电回路"B"线检测

(1) 将万用表直流电压挡测量蓄电池电压,应为12V,蓄电池电压正常。

(2) 将万用表红表笔放在发电机"B"端子,黑表笔放在发动机壳体上,测得电压值;12V以上,则充电回路"B"端子电压降正常。

二、充电系统的故障诊断方法

汽车发动机运转时,由发电机、调节器和蓄电池等组成的充电系统的工作情况是靠电流表或充电指示灯来指示的。当电流表或充电指示灯指示出现异常时,说明充电系统发生故障,应及时诊断并排除。

1. 充电系统的故障诊断

1) 利用车装充电指示灯进行诊断

装有充电指示灯的汽车,可利用充电指示灯来诊断充电系统有无故障,因大多数车型灯灭才显示充电,下面以灯灭显示充电为例来说明诊断故障的方法。

(1) 首先预热发动机,起动发动机后,使其怠速或将发电机转速控制在1200r/min左右转10min,然后断开点火开关,使发动机停止运转。

(2)接通点火开关(将点火开关转到"ON"位,并不起动发动机),观察充电指示灯是否发亮。此时充电指示灯应当发亮,如果不亮,说明充电指示灯线路或充电指示控制器有故障。

(3)再次起动发动机,并逐渐升高发动机转速,当发动机转速升高到 600~800r/min(即发电机转速升高到 1200~2000r/min)时,充电指示灯自动熄灭,说明充电指示灯线路正常,发电机能够发电。此时调节器工作是否正常,还需用电压表或万用表进行检测诊断。

2)利用检测发电机电压进行诊断

(1)将直流电压表的正极接发电机输出端子"B",负极引线接外壳搭铁。电压表应指示电压值为 12~12.6V,该电压即为蓄电池的电压。

(2)起动发动机,并逐渐提高发动机转速,当发动机转速高于怠速时,电压表指示的电压值应高于蓄电池的空载电压,并随转速的升高而稳定在某一值,即为调节器调节电压值。若电压表指示的电压高于调节器的调节电压,且随发电机转速升高而升高,则说明发电机能发电,调节器有故障;若电压表指示的电压随发电机转速升高而保持蓄电池空载电压值不变或低于蓄电池空载电压值,则说明发电机或调节器有故障。通过检测发电机和调节器判断故障点。

另外一种方法是取一根导线将调节器中大功率三极管和集电极与发射极短接,对外搭铁型调节器,导线的一端接发电机的磁场"F"端,另一端接发电机的"搭铁"端子("E")。内搭铁型调节器,导线的一端接发电机的"磁场"端子("F")',另一端接发电机的"输出"端子("B"),将发电机磁场绕组的电路直接接通。

起动发动机,并将其转速升到比怠速稍高,观察电压表指示的电压,若仍等于或低于蓄电池空载电压,则说明发电机有故障(发电机不发电);若此时电压表电压随转速升高而升高,则说明发电机能发电,故障出在调节器。

2. 发电机不发电的诊断与排除思路

发电机不发电的诊断与排除思路如图 5-6 所示,在诊断中既要认真聆听客户对故障现象的描述,又需结合所学的知识展开分析;确认故障点,提出修理方案,并有效实施。

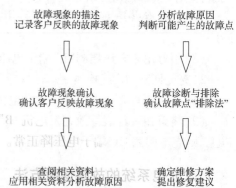

图 5-6 发电机不发电的诊断与排除思路

任务 2 充电指示灯一直不亮的故障检测与修复

客户任务	2013 科鲁兹轿车轿车行驶中,充电指示灯一直不亮。
任务目的	根据客户反映故障现象,分析故障可能的原因,用万用表等工具排查,确定故障点,制定工作计划完成修复工作。
步骤	实施内容

续上表

一、确认客户报修故障	附录1 维修接待与接车问诊表				
二、检测仪表、工具及车辆防护工作	根据任务要求,确定需要的检测仪器、工具并对小组人员合理分工,制订详细的诊断和修复计划。 (1)需要的检测仪表、工具见表5-3。 **检测仪表、工具**　　　　　　　　表5-3				
^^	序号	仪表、工具名称	规格	数量	备注
^^					
^^					
^^					
^^					
^^	(2)车辆防护。				
三、根据资讯查找电器元件位置,分析电路,初步检查	(1)2013款科鲁兹轿车电源系统控制电路(图5-7)。 (2)请分析蓄电池电流传感器B16、发动机控制模块K20、发电机G13、组合仪表P16、熔断丝盒X50A、蓄电池C1之间的控制关系。 (3)实车上确定各元件位置。				
^^	□B16		□K20		□G13
^^	□P16		□X50A		□C1
^^	(4)细致目测电路的外部系统,检查各个相关线束、接插件及搭铁的情况,如有不良,记录表5-4。				

续上表

	检 查 表			表5-4
三、根据资讯查找电器元件位置,分析电路,初步检查	项目	位置1	位置2	位置3
	线束			
	搭铁			
	接插件			
四、电路检测	检测步骤: 结果:_____。			
五、故障部位确认和排除	根据上述的所有检测结果,确定故障内容并注明。 (1)确定的故障内容。			
	□元件损坏		请写明元件名称:	
	□线路故障		请写明线路区间:	
	□其他			
	(2)故障点的排除处理说明。			
	□更换	□维修		□调整
	□更换	□维修		□调整
六、确认修复				
七、评价	评价表见表5-5。			
		评 价 表		表5-5
	检查评价项目		完成标准	学生自评	小组评价
	职业技能	根据控制电路,判断故障点	正确分析		
		能进行汽车电源系统故障排查	步骤正确规范		
	技术知识	电源系统的组成、电路分析	会描述		
	素质目标	安全、规范操作			
		团结、合作			
		现场5S			

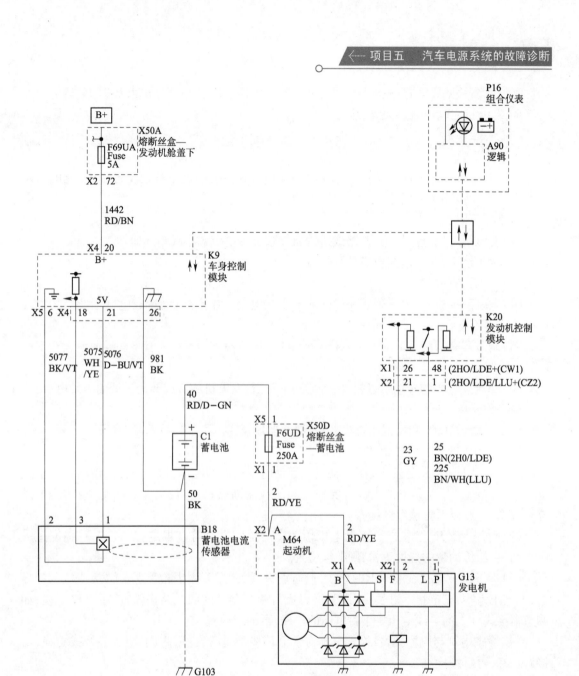

图 5-7 2013 款科鲁兹轿车电源系统控制电路

一、汽车电源系统常见故障及处理

车载电源系统线路检测时应用万用表,采用逐点搭铁检测法可确诊断路部位,采用依次拆断检测法可确诊搭铁部位。主要分两个线路检测:一是励磁电路(在点火开关处于 ON 时逐点检测);二是充电线路(在点火开关处于 OFF 时逐点检测,注意在拆下连接电枢的导线时,应先断开蓄电池的电源线或搭铁线,防止大电流搭铁而烧线)。

电源系统常见故障有:充电指示灯不亮、蓄电池不充电、充电指示灯时亮时灭、蓄电池充电不足、发电机充电电流过大等故障。

1. 蓄电池不充电

1)故障现象

发动机起动后,仪表板上的充电指示灯不熄灭,或在发电机正常运转过程中,充电指示灯始终亮着,这都说明发电机出现了不充电故障。

2)故障原因

(1)发电机磁场绕组短路、断路或搭铁而导致磁场电流减小或不导通。

(2)定子绕组短路、断路或搭铁有故障。

(3)整流器有故障。

(4)电刷磨损过短、电刷弹簧无弹性或电刷在电刷架中卡住,而造成电刷不能与集电环接触或接触不良。

(5)调节器有故障,如调节器内部电子元件损坏而使大功率晶体管不能导通或大功率晶体管本身断路。

(6)交流发电机的传动带过松,由于传动带打滑,发电机不转或转速过低而不发电。

3)操作步骤

当充电指示灯常亮时,说明点火开关、熔断器以及充电指示灯技术状态良好。

(1)起动发动机并将转速逐渐升高,此时用万用表检测发动机"B"端子与发电机壳体间的电压,如万用表指示的电压高于发动机未起动时蓄电池的电压(12V 左右),说明发电机发电,发电机"B"端子至蓄电池正极主要柱之间的线路断路;如电压为零或过低,说明充电系统有故障,应按以下方法继续检查。

(2)断开点火开关,检查交流发电机传动带的挠度是否符合规定(5~7mm),挠度过大应予调整;如传动带的挠度正常,则继续检查。

(3)拆下调节器接线端子上的导线,接通点火开关,用万用表检测调节器接线柱上的导线,如电压为零,充电指示灯发亮,说明仪表板与调节器之间的线路搭铁,应予检修更换;如调节器接线柱上的导线电压等于蓄电池的电压,再继续检查。

(4)检查电刷与电刷弹簧,检查电刷与集电环接触是否良好,否则,应予检修或更换;如接触良好,再继续检查。

(5)检查调节器有无故障,如有则需更换调节器总成。

(6)检测发电机的定子绕组有无短路、断路、搭铁等故障;检测整流器有无故障;如有应予检修或更换。

2. 充电指示灯不亮

1)故障现象

接通点火开关和发动机正常运转时,充电指示灯始终不亮。

2)故障原因

(1)充电指示灯灯丝断路。

(2)熔断器烧断,使指示灯线路不通。

(3)指示灯或调节器电源线路导线断路或接头松动。

(4)蓄电池极柱上的电缆接头松动。

(5)点火开关有故障。

(6)发电机电刷与集电环接触不良。

(7)调节器内部电路有故障,如调节器内部电子元件损坏而使大功率晶体管不能导通或大功率晶体管本身断路。

3)操作步骤

(1)首先起动发动机并将转速稳定在2000r/min左右运转,然后用万用表检查发电机充电系统能否充电(发电机输出电压能够超过蓄电池电压)。将充电指示灯不亮分为充电系统能充电与不能充电两种情况分别进行排除。

(2)当接通点火开关时指示灯不亮,起动发动机后,发电机不能发电(发电机输出电压能够超过蓄电池电压),说明发电机充电系统正常,应检查仪表板上的充电指示灯是否正常,若灯丝断路,则需更换。

(3)当接通点火开关充电指示灯不亮,起动发动机后发电机不能发电时,故障排除方法与诊断程序如下:

①首先断开点火开关,检查熔断器是否断路。如该熔断器断路,必须更换相同容量的熔断器;如仪表熔断器良好,再继续检查。

②接通点火开关,用万用表检测熔断器上的电压值,如电压为零,说明点火开关以及点火开关与熔断器之间线路有故障,应予检修或更换;如熔断器上的电压等于蓄电池的电压,再继续检查。

③拆下调节器界限端子上的导线,接通点火开关,用万用表检测调节器接线柱上的导线电压,如电压为零,说明仪表板上的充电指示灯或充电指示灯的旁通电阻断路,或仪表板与调节器之间的线路断路,应予检修或更换;如调节器接线柱上的导线电压等于蓄电池的电压,再继续检查。

④检查电刷与电刷弹簧,检查电刷与集电环接触是否良好,否则应予检修或更换;如接触良好,再继续检查。

检查调节器有无障碍,如有则需要更换调节器总成。检查发电机的转子绕组有无短路、断路、搭铁故障,如有则需更换。

3. 充电指示灯时亮时灭

1)故障现象

接通点火开关和发动机正常运转时,充电指示灯时亮时灭。

2)故障原因

(1)发电机传动带挠度过大而出现打滑现象。

(2)发电机个别整流二极管断路、一相定子绕组连接不良或断路而导致发电机输出功率降低。

(3)发电机电刷磨损过多。

(4)调节器调节电压过低。

(5)相关线路接触不良。

3)操作步骤

(1)检测传动带的挠度是否符合规定。

(2)检查相关线路连接情况,如不正常,则需检修。

(3)拆下调节器的电刷组件总成,并按前述方法检查调节器和电刷组件,如不正常,则需检修或更换。

(4)检修发电机总成。

二、2013款科鲁兹轿车电源系统控制电路

2013款科鲁兹轿车电源系统控制电路如图5-7所示。

1. 发电机

发电机是可维修的部件。若诊断发电机故障,必须将它作为一个总成更换。发动机传动带驱动发电机。电压调节器与发电机控制装置集成一体,控制着发电机的输出,不可维修。电压调节器控制供给转子的电流量。如果发电机磁场控制电路出现故障,发电机默认输出电压为13.8V。

2. 车身控制模块(BCM)

车身控制模块(BCM)是一个GMLAN装置。它与发动机控制模块(ECM)和仪表板组合仪表通信以进行电源管理操作。车身控制模块确定发电机输出,并发送信息到发动机控制模块,以控制发电机接通信号电路。它监测来自发动机控制模块的发电机磁场占空比信号电路信息,以控制发电机。它监测蓄电池电流传感器、蓄电池正极电压电路,并估计蓄电池温度以确定蓄电池充电状态。车身控制模块进行怠速提高。

3. 蓄电池电流传感器

蓄电池电流传感器是一个可维修的部件,它与蓄电池的蓄电池负极电缆连接。蓄电池电流传感器是一个3线式霍尔效应电流传感器。蓄电池电流传感器监测蓄电池电流。它直接输入到车身控制模块中。它产生一个128Hz、占空比为0~100%的5V脉宽调制(PWM)信号。正常的占空比为5%~95%。0~5%和95%~100%之间的占空比用于诊断目的。

4. 发动机控制模块(ECM)

发动机运行时,发动机控制模块将发电机接通信号发送至发电机以打开调节器。发电机电压调节器通过控制转子的电流从而控制输出电压。转子电流与调节器供给的电脉冲宽度成正比。发动机起动后,调节器通过内部导线检测定子上的交流电压从而感应发电机的转动。一旦发动机运行,调节器通过控制脉冲宽度来改变励磁场电流。这就能调节发电机输出电压,使蓄电池正常充电以及电气系统正常运行。发电机磁场占空比端子连接到内部电压调节器和外部发动机控制模块。当电压调节器检测到充电系统故障时,向此电路提供搭铁以向发动机控制模块发送信号,提示存在故障。发动机控制模块监测发电机磁场占空比信号电路,并接收基于车身控制模块信息而做出的控制指令。

5. 仪表板组合仪表

充电系统出现故障时,仪表板组合仪表会提醒用户。有两种提醒方式:充电指示灯和驾驶人信息中心的"SERVICE BATTERY CHARGING SYSTEM(维修蓄电池充电系统)"信息。

一、蓄电池电流传感器的更换

1. 拆卸

(1)打开收音机并记录所有的客户预设电台。

(2)确保所有车灯和附件关闭。

(3)将点火开关置于"OFF(关闭)"位置,拔出点火钥匙。

(4)松开蓄电池负极电缆螺母2。

(5)从蓄电池上拆下蓄电池负极电缆1,如图5-8所示。

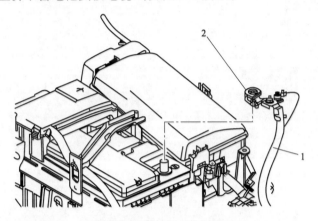

图5-8 蓄电池负极电缆的拆卸

1-负极电缆;2-负极电缆螺母

(6)断开线束电流传感器插头4,如图5-9所示。

(7)将电流传感器5从蓄电池托架上拆下。

(8)将电流传感器2从蓄电池负极电缆1上拆下,如图5-10所示。

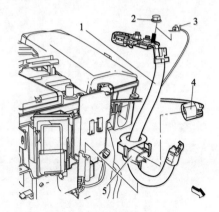
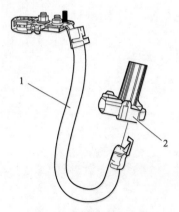

图5-9 电流传感器的拆卸

1-负极电缆;2-螺母;3-搭铁;4-传感器插头;
5-电流传感器

图5-10 电流传感器与电缆的分离

1-负极电缆;2-电流传感器

2. 安装

(1) 安装蓄电池负极电缆1处的电流传感器2,如图5-10所示。

(2) 安装蓄电池托架处的电流传感器5,如图5-9所示。

(3) 连接线束电流传感器线束插头4。

(4) 将蓄电池负极电缆1安装至蓄电池,如图5-8所示。

(5) 拧紧蓄电池负极电缆螺母2,并将螺母紧固至4.5N·m(40lbf·in)。

(6) 插入点火钥匙将点火开关转至"ON(打开)"位置。

(7) 易失性存储器编程。

(8) 设置客户所有的收音机预设电台并将收音机时钟设置为当前时间。

单元三　电动系统教学内容设计

一、教学目标设计

1. 本单元的教学目标

学生能说出汽车起动系统、电动车窗、电动座椅、中央门锁、电动后视镜、刮水器和清洗器元件的作用及安装位置，准确描述它们的组成及工作原理，能分析其控制电路及工作过程，能表达故障诊断思路和排查步骤。

2. 本单元的能力目标

学生能正确使用检查工具，查阅维修手册完成汽车电动系统故障的确认、故障点的分析、电器元件的检测、故障点的排查以及常见故障的排除。

二、教学任务分析

通过单元一搭建汽车检修基础平台，单元二强化了汽车常见故障诊断与处理的规范流程训练，单元三的汽车电动系统在陈述知识的引导下，有程序性知识训练的前提。

三、教学组织

1. 教学内容分析

内　容	学　时	重点与难点
项目六　起动机构造与检修	6	
任务1　起动机更换	3	重点：起动机的构造与工作原理
任务2　起动机检测与修复	3	难点：起动机常见故障的排查
任务3　起动机不工作故障检测与修复	3	
项目七　电动车窗构造与检修	6	
任务1　电动车窗不升降故障排查	3	重点：电动车窗的构造与工作原理
任务2　汽车CAN总线电动车窗控制系统故障排查	3	难点：电动车窗常见故障的排查
项目八　中央门锁构造与检修	3	重点：中央门锁的构造与工作原理
任务　汽车中央门锁故障排查	3	难点：中央门锁常见故障的排查
项目九　电动座椅构造与检修	6	
任务1　电动座椅无调整动作故障检测与修复	3	重点：电动座椅的构造与工作原理
任务2　带储存功能的电动座椅故障检测与修复	3	难点：电动座椅常见故障的排查
项目十　电动后视镜构造与检修	3	重点：电动后视镜的构造与工作原理
任务　电动后视镜故障检测与修复	3	难点：电动后视镜常见故障的排查
项目十一　刮水器与清洗器构造与检修	6	
任务1　刮水器部件的检查与更换	3	重点：刮水器与清洗器构造与工作原理
任务2　刮水器不工作的故障排查	3	难点：刮水器与清洗器常见故障的排查

2.教学内容组织

教学内容组织按照知识序和认知序排列,每个项目的任务由部件检查到系统故障,由一般控制电路故障到模块控制故障依次展开,知识脉络清楚,环环相扣。

采用六步任务驱动教学法:

(1)资讯:完成任务应备的知识。
(2)决策:分析故障产生原因,确定故障点的范围。
(3)计划:制定排查排除故障的过程。
(4)实施:具体的操作过程(教师先示范或讲解)。
(5)检查:落实任务完成是否成功。
(6)评价:针对任务完成情况给予评分。

在排查故障时,采用与现场汽车诊断流程一致的教学,显现实用性。

恰当选择教学方法,合理确定教学步骤,有秩序地呈现教材,促进学生积极地投入到知识的心理建构中,达成学生的学习目标。

四、教学的监控与评价

序号	项目	内容	分值	评分
1	教学目标	根据课程大纲要求,教学目标明确	10	
2	学情分析	对学生知识基础、学习特点及适宜的学习方法进行分析和引导	10	
3	教学材料	教学材料的选择和组织符合教师现在所教学生实际的知识基础和能力水平,有可操作性	25	
4	教学重点、难点	重点、难点确定准确	25	
5	教学内容组织	教学内容序化合理,符合学生认知规律	10	
6	学时安排	学时安排合理	10	
7	格式与表达	设计格式规范,表达清晰流畅	10	
	总 分		100	

项目六　起动机构造与检修

能力目标	知识目标
规范拆装起动机	描述起动机结构及工作原理
检测起动机各零部件	能解释起动机工作特性及影响
起动机常见故障处理与排除	学会分析起动机控制电路

任务1　起动机更换

客户任务	发动机无法起动,起动机声音发闷,明显感觉起动无力,打开汽车远光灯光线明亮,判断起动机故障,更换起动机。
任务目的	制订工作计划,并利用发电机万能试验台对起动机进行性能检测,判定起动机是否能够继续使用。

一、资讯
(1)起动机的作用的功用是_____。
(2)起动机由_____、_____、_____组成。
(3)直流串励电动机能自动调节_____。
(4)直流串励电动机_____特性,使发动机容易起动。
(5)直流串励电动机的转速特性是_____。

二、决策与计划
根据任务要求,确定需要的检测仪器、工具并对小组人员合理分工,制订详细的诊断和修复计划。
(1)需要的检测仪器、工具见表6-1。

检测仪表、工具　　　　　　　　　　表6-1

序号	仪表、工具名称	规格	数量	备注

(2)小组成员分工。

续上表

(3)诊断和修复计划。

_____

_____。

三、实施

1. 旧起动机的拆卸

拆解步骤：

2. 待装起动机空转试验

将起动机_____上，接通起动机电路，每次时间_____。

起动机空转试验数据见表6-2。

起动机空转试验数据　　　　　　　　　　　表6-2

项目	电压(V)	电流不大于(A)	转速不低于(r/min)
性能要求			
实际检测			

检测数据表明：□起动机装配过紧　　　□电枢绕组和磁场绕组内有短路或搭铁

□电路接触不良　　　　　　　□电刷弹簧压力不足

□换向器与电刷接触不良

3. 待装起动机全制动试验

将起动机_____上，使杠杆的一段夹住起动机驱动齿轮，另一端挂在弹簧秤上，接通起动机电路，每次时间_____。

起动机全制动试验数据见表6-3。

起动机全制动试验数据　　　　　　　　　　表6-3

项目	电压(V)	电流不大于(A)	转速不低于(r/min)
性能要求			
实际检测			

续上表

检测数据表明:□单向离合器打滑

4. 待装起动机检查结果分析

结论及提出解决方案:

5. 发电机的安装
安装步骤:

四、检查
(1) 安装完毕后打开点火开关,检查起动机是否工作正常。
(2) 通过分析检查,待装起动机性能的结论是:_____
_____。

五、评价
评价表见表6-4。

评 价 表　　　　　　　　　　　　　　　　　　　　表6-4

检查评价项目		完成标准	学生自评	小组评价
职业技能	拆装起动机	操作步骤正确规范		
	起动机试验	操作步骤正确规范		
技术知识	起动机组成、工作原理	会描述		
素质目标	安全、规范操作			
	团结、合作			
	现场5S			

相关知识

根据《汽车电器设备产品型号编制方法》QC/T 73—1993的规定,起动机的型号由以下5部分组成。

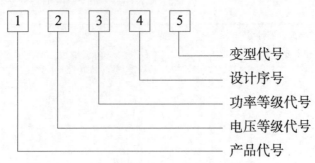

1——产品代号。用 2 个或 3 个汉语大写拼音字母表示,起动机的产品代号有 QD、QDJ、QDY 三种,分别表示起动机、减速型起动机和永磁型起动机。

2——电压等级代号。用 1 位阿拉伯数字表示,1~12V;2~24V。

3——功率等级代号。用 1 位阿拉伯数字表示,其含义见表6-5。

4——设计序号。按产品的先后顺序,用 1~2 位阿拉伯数字表示。

5——变型代号。用 1 位阿拉伯数字表示。

表6-5 功率等级代号

功率等级	1	2	3	4	5	6	7	8	9
功率(kW)	~1	>1~2	>2~3	>3~4	>4~5	>5~6	>6~7	>7~8	>8~9

一、汽车起动机的组成及工作原理

起动机将蓄电池的电能转变为机械能,产生转矩,带动发动机工作。电力起动系统由直流电动机、传动装置和控制装置三部分组成,如图6-1所示。

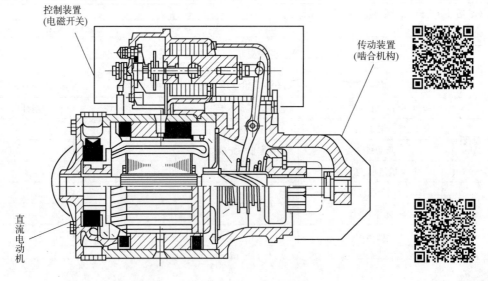

图6-1 电力起动机的组成

1. 直流电动机

直流电动机的作用是产生转矩。汽车起动机采用直流串励式电动机,"串励"是指电枢绕组与磁场绕组串联。

直流电动机由磁极、电枢、换向器和外壳等组成(图6-2)。其中,磁极铁芯、磁场绕组及机壳共同作用产生磁场;电枢轴、铁芯、电枢绕组及换向器组成电枢(图6-3),电枢绕组的各端头均焊在换向器上,电刷将蓄电池的电能通过换向器引入磁场绕组和电枢绕组(图6-4);机壳是电动机的磁极和电枢的安装机体,电刷、电磁开关也安装在机壳上,其上有一绝缘接线端,是电动机电流的引入线。

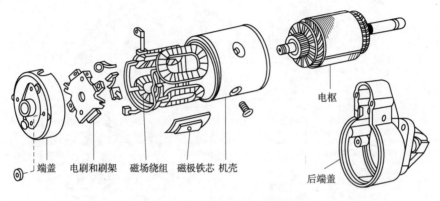

图6-2　直流电动机结构

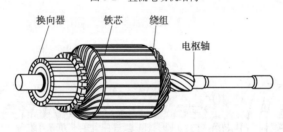

图6-3　电枢的结构

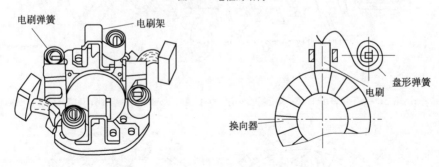

图6-4　电刷及电刷架的组合

直流电动机的工作原理是通电的电枢绕组在磁场中产生力矩(图6-5),换向器保证了电枢轴上的电磁力矩有着固定方向。

2. 传动机构

传动机构的作用是发动机起动时,通过驱动齿轮与飞轮齿圈啮合,将电起动机的转矩传给曲轴;发动机起动后,将驱动齿轮和电枢轴的连接切断。单向离合器防止电枢绕组超速旋转而损坏。常用的单相离合器有滚柱式单向离合器、摩擦片式单向离合器、弹簧式单向离合器等几种类型。

滚柱式单向离合器的构造和工作原理分别如图6-6和图6-7所示，驱动齿轮与外座圈制成一体，十字块与传动导管制成一体，当十字块与外座圈配合时，将外座圈分割成4个楔形腔室，腔室内装有滚柱和弹簧。

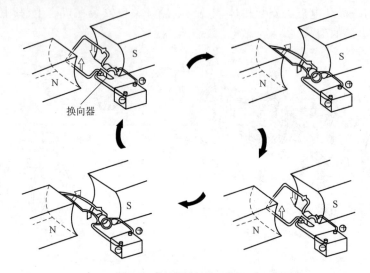

图6-5　直流电动机的工作原理图

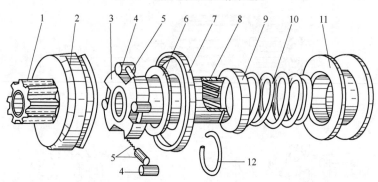

图6-6　滚柱式单向离合器构件

1-驱动齿轮；2-外壳；3-十字块；4-滚柱；5-压帽弹簧；6-垫圈；7-护盖；8-花键筒；9-弹簧座；10-啮合弹簧；11-拨环；12-卡簧

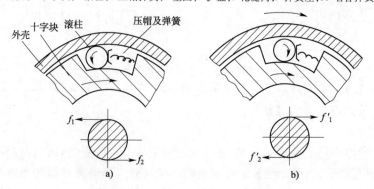

图6-7　滚珠式单向离合器工作原理

起动发动机时，传动导管随电枢轴旋转，带动十字块迫使滚柱位于腔室窄端，将十字块和外座圈卡紧成一体，驱动齿轮与传动导管一起旋转，将电枢产生的电磁转矩依次传给驱动齿轮、飞轮、曲轴，带动发动机工作。发动机起动后，曲轴飞轮反带驱动齿轮高速旋转，滚柱位于腔室宽端，将驱动齿轮和传动导管分离，防止电枢超速飞散。

3. 控制装置

电磁控制装置在起动机上称为电磁开关，它的作用是控制驱动齿轮与飞轮齿圈的啮合与分离，并控制电动机电路的接通与切断。电磁开关主要由吸引线圈、保持线圈、复位弹簧、活动铁芯、接触片等组成（图6-8）。其中，端子C接点火开关，通过点火开关再接电源；端子30直接接电源。

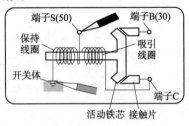

图6-8 电磁开关结构图

图6-9中点火开关闭合。

保持线圈的电路：B+→端子50→保持线圈→搭铁。

吸引线圈的电路：B+→端子50→吸引线圈→端子C→电动机励磁线圈和电枢绕组→搭铁。

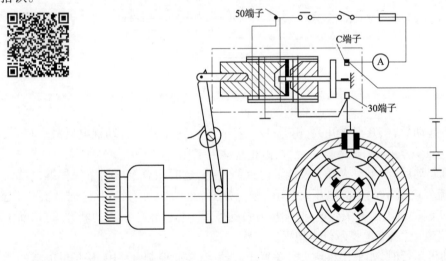

图6-9 起动继电器控制起动电路

接通电路时，保持线圈和吸引线圈电流方向一致，产生较强的电磁力，克服复位弹簧弹力使活动铁芯向右侧移动，一方面通过拨叉带动驱动齿轮移向飞轮齿圈并与之啮合，另一方面推动接触片移向接线柱端子30和端子C的触点，电动机产生缓慢旋转，便于驱动齿轮与飞轮齿圈进入啮合；当接触片将两个主触点接通，蓄电池的电流直接通过主触点和接触片进入电动机，电动机正常运转，此时吸引线圈的电路被短路，主触点接通的位置靠保持线圈保持；发动机起动后，切断起动电路，保持线圈和吸引线圈电流方向相反，在弹簧的作用下，活动铁芯回位，切断了电动机的电路，同时也使驱动齿轮与飞轮齿圈脱离啮合。

为减小点火开关的电流，防止点火开关烧损，CA1091型汽车的起动电路采用了组合继电器（图6-10）。电路分析如下。

（1）当点火开关6置于起动挡（Ⅱ挡）时，起动继电器线圈通电，电流回路为蓄电池正极→熔断器→电流表→点火开关起动触点Ⅱ→起动继电器线圈→保护继电器动断触点→搭铁→蓄电池负极。

起动继电器线圈通电使起动继电器的动合触点闭合，接通了起动机电磁开关电路，使起动机进入起动状态。

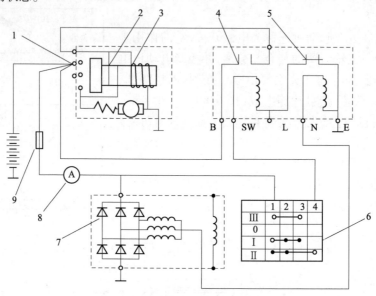

图 6-10　起动电路

1-起动机；2-吸引线圈；3-保持线圈；4-起动继电器动合触点；5-充电指示灯动断触点；6-点火开关；7-发电机；8-电流表；9-熔断丝

（2）发动机起动后，松开点火开关，钥匙自动返回点火挡（Ⅰ挡），起动继电器触点打开，切断了起动机电磁开关电路，电磁开关复位，停止起动机工作。

（3）发动机起动后，如果点火开关没能及时返回Ⅰ挡，这时组合继电器中保护继电器线圈由于承受交流发电机中性点的电压，使动断触点断开，自动切断了起动继电器线圈的电路，触点断开，使起动机电磁开关断电，起动机便自动停止工作。由于触点的断开，也切断了充电指示灯的搭铁电路，充电指示灯也熄灭。

（4）在发动机运行时，如果误将点火开关置于起动挡，在此控制电路中，保护继电器的线圈总加有交流发电机中性点电压，动断触点处于断开状态，起动继电器线圈不能通电，起动机电磁开关不能动作，避免发动机在运行中使起动机的驱动齿轮进入与飞轮齿圈的啮合而产生的冲击，起到了保护作用。

有的汽车起动继电器线圈通过防盗系统搭铁，发动机起动只有防盗系统发出起动信号后，继电器线圈才能搭铁，如果防盗系统没有收到起动信号，则继电器线圈中无电流，起动机就不能工作，实现了防盗功能。

二、起动机的拆卸与装配

1. 起动机的拆卸

起动机拆卸前应清洁外部的油污和灰尘，然后按下列步骤进行拆卸。

（1）旋出防尘盖固定螺钉，取下防尘盖，用专用钢丝钩取出电刷；拆下电枢轴上止推圈处的卡簧,如图6-11所示。

(2)用扳手旋出两紧固穿心螺栓,取下前端盖,抽出电枢,如图6-12所示。

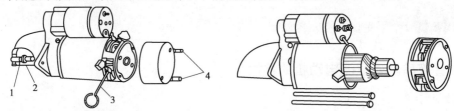

图6-11 拆卸电刷　　　　　　　　图6-12 拆卸前端盖和电枢

1-卡簧;2-止推圈;3-钢丝钩;4-固定螺钉

(3)拆下电磁开关主接线柱与电动机接线柱间的导电片;旋出后端盖上的电磁开关紧固螺钉,使电磁开关后端盖与中间壳体分离,如图6-13所示。

(4)从后端盖上旋下中间支承板紧固螺钉,取下中间支承板,旋出拨叉轴销螺钉,抽出拨叉,取出单向离合器,如图6-14所示。

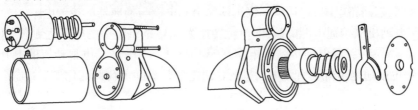

图6-13 拆卸电磁开关　　　　　　　图6-14 拆下单向离合器

(5)将已解体的机械部分浸入清洗液中清洗,电器部分用棉纱沾少量汽油擦拭干净。有必要时,可分解电磁开关,其步骤是:

①拆下电磁开关前端固定螺钉,取下前端盖。

②取下触盘锁片、触盘、弹簧,抽出引铁。

③取下固定铁芯卡簧及固定铁芯,抽出铜套及吸引线圈和保持线圈。

2.起动机的装复

起动机的形式不同,具体装复的步骤不可能完全相同,但基本原则是按分解时的相反步骤进行。装复的一般步骤是:先将单向离合器和移动叉装入后端盖内,再装中间轴承支撑板,将电枢轴装入后端盖内,装上电动机外壳和前端盖,并用长螺栓紧固,然后装电刷和防尘罩及起动机开关。

3.起动机拆装注意事项

(1)从车上拆下起动机前应首先切断点火开关、拆下蓄电池搭铁线,以防操作时产生电火花损坏电子元件。

(2)若起动机与发动机之间装有薄金属垫片,在装配时应按原样装回。

(3)不同型号的起动机拆卸与组装顺序有所不同,应按厂家规定的操作顺序进行。

(4)部分组合件无故障时不必彻底解体。如电磁开关、定子铁芯及绕组。

(5)组装时各螺栓应按规定转矩旋紧。应检查调整各部分间隙。

(6)各润滑部位应使用厂家规定的润滑剂润滑。

(7)永磁式起动机对敲击、振动及外压力有很高的敏感性。不得将起动机外壳夹紧在台虎钳上,否则会损坏磁铁。当进行电器试验时线路不得接错,否则会损坏磁铁,而且不能修复。当进行维修时,须确保起动机清洁。

知识拓展

一、直流串励式直流电动机的特性

1. 转矩特性

直流电动机的电枢在电磁力矩作用下产生转动,电枢绕组随之转动同时又切割磁力线而产生反电动势 E_f,反电动势 E_f 与磁极的磁通量 Φ 和电枢的转速 n 成正比,即:

$$E_f = C_e \cdot \Phi \cdot n \tag{6-1}$$

式中:C_e——电动机的结构常数。

由此可推出电枢回路的电压平衡方程式,即:

$$U = E_f + I_s \cdot R_s \tag{6-2}$$

式中:R_s——电枢回路电阻,包括电枢绕组的电阻和电刷与换向器的接触电阻。

在直流电动机刚接通电源的瞬间,电枢转速为0,电枢绕组中的电流达到最大值,将相应产生最大电磁转矩,克服电动机阻力矩 M_z 带动发动机工作;随着电枢转速的上升,I_s 下降,电磁转矩 M 也就随之下降。直流电动机的输出电磁转矩随负荷而变化如下:

负荷增大,$M < M_z \rightarrow n \downarrow \rightarrow E_f \downarrow \rightarrow I_s \uparrow \rightarrow M \uparrow \rightarrow M = M_z$,达到新的稳定。

负荷减小,$M > M_z \rightarrow n \uparrow \rightarrow E_f \uparrow \rightarrow I_s \downarrow \rightarrow M \downarrow \rightarrow M = M_z$,达到新的稳定。

直流串励式电动机具有自动调节转矩功能(图6-15)。

2. 转速特性

串励式电动机输出转矩较大时,电动机转速随电流的增加而急剧下降,串励式电动机具有轻载转速高,重载转速低的特点(图6-15),可以保证电动机在起动时(重载)不会超出许用

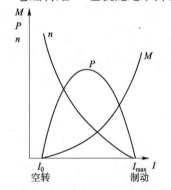

图6-15 直流串励式电动机特性

功率而烧毁,使起动安全可靠;轻载或空载时转速很高,容易造成"飞散"事故,故对于功率较大的串励式直流电动机,不允许在轻载或空载下运行。

3. 功率特性

直流电动机的功率 $P(kW)$ 可由式(6-3)确定,即:

$$P = M \cdot n / 9550 (kW) \tag{6-3}$$

式中:M——起动机输出转矩(N·m);

　　　n——起动机的转速(r/min)。

由式(6-3)和串励式直流电动机的特性曲线,可知电动机在全制动($n=0$)和空载($M=0$)时,其输出功率均为0,而在 I_s 接近全自动电流一半时,其输出功率最大(图6-15)。因为电动机工作时间短暂,所以允许在最大功率状态下工作。因此,电动机的额定功率一般也就是电动机的最大功率或接近最大功率。

起动机工作过程中电流特别大,所以其输出功率受起动线路中的电阻影响较大,另外,

电动机内接触电阻和导线电阻、蓄电池的容量、蓄电池温度亦影响起动机功率。

二、起动机试验

1. 空转试验

将起动机夹在台虎钳上,接通起动机电路(每次不超过1min),起动机应运转均匀,电刷下无火花,记下电流表、电压表及转速表读数。其值应符合厂家规定。

若电流大于标准值,而转速低于标准值,表明起动机装配过紧或电枢绕组和磁场绕组内有短路或搭铁故障。若电流和转速都小于标准值,则表示起动机线路中有接触不良的地方,如电刷弹簧压力不足,换向器与电刷接触不良等。

2. 全制动试验

完全制动是测量起动机在完全制动时所消耗的电流和制动力矩,以判断起动机主电路是否正常,并检查单向离合器是否打滑。

试验时将起动机夹持在试验台上,使杠杆的一端夹住起动机驱动齿轮,另一端挂在弹簧秤上(图6-16)。接通起动机电路,每次时间不超过5s,以免损坏起动机和蓄电池。观察单向离合器是否打滑,并迅速记下电流表和弹簧秤读数,其值应符合厂家规定。

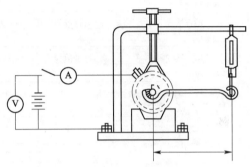

图6-16 起动机全制动试验

任务2 起动机检测与修复

客户任务	起动机起动无力,虽有转动,但不均匀、不连续,检测拆卸的起动机。
任务目的	制订工作计划,并利用工具对起动机进行检测,确定故障原因并维修更换。

一、资讯

(1)换向器与电刷接触不良,电磁开关接触盘和触点接触不良,电动机励磁绕组或电枢绕组有局部短路都有可能造成_____。

(2)起动机无力的故障有电源故障和_____。

(3)起动机无力表现为转子不_____和不_____。

二、决策与计划

根据任务要求,确定需要的检测仪器、工具并对小组人员合理分工,制订详细的诊断和修复计划。

(1)需要的检测仪器、工具见表6-6。

检测仪表、工具　　　　　表6-6

序号	仪表、工具名称	规格	数量	备注
	.			

续上表

(2)小组成员分工。
_____
_____。

(3)诊断和修复计划。
_____
_____。

三、实施

1. 换向器检查

(1)换向器烧蚀。　　　　　　　□是　　□否

处理方法 _____。

(2)检查换向器圆度为_____,标准值为0.05mm,极限值为0.4mm,(□是　□否)超限。

处理方法 _____。

(3)检查换向器直径_____,标准值为_____,极限值为_____,(□是　□否)超限。

处理方法 _____。

(4)换向器磨损量的检查,使用_____工具检查云母深度_____,标准为0.5～0.8mm,(□是　□否)超限。

处理方法 _____。

2. 励磁绕组检查

励磁绕组短路检查:_____

励磁绕组断路检查:_____

3. 电刷与电刷架检查

(1)检查电刷的高度_____,电刷高度应不低于新电刷高度的2/3(国产起动机新电刷高度为14mm,即7～10mm),否则,更换。

(2)检查电刷架的接触面积,电刷与换向器表面之间的接触面积应达到75%以上,否则应研磨电刷。

4. 单向离合器的检查

将单向离合器及驱动齿轮总成装到电枢轴上,握住电枢,当转动单向离合器外圈时,驱动齿轮总成(□是　□否)能沿电枢轴自由滑动。

5. 电磁开关检查

吸引线圈阻值为_____,(□是　□否)损坏

保持线圈阻值为_____,(□是　□否)损坏

四、检查

通过检查,得到以下结论:_____
_____
_____。

五、评价(表6-7)

评　价　表　　　　　　　　　表6-7

检查评价项目		完成标准	学生自评	小组评价
职业技能	起动机零部件检测	掌握检测判定标准和方法		
技术知识	起动机结构	会描述		
	起动机零部件技术规范	会描述		
素质目标	安全、规范操作			
	团结、合作			
	现场5S			

任务3　起动机不工作故障检测与修复

客户任务	2013款科鲁兹轿车,起动时听到起动开关"哒哒"的声音,起动机刚转即停。
任务目的	制订工作计划,并利用汽车专用万用表对起动系统进行检测,确定故障原因并维修。
步　骤	实　施　内　容
一、确认客户报修故障	附录1　维修接待与接车问诊表
二、检测仪表、工具及车辆防护工作	根据任务要求,确定需要的检测仪器、工具并对小组人员合理分工,制订详细的诊断和修复计划。 (1)需要的检测仪表、工具见表6-8 **检测仪表、工具**　　表6-8 | 序号	仪表、工具名称	规格	数量	备注
---	---	---	---	---
					  (2)车辆防护。
三、根据资讯查找电器元件位置,分析电路,初步检查	(1)分析2013款科鲁兹轿车起动系统控制电路(图6-42)。 (2)请说明蓄电池C1、点火开关S39、起动机M64、继电器KR27、熔断器X50A、X50D及车身控制模块K9、发电机控制模块K20、自动变速器总成T12之间的相互控制关系。

续上表

三、根据资讯查找电器元件位置,分析电路,初步检查	(3)实车上确定各元件位置。 | □S39	□K20	□M64 | |---|---|---| | □KR27 | □X50D | □K9 | | □T12 | □C1 | □X50A | (4)细致目测电路的外部系统,检查各个相关线束、接插件及搭铁的情况,如有不良,记录表6-9。 检 查 表　　表6-9 | 项目 | 位置1 | 位置2 | 位置3 | |---|---|---|---| | 线束 | | | | | 搭铁 | | | | | 接插件 | | | |
四、电路检测	请用在"(是/否)"中选择检测的结果。 (1)打开点火开关,描述故障现象：＿＿＿＿＿＿＿＿＿＿＿＿＿＿＿＿＿＿＿＿。 (2)检查蓄电池电压为＿＿＿＿＿V。电压(是□/否□)正常,若电压过低,则应＿＿＿＿＿处理。 (3)检查相关插接器接线柱(是□/否□)松动。若有松动,紧固后进行测试检查。 (4)检查起动机(是□/否□)有电。若没有电,再次检查蓄电池与起动机的连接线。 (5)检查起动机熔断丝 F6UD、F12UA(是□/否□)烧毁。 (6)短接起动机两个主接线柱,起动机(是□/否□)能正常工作。 若不能工作：＿＿＿＿＿＿＿＿＿＿＿＿＿＿＿＿＿＿＿＿＿＿＿＿＿＿＿＿＿＿。 若工作正常,进行下一步操作。 (7)短接电磁开关接线柱和起动机电源接线柱。 起动机(是□/否□)工作正常。 若不能正常工作,说明起动机＿＿＿＿＿＿＿,应检查。 若工作正常,进行下一步操作。 (8)若正常起动检查继电器。
五、故障部位确认和排除	根据上述的所有检测结果,确定故障内容并注明。 (1)确定的故障内容。 | □元件损坏 | 请写明元件名称： | |---|---| | □线路故障 | 请写明线路区间： | | □其他 | | (2)故障点的排除处理说明。 | □更换 | □维修 | □调整 | |---|---|---| | □更换 | □维修 | □调整 |

续上表

六、确认修复				
七、评价	评价表见表6-10。 评 价 表　　表6-10			
	检查评价项目	完成标准	学生自评	小组评价
	职业技能 据控制电路,判断故障点	正确分析		
	能进行汽车电源系统故障排查	步骤正确规范		
	技术知识 电源系统组成、电路分析	会描述		
	素质目标 安全、规范操作			
	团结、合作			
	现场5S			

一、起动机的检测

起动机的检测分为解体检测和不解体检测两种,解体检测随解体过程一同进行。不解体检测可以在拆卸之前或装复以后进行。

1. 起动机的不解体检测

在进行起动机的解体之前,最好进行不解体检测,通过不解体的性能检测大致可以找出故障。在进行以下的检测时,应尽快完成,以免烧坏电动机中的线圈。

1) 吸引线圈性能测试

(1) 先把励磁线圈的引线断开。

(2) 按图6-17所示的方法连接蓄电池与电磁起动开关。

注意:驱动齿轮应能伸出,否则表明其功能不正常。

2) 保持线圈性能测试

接线方法如图6-18所示,在驱动齿轮移出之后从端子C上拆下导线。

注意:驱动齿轮仍能保留在伸出位置,否则表明保持线圈损坏或搭铁不正确。

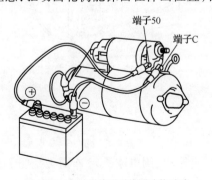
图6-17　电磁开关吸引线圈功能试验

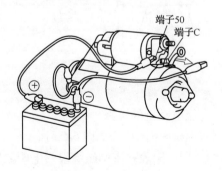
图6-18　电磁线圈和保持线圈功能试验

3）驱动齿轮回位测试

如图 6-19 所示，拆下蓄电池负极接外壳的接线夹后，驱动齿轮能迅速返回原始位置即为正常。

4）驱动齿轮间隙的检查

按图 6-20 连接蓄电池和电磁开关，按照图 6-21 进行驱动齿轮间隙的测量。

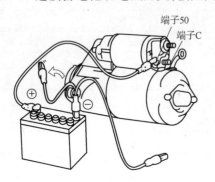

图 6-19　驱动齿轮复位试验

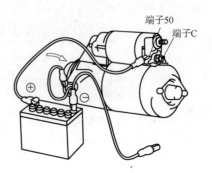

图 6-20　驱动齿轮间隙检查时的接线

注意：测量时先把驱动齿轮推向电枢方向，消除间隙后测驱动齿轮端和止动套圈间的间隙，并和标准值进行比较。

5）空载测试

如图 6-22 所示，步骤如下：

(1) 固定起动机。

(2) 按照图示的方法连接导线。

(3) 检查起动机应该平稳运转，同时驱动齿轮应移出。

(4) 读取电流表的数值，应符合标准值。

(5) 断开端子 50 后，起动机应立即停止转动，同时驱动齿轮缩回。

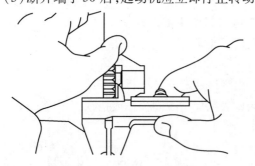

图 6-21　驱动齿轮间隙测量

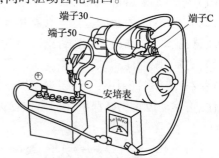

图 6-22　起动机的空载测试

2. 起动机的解体检测

1）直流电动机的检修

(1) 磁场绕组的检查如图 6-23 所示。

注意：用电阻表检查励磁绕组两电刷之间时，应导通；用电阻表检查励磁绕组和定子外壳时，不应导通。

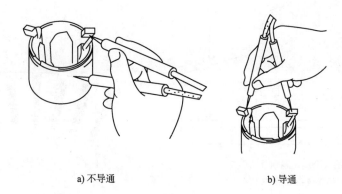

a) 不导通　　　　　　　　　　b) 导通

图 6-23　磁场绕组及外壳检查

(2)电枢的检查如图 6-24 ~ 图 6-29 所示。

注意：

①换向器和电枢线圈铁芯之间不应导通(图 6-24)；整流片之间应导通(图 6-25)。

②换向器失圆(即跳动量)不应超过 0.03mm，最新的标准为 0.02mm(图 6-26)。

③检查换向器最小直径时应和标准值进行比较，若测得的直径小于最小值应更换电枢。

④电枢轴跳动量不应大于 0.15mm，否则说明电枢轴弯曲严重应进行校正或更换电枢。

⑤首先换向片应洁净，无异物。绝缘片的深度为 0.5 ~ 0.8mm，最大深度为 0.2mm。太高应使用刮刀进行修整。

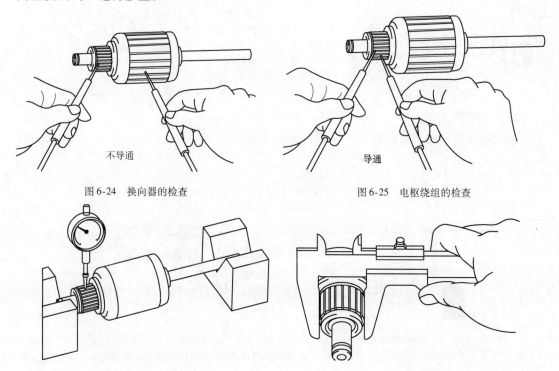

图 6-24　换向器的检查　　　　　　　　图 6-25　电枢绕组的检查

图 6-26　换向器失圆检测　　　　　　　图 6-27　换向器最小直径检查

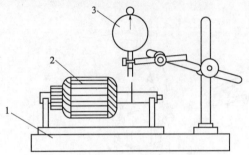

图 6-28 电枢轴跳动检查　　　　　　　　图 6-29 换向器绝缘片的检查
1-偏摆仪;2-电枢;3-百分表

(3)电刷、电刷架及电刷弹簧的检查如图6-30~图6-32所示。

①测量电刷的长度时要结合具体的标准,不应小于维修极限长度即可。

②检查"+"电刷架 A 和"-"电刷架 B 之间不应导通。若导通,则应进行电刷架总成的更换。

③不同型号起动机的弹簧张力是不同的,若测得弹簧的张力不在规定的范围之内要更换电刷弹簧。

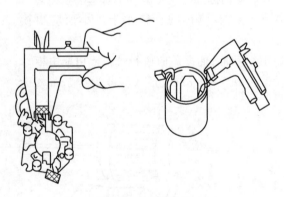

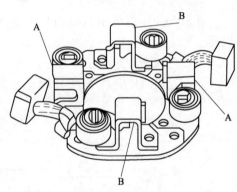

图 6-30 电刷的检查　　　　　　　　　　图 6-31 电刷架的检查

2)传动机构的检修

单向离合器的安装与检查如图 6-33 所示。

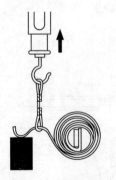

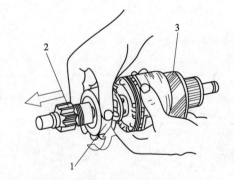

图 6-32 电刷弹簧检查　　　　　图 6-33 单向离合器的安装与检查
1-单向离合器的外座圈;2-驱动齿轮;3-电枢

将单向离合器及驱动齿轮总成装到电枢轴上,握住电枢,当转动单向离合器外座圈时,驱动齿轮总成应能沿电枢轴自如滑动,如图6-34所示。

检查小齿轮和花键及飞轮齿圈有无磨损或损坏,在确保驱动齿轮无损坏的情况下,握住外座圈,转动驱动齿轮,应能自由转动;反转时应锁住,否则应更换单向离合器。

3)电磁开关的检修

起动机构如果有起动继电器,则需要对其进行检查,检查项目和方法如下。

(1)起动继电器的检查。起动继电器的检查如图6-35～图6-37所示。

(2)电磁开关的检查。电磁开关在解体情况下的检查项目和方法如图6-38～图6-41所示。解体检查结束之后,按照起动机装复的步骤进行装复。在装复之后,应进行性能测试(已经叙述)。

图6-34 单向离合器的其他检查

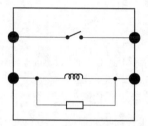

图6-35 起动继电器内部电路

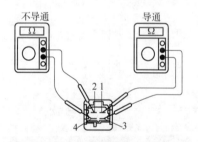

图6-36 起动继电器线圈和开关的检查

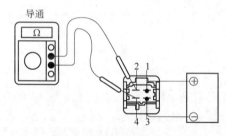

图6-37 起动继电器的工作情况

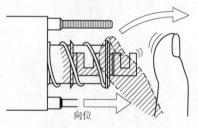

图6-38 活动铁芯的检查

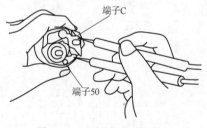

图6-39 吸引线圈的开路检查

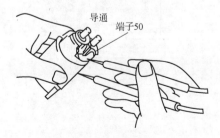

图6-40 保持线圈的开路检查

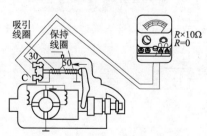

图6-41 电磁开关接触片的检查

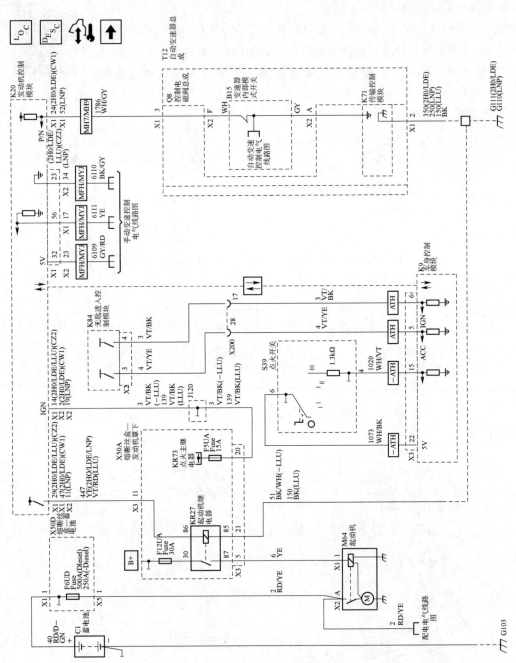

图 6-42　2013 款科鲁兹轿车起动系统控制电路

二、起动机的控制电路

2013款科鲁兹轿车起动机不可维修。其工作原理与常规起动机基本一致。图6-42是2013款科鲁兹轿车起动系统控制电路图,图中当点火开关置于"Start(起动)"位置时,离散信号由点火开关S39提供至车身控制模块(BCM)的K9,车身控制模块发送信息至发动机控制模块(ECM)的K20通知已请求起动。发动机控制模块经模块T12自动变速器总成确认变速器置于驻车挡或空挡,则发动机控制模块向起动继电器的控制电路提供12V的电压,起动继电器KR27工作,蓄电池正极电压通过起动继电器的开关侧提供至起动机电磁线圈的S端子。

一、减速起动机

常见的减速起动机有三种类型:平行轴外啮合式减速起动机、内啮合式减速起动机和行星齿轮减速机(图6-43)。

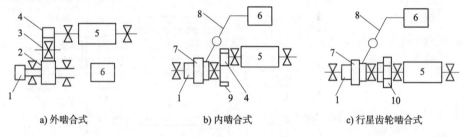

图6-43 减速起动机类型

1-驱动齿轮;2-减速机构从动齿轮及单向离合器;3-惰轮;4-减速机构主动齿轮;5-电枢;6-电磁开关;7-单向离合器;8-拨叉;9-减速机构从动齿轮;10-行星齿轮减速机构

1. 平行轴式减速起动机

平行轴式减速起动机主要包括电动机、平行轴减速装置、传动机构和控制装置,传动机构和减速装置的位置关系如图6-44所示。

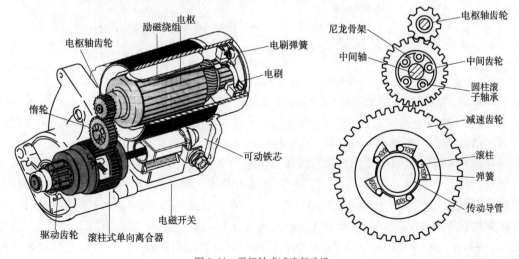

图6-44 平行轴式减速起动机

电动机4个磁场绕组相互并联后再与电枢绕组串联,为串励式电动机,如图6-45所示。滚柱式单向离合器设置在减速齿轮内毂,其内毂制成楔形空腔,传动导管装入时,将空腔分割成5个楔形腔室,腔室内放置滚柱和弹簧。平时在弹簧张力作用下,滚柱滚向楔形腔室窄端,传递动力时,由滚柱将传动导管和减速齿轮卡紧成一体。

减速齿轮装置采用平行轴外啮合减速齿轮装置,该装置中设有3个齿轮,即电枢轴齿轮、惰轮(中间齿轮)及减速齿轮。从图6-43中可以看出,与常规起动机相比,该减速装置传动比较大,输出转矩也较大。

图6-45 串励电动机绕组连接

控制装置及工作过程以丰田花冠轿车中平行轴式减速起动机为例,结合电路图分析控制装置的工作原理。如图6-46所示,控制装置的结构同传统式电磁控制装置大致相同,不同之处在于,可动铁芯的左端固装的挺杆,经钢球推动驱动齿轮轴,可动铁芯右端绝缘地固装着接触片。起动机不工作时,触盘与触点分开,驱动齿轮与飞轮分离。

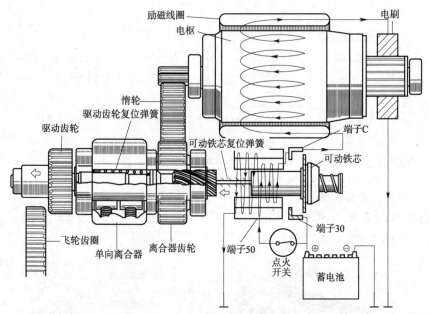

图6-46 平行轴式减速起动机结构及电路图

接通起动开关,吸引线圈和保持线圈通电,此时的电流流向为:蓄电池→点火开关→端子50→保持线圈→搭铁,蓄电池→点火开关→端子50→吸引线圈→端子C励磁线圈→电枢绕组→搭铁。此时电动机低速运转,如图6-47所示。

如图6-48所示,吸引线圈和保持线圈的电磁力吸引可动铁芯左移,推动驱动齿轮轴,迫使驱动齿轮与飞轮啮合,这种动作过程称为直动齿轮式。驱动齿轮与飞轮齿圈进入啮合后,接触片和触点接触,此时电流的方向为:蓄电池→点火开关→端子50→保持线圈→搭铁,这样可保持线圈产生的磁场使可动铁芯保持在原位。同时电流还流经磁场线圈,电路为:蓄电池"+"→端子30→接触片→端子C→励磁线圈→电枢绕组→搭铁。这样电枢电路接通并开始旋转。电枢轴产生的转矩经电枢轴齿轮→惰轮→减速齿轮→滚柱式单向离合器→驱动齿轮轴→驱动齿轮→飞轮齿圈,带动曲轴旋转,使发动机起动。

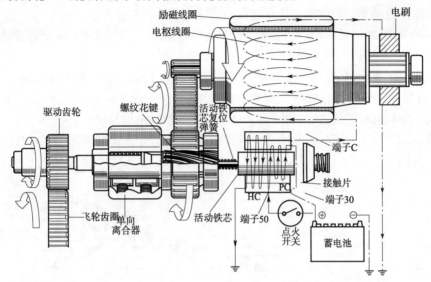

图 6-47 驱动齿轮和齿圈啮合过程

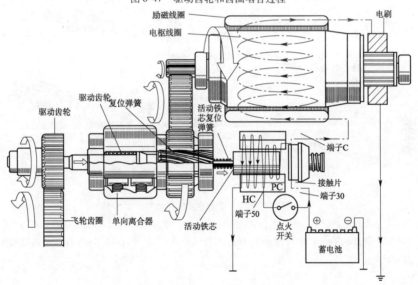

图 6-48 驱动齿轮与齿圈脱离关系

发动机起动后,放松起动开关,点火开关回到"点火"挡。吸引线圈和保持线圈断电,可动铁芯在复位弹簧张力作用下回位,接触片与触点分离,电枢停止转动。同时,驱动齿轮轴在复位弹簧作用下回位,拖动驱动齿轮与飞轮分离,恢复到初始状态。

2. 行星齿轮式减速起动机

行星齿轮式减速起动机的结构如图 6-49 所示,主要包括电动机、传动机构及减速齿轮装置。

(1)电动机的结构有两类,一类与常规起动机类似采用励磁线圈产生磁场;一类采用永久磁铁磁场代替励磁绕组,减小了起动机的体积,提高了起动性能。

(2)传动机构及减速齿轮装置,该起动机的传动机构采用滚柱式单向离合器,用拨叉拨动驱动齿轮使之移动。其结构与工作过程和传统式起动机类似。

图 6-50 所示的行星齿轮减速装置中设有 3 个行星轮,一个太阳轮(电枢轴齿轮)及一个固定的内齿圈,其结构如图 6-51 所示。

内齿圈固定不动,行星齿轮支架是一个具有一定厚度的圆盘,圆盘和驱动齿轮轴制成一体。3 个行星齿轮连同齿轮轴一起压装在圆盘上,行星齿轮在轴上可以边自转边公转。驱动齿轮轴一端制有螺旋键齿,与离合器传动导管内的螺旋键槽相配合。

如图 6-51 所示,为了防止起动机中过大的扭力对齿轮造成损坏,弹簧垫圈把离合器片压紧在内齿轮上,这样当内齿圈受到的扭力过大时,离合器片和弹簧垫圈可以吸收过大的扭力。

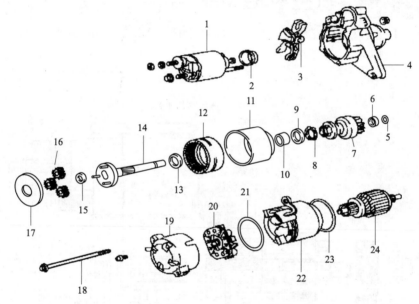

图 6-49 行星齿轮式减速起动机

1-电磁启动开关;2-活动铁芯罩;3-驱动杆;4-起动机壳;5-、8-弹簧卡环;6-止动套圈;7-起动机离合器;9、13、15-板垫圈;10-中间轴承;11-减振器;12-内齿轮;14-行星齿轮架轴;16-行星齿轮;17-压板;18-贯穿螺钉;19-换向器端框架;20-电刷架;21、23-O 形密封圈;22-励磁线圈;24-电枢

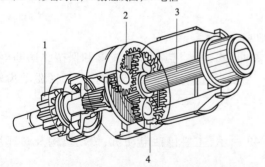

图 6-50 行星齿轮减速装置结构
1-小齿轮;2-内齿轮;3-电枢轴;4-行星齿轮

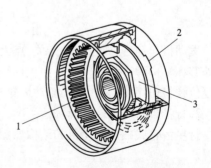

图 6-51 减速装置中内齿轮结构
1-内齿轮;2-离合器片;3-弹簧垫圈

3. 永磁减速式起动机

桑塔纳、奥迪、北京切诺基等汽车采用了永磁减速式起动机,图6-52所示为北京切诺基BJ2021型汽车的12VDW1.4型永磁减速式起动机的原理简图。该起动机内部装有6块永久磁铁,用弹性保持片固定在机壳内,N极、S极交错排列,形成3对磁极。传动机构为滚柱式单向离合器,配以行星齿轮减速机构。其电枢齿轮为太阳轮,另有3个行星齿轮和一个固定齿圈。太阳轮制有11个齿,固装在电枢轴上,与3个行星齿轮同时外啮合,3个行星齿轮套装在一个有内齿圈的圆盘上,行星齿轮可以灵活自转,该齿轮减速装置的减速比 $i=4.4$。圆盘与驱动齿轮制成一体。该起动机的工作过程与一般的起动机基本相同,不同之处在于,电枢轴产生的转矩需经行星齿轮减速装置才能传递给起动机的驱动齿轮。转矩的传递过程为电枢轴齿轮(太阳轮)→行星轮及支架→驱动轮轴→滚柱式单向离合器→驱动齿轮→飞轮,起动机驱动发动机曲轴旋转。

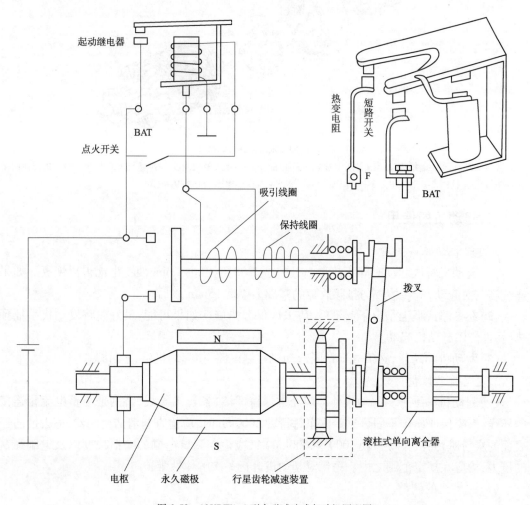

图6-52　12VDW1.4型永磁减速式起动机原理图

图6-53所示为SD6RA型减速起动机,是上海桑塔纳2000型轿车用的起动机。

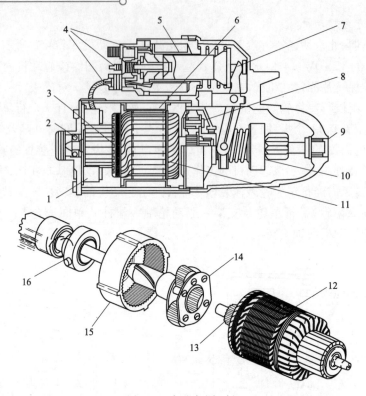

图6-53 永磁减速起动机

1-电刷;2-滚珠轴承;3-电枢绕组焊接点;4-导线插头;5-电磁开关;6-永久磁铁磁极;7-拉杆与拨叉;8-减速器总成;9-轴承;10-单向离合器;11、12-电枢总成;13-主动齿轮;14-行星齿轮组;15-固定内齿轮;16-拨叉环

二、起动机的使用

1.起动机的正确使用

(1)起动机每次起动时间不超过5s,再次起动时应停止2min,使蓄电池得以恢复。如果连续第三次起动,应在检查与排除故障的基础上停歇15min以后。

(2)在冬季或低温情况下起动时,应采取保温措施。如果可能,最好先将发动机手摇预热后,再使用起动机起动。

(3)发动机起动后,必须立即切断起动机控制电路,使起动机停止工作。

2.起动机的维护

(1)起动机的维护。起动机外部应经常保持清洁,各连接导线,特别是与蓄电流相连接的导线,都应保证连接牢固可靠。汽车每行驶3000km时,应检查与清洁换向器,擦去换向器表面的炭粉脏污;汽车每行驶5000~6000km时,应检查测试电刷的磨损程度以及电刷弹簧的压力,均应在规定范围之内。每年对起动机进行一次解体性维护。

(2)起动机的调整。

电磁开关接通时间的调整如下。

①主开关接通时间的调整。当接触盘与电磁开关主触头接触而接通主电路时,驱动齿轮与限位螺母之间的距离应为4.5mm±1mm。如不符合要求,可先脱开连接片与调整螺钉

之间的连接,然后旋入或旋出调整螺钉进行调整。

②附加电阻短路开关的调整。一般电磁开关内,短接点火线圈附加电阻是利用主接线柱触头前面的辅助接触片。在主电路接通的同时或略早一点,应短接附加电阻,如有不当,只需将辅助接触片适当弯曲调整就可以了。

(3)起动继电器闭合电压与断开电压的调整。起动继电器在汽车出厂时已调准,并有相应的闭合电压值和断开电压值的规定。如果电压值发生变化时,应做必要的调整,按图6-54所示接好调试线路,先将可变电阻 R_P 调到最大值,然后逐渐减小电阻,在继电器触点刚闭合时,电压表所指示的数值为闭合电压。再逐渐增大电阻,当继电器触点刚打开时,电压表所指示的数值即为断开电压。闭合电压和断开电压值应符合原制造厂规定。调整时,分别调整弹簧拉力和铁芯与衔铁之间的间隙就可以了。

(4)轴承的配合起动机各轴承与轴颈及轴承孔之间均不得有松晃、歪斜等现象,起动机各轴承的配合应符合技术要求。

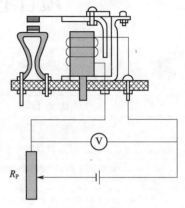

图6-54　起动机继电器调整

(5)单向离合器的调整。将起动机的单向离合器夹紧在台虎钳上,用扭力扳手反时针方向转动,应能承受制动试验时的最大转矩而不打滑。如果不符合规定,可在压环与摩擦片之间增加或减少垫片予以调整。

项目七 电动车窗构造及检修

能力目标	知识目标
正确更换电动车窗零部件	描述电动车窗的构造
能分析电动车窗控制电路,查找各元件安装位置及故障检测	解释电动车窗工作原理
掌握电动车窗常见故障诊断及排查	简述电动车窗控制电路的工作过程

任务1 汽车电动车窗不升降故障排查

项　　目	实　施　步　骤
客户任务	与客户交流车辆使用情况,确认五菱鸿途左右两侧车窗升降器不工作。
任务目的	制订工作计划,并利用检测工具对电路进行性能检测,判定故障点,并排除。
项　　目	实　施　步　骤
一、确认客户报修故障	附录1　维修接待与接车问诊表
二、检测仪表、工具及车辆防护工作	根据任务要求,确定需要的检测仪器、工具并对小组人员合理分工,制订详细的诊断和修复计划。 (1)需要的检测仪表、工具见表7-1。 检测仪表、工具　　　　　　　　表7-1 | 序号	仪表、工具名称	规格	数量	备注
---	---	---	---	---
					 (2)车辆防护。
三、根据资讯查找电器元件位置,分析电路,初步检查	(1)电动车窗由_____、_____、_____、_____等组成,电动车窗的直流电动机常见的有_____和_____,每个电动车窗都装有_____电动机,改变电动机_____,控制车窗玻璃升降器_____。 (2)车窗玻璃升降控制开关分为_____和_____;主开关安装在驾驶人侧的_____,包括驾驶人侧的车窗玻璃升降控制开关_____和_____;分开关有两套,一套安装在_____,由驾驶人控制每个车窗玻璃的升降,另一套分别_____,由乘客进行操纵;电动车窗具有一键_____功能,有延时_____功能,电动机有_____保护,驾驶人侧_____控制。

续上表

三、根据资讯查找电器元件位置,分析电路,初步检查	(3)分析五菱鸿途电动车窗控制电路(图7-8)。 (4)实车上确定各元件位置。 | □F16	□左侧开关	□右侧开关 | |---|---|---| | □左摇窗电动机 | □右摇窗电动机 | | (5)细致目测电路的外部系统,检查各个相关线束、接插件及搭铁的情况,如有不良,记录表7-2。 检 查 表　　　　表7-2 | 项目 | 位置1 | 位置2 | 位置3 | |---|---|---|---| | 线束 | | | | | 搭铁 | | | | | 接插件 | | | |
四、电路检测	简述检测的步骤: 结果:_____。
五、故障部位确认和排除	根据上述的所有检测结果,确定故障内容并注明。 (1)确定的故障内容。 | □元件损坏 | 请写明元件名称: | |---|---| | □线路故障 | 请写明线路区间: | | □其他 | | (2)故障点的排除处理说明。 | □更换 | □维修 | □调整 | |---|---|---| | □更换 | □维修 | □调整 |

续上表

六、确认修复	
七、评价	评价表见表7-3。 **评 价 表**　　　　　　表7-3 | 检查评价项目		完成标准	学生自评	小组评价
---	---	---	---	---
职业技能	掌握电动车窗故障诊断与排查	步骤正确规范		
技术知识	电动车窗的构造及工作原理	会描述		
	熟练分析控制电路原理图	会描述		
素质目标	安全、规范操作			
	团结、合作			
	现场5S				

任务2　汽车CAN总线电动车窗控制系统故障排查

客户任务	2013款科鲁兹后门电动车窗不能正常升降。
任务目的	分析电动车窗控制电路,确定故障点,排除故障。
项目	实施步骤
一、确认客户报修故障	附录1　维修接待与接车问诊表
二、检测仪表、工具及车辆防护工作	根据任务要求,确定需要的检测仪器、工具并对小组人员合理分工,制订详细的诊断和修复计划。 (1)需要的检测仪表、工具见表7-4。 **检测仪表、工具**　　　　　　表7-4 | 序号	仪表、工具名称	规格	数量	备注
---	---	---	---	---
					  (2)车辆防护。
三、根据资讯查找电器元件位置,分析电路,初步检查	(1)分析2013款科鲁兹电动车窗控制电路图(图7-9)。 (2)实车上确定各元件位置。 	□F21UA	□S79LR	□S79RR
---	---	---
□M74LR	□M74RR		

续上表

三、根据资讯查找电器元件位置,分析电路,初步检查	(3)细致目测电路的外部系统,检查各个相关线束、接插件及搭铁的情况,如有不良,记录表7-5。 检 查 表　　　　表7-5 | 项目	位置1	位置2	位置3
---	---	---	---
线束			
搭铁			
接插件				
四、电路检测	逐点检查电路(以左后窗上升为例),见表7-6。 电 路 检 测　　　　表7-6 | 检查项目	技术状况		
---	---	---	---
	标准值(要求)	测量值(现状)	评价
蓄电池电压的检查			□合格 □不合格
F21UA 两端电阻			□合格 □不合格
S79LR 针脚8、6 间电阻			□合格 □不合格
S79LR 针脚5 搭铁			□合格 □不合格
M74LR 针脚1、2 间电阻			□合格 □不合格
S79RR 针脚8、6 间电阻			□合格 □不合格
S79RR 针脚5 搭铁			□合格 □不合格
M74RR 针脚1、2 间电阻			□合格 □不合格
线路通断检查			□合格 □不合格	 结果:
五、故障部位确认和排除	根据上述的所有检测结果,确定故障内容并注明。 (1)确定的故障内容。 	□元件损坏	请写明元件名称:
□线路故障	请写明线路区别:
□其他	| (2)故障点的排除处理说明。 | □更换	□维修	□调整
---	---	---
□更换	□维修	□调整	

续上表

六、确认修复				
七、评价	评价表见表7-7。			
	评价表 表7-7			
	检查评价项目	完成标准	学生自评	小组评价
	职业技能 掌握电动车窗故障诊断与排查	步骤正确规范		
	技术知识 电动车窗的构造及工作原理	会描述		
	熟练分析控制电路原理图	会描述		
	素质目标 安全、规范操作			
	团结、合作			
	现场5S			

一、电动车窗的组成

电动车窗一般由双向直流电动机、车窗玻璃升降器、控制开关和继电器等组成。

双向直流电动机常见的有永磁式和双绕组串励式,每个电动车窗都装有一个电动机,改变电动机电流方向,控制车窗玻璃升降器上升或下降。

车窗玻璃升降器常见的有钢丝滚筒式、齿扇式等。

1. 钢丝滚筒式车窗玻璃升降器

图7-1所示为钢丝滚筒式玻璃升降器的结构,安装示意如图7-2所示,双向直流电动机前端安装有蜗轮蜗杆减速机构,其上安装一个绕有钢丝的滚筒,玻璃卡座用以安装玻璃并与钢丝拉索连接,在钢丝拉索的拉动下,玻璃卡座可在滑动支架上移动。

图7-1 钢丝滚筒式玻璃升降器图

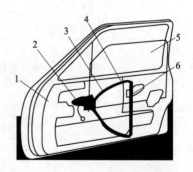

图7-2 安装示意图
1-盖板;2-双向直流电动机及蜗轮蜗杆减速机构;3-导向套;4-钢丝拉锁;5-门窗玻璃;6-滑动支架

· 126 ·

工作时,电动机通过蜗轮蜗杆减速机构带动绕有钢丝的滚筒旋转,钢丝拉索拉动玻璃卡座在滑动支架上移动,实现车窗玻璃的上升或下降。

2. 齿扇式车窗玻璃升降器

图7-3所示为齿扇式玻璃升降器的结构,安装示意如图7-4所示,调整杆为交叉臂式结构,可在支架和导轨上移动,调整杆上固定着车窗玻璃。推力杆的一端固定在齿扇上,另一端与调整杆连接,可驱动调整杆的运动。

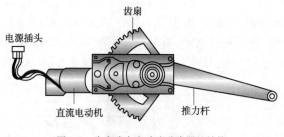
图7-3 齿扇式车窗玻璃升降器的结构

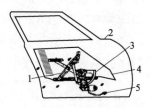
图7-4 安装示意图
1-调整杆;2-车门;3-齿扇;
4-门窗玻璃;5-电源

工作时,双向直流电动机通过蜗轮蜗杆减速机构驱动齿扇连同推力杆转动,推力杆的旋转带动调整杆在支架和导轨上移动,实现车窗玻璃的上升或下降。

3. 齿轮齿条式车窗玻璃升降器

图7-5所示是齿轮齿条式车窗玻璃升降器结构,车窗连接在齿条的一端,工作时电动机通过齿轮使齿条移动,实现玻璃升降。

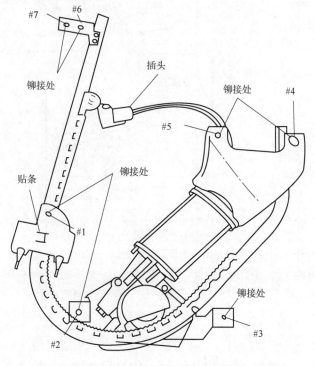
图7-5 齿轮齿条式车窗玻璃升降器结构

二、电动车窗的控制电路

1. 使用永磁式双向直流电动机的电动车窗控制电路

图7-6所示为丰田雷克萨斯LS400轿车电动车窗的控制电路,其电动机为永磁式双向直流电动机。车窗玻璃升降控制开关分为主开关和分开关;主开关安装在驾驶人侧的车门扶手上,包括驾驶人侧的车窗玻璃升降控制开关、窗锁开关和其他各门的车窗玻璃升降控制分开关;分开关有两套,一套安装在主开关上,由驾驶人控制每个车窗玻璃的升降,另一套分别安装在每一个乘客门的扶手上,由乘客进行操纵,窗锁开关可控制除驾驶人侧的车窗玻璃升降控制开关外的其他车窗玻璃升降控制开关的电路,当窗锁开关断开时,除驾驶人侧的车窗玻璃升降控制开关能控制车窗玻璃的升降外,其他分开关(包括主开关上的分开关)都不能控制相应的车窗玻璃的升降。

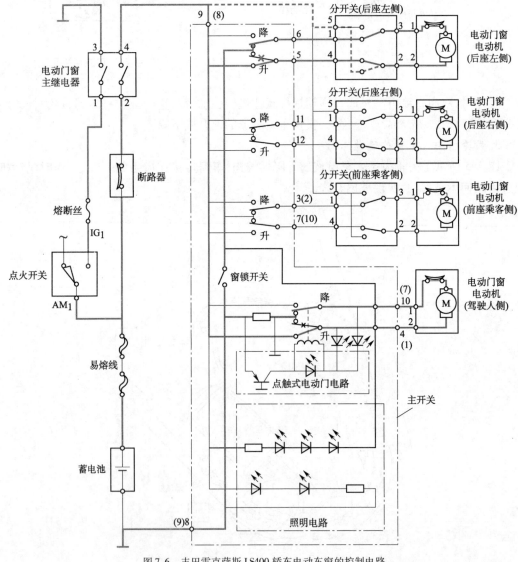

图7-6 丰田雷克萨斯LS400轿车电动车窗的控制电路

1)电源电路

当点火开关旋到点火挡时,电动车窗主继电器的电磁线圈电路导通,其回路为:蓄电池正极→易熔线→点火开关熔断丝→电动车窗主继电器电磁线圈→搭铁→蓄电池负极(见图7-6红色线路)。该电路的导通使电动车窗主继电器的触点闭合,蓄电池等车载电源向电动车窗控制系统提供电源。

2)窗锁开关控制电路

窗锁开关由驾驶人控制,串接在后座左、右侧分开关、前座乘客侧分开关和相应的车窗电动机的搭铁电路上。因此,当窗锁开关断开时,只有驾驶人侧车窗具备工作条件,其他车窗玻璃驱动电动机的搭铁电路均被切断;只有在窗锁开关处于接通状态时,分开关(包括主开关上的分开关)才可以控制相应的车窗电动机的工作,实现车窗玻璃的升降。因此,窗锁开关又被称为车窗总开关。

3)驾驶人侧车窗玻璃升降控制开关控制电路

当驾驶人侧车窗玻璃需要升降时,驾驶人可通过控制主开关上相应的驾驶人侧车窗玻璃升降控制开关实现,下面以"升"为例说明其控制电路。

车窗玻璃升降控制开关为双投掷式开关,图7-6所示位置为其原始位置,当"升"挡开关闭合时,其控制电路为:蓄电池正极→易熔线→断路器→电动车窗主继电器触点→主开关的接线柱"9"→驾驶人侧车窗玻璃升降控制开关的"升"挡(导通)→主开关的接线柱"4"→驾驶人侧车窗电动机的接线柱"2"→驾驶人侧车窗电动机的接线柱"1"→驾驶人侧车窗玻璃升降控制开关的"降"挡(原始位置导通)→搭铁→蓄电池负极(见图7-6红色线路)。

上述电路导通可驱动驾驶人侧车窗电动机运转,车窗玻璃完成上升动作。此外,驾驶人侧车窗玻璃在上升的同时也可受点触式电动车电路的点动控制,车窗玻璃在上升过程中,如果要使其停止在某一位置,只要再点触一下开关即可。

4)后座左、右侧分开关、前座乘客侧分开关控制电路

只有当窗锁开关闭合时,驾驶人才可以使用后座左、右侧分开关、前座乘客侧分开关对相关的电动机进行控制。下面以后座左侧分开关为例说明其控制电路。

当驾驶人按下主开关上相应的后座左侧车窗玻璃升降控制开关的"升"挡时,电路回路为:蓄电池正极→易熔线→断路器→电动车窗主继电器触点→主开关的接线柱"9"→主开关上的后座左侧车窗玻璃升降控制分开关(下按,"升"位置导通)→后座左侧车窗玻璃升降控制分开关(乘客控制的分开关)的接线柱"4"→后座左侧电动车窗电动机→后座左侧车窗玻璃升降控制分开关(乘客控制的分开关)的接线柱"3"→后座左侧车窗玻璃升降控制分开关(图7-6所示的原始位置不变而导通)→主开关的接线柱"6"→主开关上的后座左侧车窗玻璃升降控制分开关(图7-6所示的原始位置不变而导通)→窗锁开关(导通)→主开关的接线柱"8"→搭铁→蓄电池负极(见图7-6红色线路)。闭合回路构成,使后座左侧车窗玻璃上升。

当后座左侧乘客的后座左侧车窗玻璃升降控制分开关的"升"挡时,电路回路为:

蓄电池正极→易熔线→断路器→电动车窗主继电器触点→后座左侧车窗玻璃升降控制分开关(乘客控制的分开关)的接线柱"5"(见图7-6红色虚线线路)→后座左侧分开关的

"升"挡导通(图7-6所示位置的原始位置按下使"下"位置接通)→后座左侧电动车窗电动机→后座左侧车窗玻璃升降控制分开关(乘客控制的分开关)的接线柱"3"→后座左侧车窗玻璃升降控制分开关(乘客控制的分开关)的接线柱"1"→主开关的接线柱"6"→主开关上的后座左侧车窗玻璃升降控制分开关(图7-6所示的原始位置不变而导通窗锁开关导通)→主开关的接线柱"8"→搭铁→蓄电池负极。闭合回路构成,使后座左侧车窗玻璃上升。

2. 使用双绕组串励式双向直流电动机的电动车窗控制电路

如图7-7所示,它有两个绕向相反的磁场绕组,一个称为上升绕组,一个称为下降绕组,不同绕组通电时,会产生相反方向的磁场,电动机的旋转方向也因此而不同。车窗玻璃升降控制开关分为主开关和分开关;主开关安装在驾驶人侧的车门扶手上,包括四个车门的分开关,实际上就是将四个车门的分开关组合在一起;分开关有两套,一套安装在主开关上,由驾驶人控制每个车窗玻璃的升降,另一套分别安装在每一个乘客车的车门扶手上,由乘客进行操纵。

当驾驶人按下主开关上的"升"挡时,其控制电路的回路为:蓄电池正极→易熔丝→点火开关→主开关上的分开关("升"导通)→电动机的左侧磁场绕组→电动机电枢→断路器→搭铁→蓄电池负极(见图7-7红色线路)。电动机工作,车窗玻璃实现上升过程。

当乘客按下所在位置的分开关上的"升"挡时,其控制电路的回路为:蓄电池正极→易熔丝→点火开关→乘客所在位置的分开关("升"导通)→电动机的左侧磁场绕组→电动机电枢→断路器→搭铁→蓄电池负极(见图7-7红色虚线线路)。电动机工作,车窗玻璃实现上升过程。

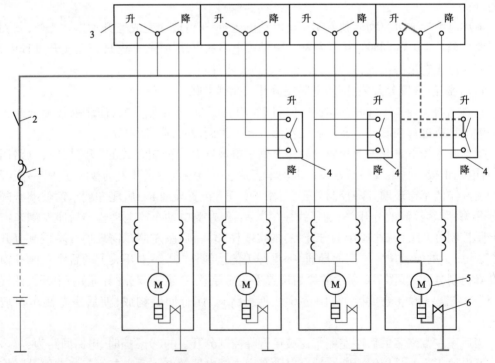

图7-7 双绕组串励式双向直流电动机的电动车窗控制电路
1-易熔丝;2-点火开关;3-主开关;4-分开关;5-电动机;6-断路器

在车窗玻璃实现上升过程中,只要松开所控制的分开关,车窗玻璃即可在任何位置停住。

断路器是双金属片触点臂结构,当电动机超载电路中电流过大时,双金属片因温度上升而变形,触点打开,切断电路。电流消失后,双金属片冷却,变形消失,触点再次闭合。如此周期性地动作,使电动机电流平均值不超过规定值,双金属片不致过热而损坏。有的电动车窗还设有延时关闭功能,在点火开关断开后,仍能提供电源关闭车窗。

知识拓展

图7-8所示是五菱鸿途电动车窗控制电路图,全车的电动车窗升降器不能工作时,诊断信息及程序见表7-8。

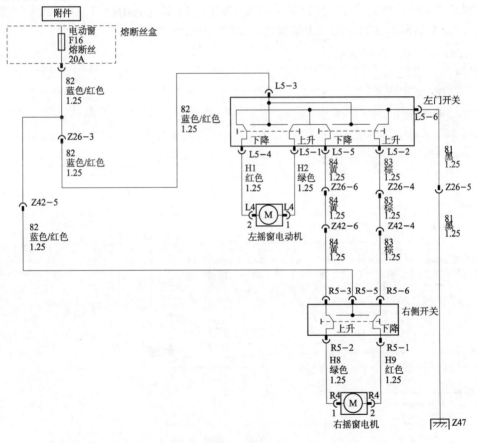

图7-8 五菱鸿途电动车窗控制电路图

诊断信息及程序　　　　　　　　　　　　　　　　　　　　　　表7-8

步骤	措　施	是	否
1	(1)将点火开关拨至RUN(附件)位置; (2)检查电路F16熔断丝是否断开	至7	至2
2	(1)将点火开关转至锁住位置; (2)断开左前方车窗开关; (3)将点火开关拨到RUN(运行)位置; (4)用测试灯探入主线束与左前门线束连接器Z26针3和搭铁之间,灯是否启亮	至3	至5

续上表

步骤	措　施	是	否
3	用测试灯探入主线束与右前门线束连接器 Z42 针 5 和接地之间,灯是否启亮	至 4	至 6
4	修理与开关的接触不良或者更换左车窗开关	—	—
5	修理熔断丝盒 F16 与左侧前车门线束连接器 Z26 之间的接触不良或者开路	—	—
6	修理熔断丝盒 F16 和右前车门线束连接器 Z42 针 5 之间的接触不良或者开路	—	—
7	修理电路 F16 熔断丝内的搭铁短路 维修是否完成	—	至 2

图 7-9 是 2013 款科鲁兹电动车窗控制电路图,主要零部件有驾驶人侧车窗开关、乘客侧车窗开关、左后车窗开关、右后车窗开关、各车门的车窗电动机、F24UA 30A 熔断丝、F55UA 7.5A 熔断丝、F21UA 7.5A 熔断丝、车身控制模块(BCM)。

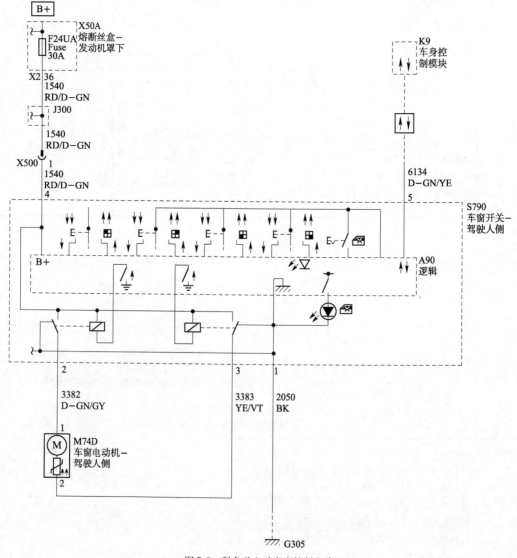

图 7-9　科鲁兹电动车窗控制电路

图7-9中,车窗开关激活后,驾驶人侧车窗电动机为驾驶人侧车窗开关施加12V信号电路,开关关闭时向相应的信号电路提供搭铁并让电压下降至0V。驾驶人侧车窗电动机将检测信号电路中的压降,然后指令车窗向需要的方向移动。

驾驶人侧车窗电动机主控制开关还包含乘客、左后和右后车窗功能的控制开关。当按下车窗开关后,一个串行数据信息将发送至车身控制模块(BCM)。车身控制模块检验该请求并检查是否有来自其他电动车窗电动机的禁止车窗移动的信息。如果没有收到禁止信息,车身控制模块将向相应的乘客侧车窗或后车窗开关发送串行数据信息以按照请求执行指令。

2013款科鲁兹电动车窗控制系统配置如下:驾驶人侧快速上升和快速下降乘客电动车窗电动机、左后和右后仅快速下降车窗电动机、所有车门带仅快速下降车窗电动机。

驾驶人快速上升和快速下降车窗电动机:在执行快速上升功能时,驾驶人车门包含的智能车窗电动机将检测是否电阻过大并自动反转方向以避免乘客夹在正在关闭的车窗和门框之间造成伤害。通过拉起和按住车窗开关可以超控自动反向安全功能。

车窗电动机内的逻辑电路检测通常等于B+电压的上升、下降和快速信号电路。使用驾驶人侧车窗开关的一个开关时,触点闭合导致相应信号电路内的电压下降。驾驶人侧车窗电动机将检测该压降并指令车窗玻璃按要求的方向移动。

所有车门带快速下降车窗电动机:对于驾驶人侧、乘客侧、右后和左后车门,当它们的车窗开关按至下降位置时,蓄电池正极电压施加至各自的车窗电动机控制电路,搭铁则施加至其他车窗电动机控制电路使得车窗打开。单个车窗开关拉至上升位置时,相反方向的电压和搭铁提供至车窗电动机,使得该车窗关闭。搭铁的返回路径通过未激活的控制电路提供,该控制电路通过车窗开关正常搭铁。

各车窗开关通过串行数据电路与车身控制模块通信。当驾驶人想要控制乘客侧、左后或右后车窗时,驾驶人将使用驾驶人侧车窗开关的相应开关。使用此开关后,请求车窗电动机指令的串行数据信息将发送至车身控制模块,随后车身控制模块将向相应车窗开关发送串行数据信息,指令车窗按要求的方向移动。

锁止开关功能:驾驶人侧电动车窗开关包含一个车窗锁止开关,当驾驶人按下车窗锁止开关时,向车身控制模块发送串行数据信息,该模块将向后窗开关发送停用指令,将开关停用。从驾驶人侧车窗开关上的开关操作,后车窗仍将正常工作。

项目八　中央门锁构造与检修

能力目标	知识目标
能分析中央门锁及遥控门锁控制电路，查找安装位置及故障检测	描述中央门锁和遥控门锁构造、工作原理及部件的功能
诊断中央门锁及遥控门锁常见故障及排查	简述中央门锁及遥控门锁的控制电路工作过程

任务　汽车中央门锁故障排查

项目	实施步骤
客户任务	从客户处了解车辆使用情况，确认该车按下门锁开关，车门无法锁死。
任务目的	制订工作计划，并利用检测工具对电路进行性能检测，判定故障点，并排除。
项　目	实　施　步　骤
一、确认客户报修故障	附录1　维修接待与接车问诊表
二、检测仪表、工具及车辆防护工作	根据任务要求，确定需要的检测仪器、工具并对小组人员合理分工，制订详细的诊断和修复计划。 （1）需要的检测仪表、工具见表8-1。 检测仪表、工具　　　　表8-1 | 序号 | 仪表、工具名称 | 规格 | 数量 | 备注 | |---|---|---|---|---| | | | | | | | | | | | | | | | | | | （2）车辆防护。
三、根据资讯查找电器元件位置，分析电路，初步检查	（1）中央集控门锁按结构形式不同，一般可分为_____和_____。 （2）分析2013款科鲁兹中央控制门锁控制电路图（图8-7）。 （3）实车上确定各元件位置。 □S13D　　　□A23D　　　□M74D □S79D　　　□S79P　　　□A23P □S79RR　　□79LR　　　□A23LR □A23RR

续上表

	(4)细致目测电路的外部系统,检查各个相关线束、接插件及搭铁的情况,如有不良,记录表8-2。
三、根据资讯查找电器元件位置,分析电路,初步检查	检 查 表　　　　　　　　　　　表8-2 	项目	位置1	位置2	位置3
---	---	---	---
线束			
搭铁			
接插件				
四、电路检测	逐点检查电路,过程:_____ _____。 结果:_____。
五、故障部位确认和排除	根据上述的所有检测结果,确定故障内容并注明。 (1)确定的故障内容。 	□元件损坏	请写明元件名称:
□线路故障	请写明线路区间:
□其他		 (2)故障点的排除处理说明。 	□更换	□维修	□调整
---	---	---
□更换	□维修	□调整	
六、确认修复	
七、评价	评价表见表8-3。 评 价 表　　　　　　　　　　　表8-3 | 检查评价项目		完成标准	学生自评	小组评价
---	---	---	---	---
职业技能	掌握中控门锁故障诊断与排查	步骤正确规范		
技术知识	中控门锁的构造及工作原理	会描述		
	熟练分析控制电路原理图	会描述		
素质目标	安全、规范操作			
	团结、合作			
	现场5S				

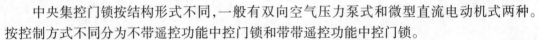

相关知识

一、中央集控门锁的组成和功能

1. 组成

中央集控门锁按结构形式不同,一般有双向空气压力泵式和微型直流电动机式两种。按控制方式不同分为不带遥控功能中控门锁和带带遥控功能中控门锁。

微型直流电动机式中控门锁利用直流电动机的正反转来实现门锁的开、关动作,如图8-1所示,主要由门锁控制开关、钥匙操纵开关、门锁总成(电动机、连杆操纵机构、门锁继电器)、车门锁止开关组成。行李舱门开启器如图8-2所示,行李舱门控制开关探测车门的开闭情况:车门打开时,门控开关接通;车门关闭时,门控开关断开。

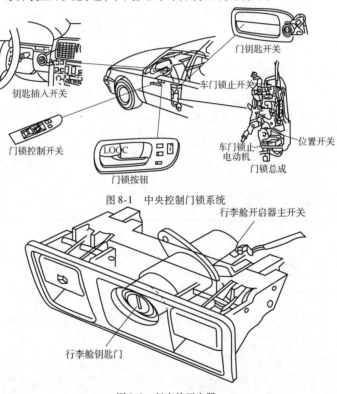

图 8-1 中央控制门锁系统

图 8-2 行李舱开启器

2. 功能

中央集控门锁可以实现下列功能:

(1)驾驶人车门锁扣按下,其他几个车门及行李舱门能自动锁定;用钥匙锁门,也可同时锁好其他车门和行李舱门。

(2)驾驶人车门锁扣拉起,其他几个车门及行李舱门能自动打开;用钥匙开门,也可实现该动作。

(3)在车室内个别车门需打开时,可分别拉开各自的锁扣。

(4)配合防盗系统实现防盗。

二、不带遥控功能中央集控门锁控制电路

1. 晶体管式门锁控制器

图 8-3 所示是一种最基本的不带遥控功能的中央集控门锁控制电路,主要由 2 个门锁开关 S_1、S_2 门锁继电器和 5 个双向直流电动机(分别控制 4 个车门和 1 个行李舱门)等组成。

(1)通过钥匙将左前门锁开关 S_1 旋至"开锁"位置时,其控制电路为:电源(+12V)→熔断器→左前门锁开关 S_1"开锁"(导通)→门锁继电器的"开锁继电器"线圈→搭铁。

上述电路导通使门锁继电器的开锁继电器动作,使其触点由图 8-3 原始位置转至右边,从而使下述电路导通:电源(+12V)→熔断器→门锁继电器的开锁继电器触点(右边位置导通)→电动机→门锁继电器的闭锁继电器的原始位置(导通)→搭铁(见图 8-3 红色线路)。上述电路导通,电动机的电路回路接通,电动机动作,完成开锁操作。

(2)通过钥匙将左前门锁开关 S_1 旋至"闭锁"位置时,其控制电路为:电源(+12V)→熔断器→左前门锁开关 S_1"闭锁"(导通)→门锁继电器的闭锁继电器的线圈→搭铁。

上述电路导通使门锁继电器的闭锁继电器动作,使其触点由图 8-3 原始位置转至左边,从而使下述电路导通:电源(+12V)→熔断器→门锁继电器的闭锁继电器的左边位置(导通)→电动机→门锁继电器的开锁继电器的原始位置(导通)→搭铁。上述电路导通,电动机的电路回路接通,但与"开锁"动作相比,通过电动机的电流方向相反,电动机动作,完成闭锁操作。

通过钥匙对右前门锁开关 S_2 的操作与上述过程相似。

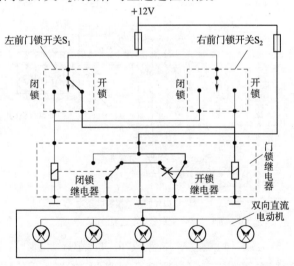

图 8-3　晶体管式门锁控制器中央集控门锁控制电路

2. 电容式门锁控制器

电容式门锁控制电路如图 8-4 所示。

该门锁控制器利用电容充放电特性,使开锁或闭锁继电器线圈产生电磁力,接通执行机构电磁线圈,完成开锁或闭锁动作。平时电容器充足电,工作时把它接入控制电路使电路放电,使两电路中之一通电而短时吸合。电容器完全放电后,通过继电器的电容中断而使其触点断开,门锁系统不再工作。

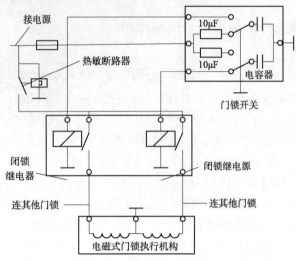

图 8-4 电容式门锁控制器中央集控门锁控制电路

3. 车速感应式门锁控制器

车速感应式门锁控制电路如图 8-5 所示。在中央集控门锁系统中加载车速为 10km/h 的感应开关,当车速在 10km/h 以上时,若车门未上锁,驾驶人不需动手,则门锁控制器自动将门上锁。如果个别车门要自行开门或锁门可分别操作。

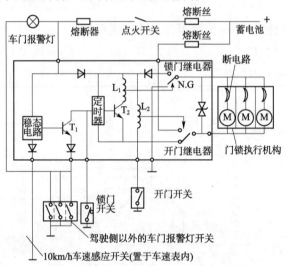

图 8-5 车速感应式门锁控制器中央集控门锁控制电路

(1)驾驶侧以外三门未锁使三车门报警灯开关闭合,在点火开关接通时,电流流经报警灯指示灯亮。

(2)按下锁门开关,定时器三极管 T_2 导通,三极管 T_2 导通期间,锁定继电器线圈 L_1 通电,动合触点闭合,门锁执行机构通正向电流,执行锁门动作。

(3)按下开门开关,则开锁继电器线圈 L_2 通电,动合触点闭合,门锁执行机构通反向电流,执行开门动作。

(4)汽车行驶时,车门未锁,且车速低于 10km/h 时,置于车速表内的 10km/h 车速感应开关闭合,此时稳态电路不向三极管 T_1 提供基极电流,当行车速度高于 10km/h 时,车速感应开关断开,此时稳态电路给三极管 T_1 提供基极电流,T_1 导通,定时器触发端经 T_1 和车门报警开关搭铁,如同按下锁门开关一样,使车门锁定,从而保证行车安全。

4. 中央集控门锁的常见故障

中央集控门锁使用中常出现的故障和故障点的分析汇总见表 8-4。

中央集控门锁的故障分析　　　　　　　　　　　表 8-4

故 障 现 象	故 障 原 因
操纵门锁控制开关,门锁均不动作	中央门锁电源电路或搭铁损坏
操纵门锁控制开关,不能锁门或不能开门	门锁控制开关接触不灵,门锁继电器接触不良
操纵门锁控制开关,某个车门锁不动作	门锁电动机损坏,门控电动机线束断路或松脱,连杆操纵机构损坏

三、带遥控功能的中央集控门锁控制电路

带遥控的中央集控门锁的功能是指不用把钥匙键插入锁孔中就可以远距离开门和锁门。

其基本原理是:从车主身边发出微弱的电波,由汽车天线接收该电波信号,经电子控制器 ECU 识别信号代码,再由该系统的执行器(电动机或电磁经理圈)执行启/闭锁的动作。发射机和接收机是完成遥控功能的主要组成部分。

现在安装的中控锁一般为遥控型,配一个遥控板匙,能随意控制 4 个车门和行李舱门的开关,十分方便,只需轻轻按一下遥控器就行了,任何轿车都可以安装中控锁,电压要求为 12V,而用于货车的中控锁则要求 24V 电压。图 8-6 所示为上海别克轿车遥控电动中央集控门锁控制电路,主要由身控制模块(BCM)、驾驶人侧(左前门)开锁继电器、门锁电动机和遥控装置等组成。遥控装置包括遥控发射器和接收器。

1. 遥控开启驾驶人侧(左前门)门锁操作电路

按下遥控发射器的驾驶人侧(左前门)门锁开启开关,安装在仪表板上的遥控信号接收器接收信号并对信号进行分析判断,判断无误后将信号输出给 BCM,BCM 发出指令给左前车门开锁三极管,三极管导通使驾驶人侧(左前门)开锁继电器的线圈电路导通,其电路为:电源→熔断丝盒中的熔断丝(20A)→驾驶人侧(左前门)开锁继电器的线圈→搭铁。

上述电路导通使驾驶人侧(左前门)开锁继电器的触点闭合(左移),使左前门锁电动机的电路导通,其电路回路为:电源→熔断丝盒中的熔断丝(20A)→驾驶人侧(左前门)开锁继电器的触点(导通)→左前门锁电动机→闭锁继电器(图 8-6 始位置导通)→搭铁(见图 8-6 红色线路)。该电路导通使左前门锁电动机动作,完成对左前门的门锁开启操作。

2. 遥控开启右前门的门锁操作电路

按下遥控发射器的右前门门锁开启开关,安装在仪表板上的遥控信号接收器接收信号并对信号进行分析判断,判断无误后将信号输出给 BCM,BCM 发出指令给右前门开锁三极管,三极管导通使开锁继电器的线圈电路导通,其电路为:电源→开锁继电器的线圈→右前门开锁三极管(导通)→搭铁。

上述电路导通使开锁继电器的触点闭合(左移),使除左前门外的其他所有的 3 个门的门锁电动机的电路导通,其电路回路为:电源→熔断丝盒中的熔断丝(20A)→开锁继电器的触点(导通)→门锁电动机→闭锁继电器(图 8-6 中的原始位置导通)→G_{201}(搭铁)。该电路导通使除左前门外的其他所有的 3 个门的门锁电动机动作,完成对门锁的开启操作。

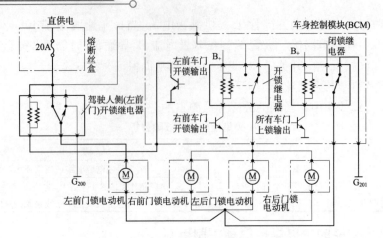

图8-6 上海别克轿车遥控电动中央集控门锁控制电路

3. 遥控闭锁的操作电路

按下遥控发射器的闭锁开关,安装在仪表板上的遥控信号接收器接收信号并对信号进行分析判断,判断无误后将信号输出给 BCM,BCM 发出指令给所有车门上锁三极管,三极管导通使闭锁继电器的线圈电路导通,其电路为:电源→闭锁继电器的线圈→所有车门上锁三极管(导通)→搭铁。

上述电路导通使闭锁继电器的触点闭合(左移),使所有门锁电动机的电路导通。

左前门锁电动机的电路回路为:电源→熔断丝盒中的熔断丝(20A)→闭锁继电器的触点(导通)→左前门锁电动机→驾驶人侧(左前门)开锁继电器(图 8-6 中的原始位置导通)→G_{200}(搭铁)。该电路导通使左前门锁电动机动作,完成对左前门的门锁锁定操作。

其他 3 门的门锁电动机的电路回路为:电源—熔断丝盒中的熔断丝(20A)→闭锁继电器的触点(导通)→右前门(左后门、右后门)门锁电动机→开锁继电器(图 8-6 中的原始位置导通)→G_{200}(搭铁)。该电路导通使右前(左后、右后)门锁电动机动作,完成对相应的门锁锁定操作。

4. 遥控门锁的常见故障

遥控门锁使用中常出现的故障和故障点的分析汇总见表 8-5。

遥控门锁的故障分析   表 8-5

故 障 现 象	故 障 原 因
遥控控制功能不工作	遥控器电池缺失
	发射器损坏
	熔断丝损坏
	钥匙
	门锁继电器总成损坏
	门锁和防盗 ECU 损坏
	线束损坏

图 8-7 是 2013 款科鲁兹门锁控制图,2013 款科鲁兹门锁控制具有以下功能。

项目八　中央门锁构造与检修

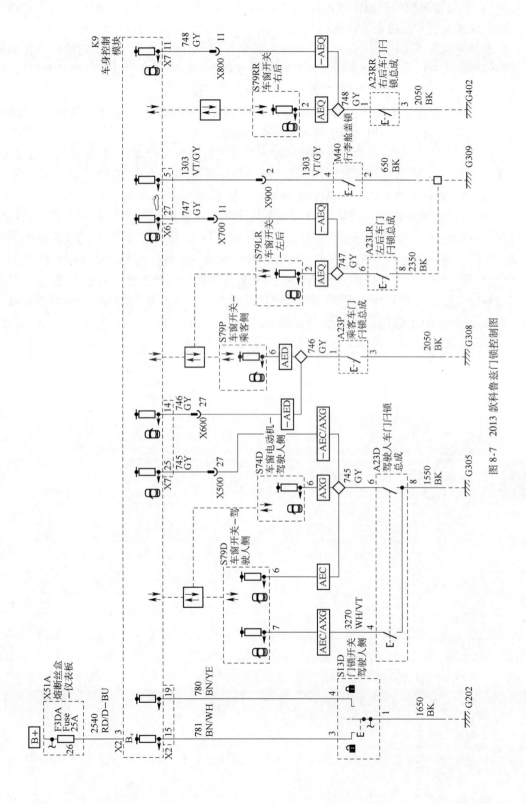

图 8-7　2013 款科鲁兹门锁控制图

(1)车门锁定和解锁操作:当门锁开关在锁定或解锁位置时,车身控制模块将在门锁开关锁定或解锁信号电路上接收到一个搭铁信号。

车身控制模块接收到门锁开关锁定或解锁信号后,将向门锁执行器锁定或解锁控制电路提供蓄电池电压。由于锁止执行器的对侧通过其他锁止执行器控制电路连接至搭铁,所以车门、燃油加注口门和举升门将按指令进行锁止或解锁。

以下3个电路用于操作门锁:驾驶人车门解锁、乘客车门解锁、所有车门锁定,驾驶人车门锁执行器已隔离,可使用无钥匙进入发射器自解锁。

自动车门锁定操作:该功能可根据驾驶人喜好进行个性化设置;如果出现以下情况,则车身控制模块将自动锁定车门,所有车门关闭,将点火开关置于"ON(打开)"位置,车辆移出驻车挡,当车辆挂回驻车挡时,车身控制模块将解锁车门。

(2)延时落锁操作:任一车门打开且一个门锁开关在锁止位置启动时,车身控制模块将发出3声蜂鸣音。当车门关闭时,车身控制模块在大约5s后,切换内部车门锁止继电器以锁止车门。再次激活该门锁开关即可撤销此功能,即使一个车门打开,所有车门也将锁止。

(3)防止锁在车外的操作:如果车门打开并且点火钥匙完全插入点火开关内,则车身控制模块将启用门锁开关,锁止所有车门并解锁驾驶人车门。如果从无钥匙进入系统接收到一个锁止指令,防止锁在车外功能可被撤销。

项目九　电动座椅构造及检修

学习目标

能力目标	知识目标
能分析电动座椅的控制电路,查找各元件的安装位置及故障检测	正确描述电动座椅的组成、工作原理及各元件作用
能正确诊断常见故障及排除	简述电动座椅控制电路的工作过程

任务1　电动座椅无调整动作故障检测与修复

客户任务	雷克萨斯轿车,电动座椅无调整动作
任务目的	制订工作计划,对电动座椅组成进行检测,确定故障原因并维修
步　骤	实　施　内　容
一、确认客户报修故障	附录1　维修接待与接车问诊表
二、检测仪表、工具及车辆防护工作	根据任务要求,确定需要的检测仪器、工具并对小组人员合理分工,制订详细的诊断和修复计划。 (1)需要的检测仪表、工具见表9-1。 检测仪表、工具　　　　　　　　　　表9-1 | 序号 | 仪表、工具名称 | 规格 | 数量 | 备注 | | --- | --- | --- | --- | --- | | | | | | | | | | | | | | | | | | | | | | | | | (2)车辆防护。
三、根据资讯查找电器元件位置,分析电路,初步检查	(1)电动座椅一般由_____、_____和_____组成。 (2)电动座椅8个方向调节位置一般是_____调节、_____调节、_____和_____调节。 (3)图9-4b)中,分别对座椅后端进行上、下调节时,检测A6的电位(是□/否□)相等。

续上表

三、根据资讯查找电器元件位置,分析电路,初步检查	(4)图9-7中,电动机没有动作时,电动机两端通过_____搭铁。电机中设置断路器的作用是_____,_____、_____、_____电动机的控制开关联为_____组合开关,而_____是单独设置。 (5)可调座椅加热系统,是通过改变电路_____的大小来实现的。 (6)分析雷克萨斯LS400轿车电动座椅控制电路(图9-7)。 (7)实车上确定各元件位置。 | □电动座位开关	□腰垫开关	□DOOR断路器 | |---|---|---| | □滑动电机 | □前垂直电机 | □倾斜电机 | | □后垂直电机 | □腰垫电机 | □保险丝 | (8)细致目测电路的外部系统,检查各个相关线束、接插件及搭铁的情况,如有不良,记录表9-2。 检 查 表　　　　　　　　表9-2 | 项目 | 位置1 | 位置2 | 位置3 | |---|---|---|---| | 线束 | | | | | 搭铁 | | | | | 接插件 | | | |
四、电路检测	电路检测见表9-3。 电 路 检 测　　　　　　　　表9-3 | 检查项目 | 技 术 状 况 | | | |---|---|---|---| | | 标准值(要求) | 测量值(现状) | 评　价 | | 蓄电池电压的检查 | | | □合格　□不合格 | | 熔断丝两端电阻 | | | □合格　□不合格 | | 各控制开关间电阻 | | | □合格　□不合格 | | 检查搭铁 | | | □合格　□不合格 | | 检查各电动机 | | | □合格　□不合格 | | 电路通断检查 | | | □合格　□不合格 | 结果:
五、故障部位确认和排除	(1)确定的故障内容。 | □元件损坏 | 请写明元件名称: | |---|---| | □线路故障 | 请写明线路区间: | | □其他 | |

续上表

	(2)故障点的排除处理说明。			
	☐更换	☐维修		☐调整
	☐更换	☐维修		☐调整
六、确认修复				
七、评价	评价表见表9-4。			

评价表　　　　　　　表9-4

	检查评价项目	完成标准	学生自评	小组评价
职业技能	分析电动座椅的控制电路,查找各元件的安装位置及故障检测	正确规范完成		
	掌握中控门锁故障诊断与排查	步骤正确规范		
技术知识	电动座椅的组成、工作原理及各元件作用	会描述		
	电动座椅控制电路的工作过程	会分析		
素质目标	安全、规范操作			
	团结、合作			
	现场5S			

一、概述

电动座椅是指以电动机为动力,通过传动装置和执行机构来调节座椅的各种位置,使驾驶人便于操作,使驾驶人和乘客乘坐舒适和安全。

1. 电动座椅应满足的要求

(1)座椅在车厢内的布置要合适,尤其是驾驶人的座椅,必须处于最佳的驾驶位置。

(2)按人体工程学的要求,座椅必须具有良好的静态与动态舒适性。其外形必须符合人体生理功能,在不影响舒适性的前提下,力求美观大方。

(3)座椅应采用最经济的结构,尽可能地减少质量,座椅是支撑和保护人体的构件,必须十分安全可靠,应具有充分的强度、刚度与耐久性。

(4)对可调的座椅,要有可靠的锁止机构,以保证安全。

(5)座椅应有良好的振动特性,能吸收从车厢地板传来的振动。座椅应具有各种调节机构,以便适应不同驾驶人、乘客在不同条件下获得最佳驾驶位置与提高乘坐舒适性。

2. 座椅的调节

座椅有多种调节功能,全程移动所需时间为8～10s。座椅的前后调节量一般为100～

160mm,座椅的上下调节量为 30～50mm;座椅可以实现座位前部的上下调节、靠背的倾斜调节、侧背支撑调节、腰椎支撑调节、靠枕上下调节、靠枕前后调节。

二、电动座椅

1. 组成

如图 9-1 所示,电动座椅一般由永磁式双向直流电动机、传动机构和控制电路组成。

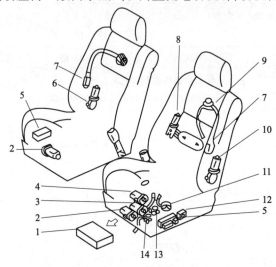

图 9-1　电动座椅组成

1-电动座椅 ECU;2-滑动电动机;3-前垂直电动机;4-后垂直电动机;5-电动座椅开关;6、10-倾斜电动机和位置传感器;7-头枕电动机;8-腰垫电动机;9-位置传感器(头枕);11-位置传感器(后垂直);12-腰垫开关;13-位置传感器(前垂直);14-位置传感器(滑动)

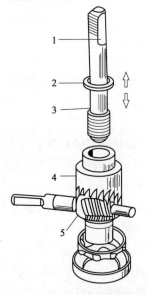

图 9-2　上下调整机构

1-铣平面;2-止推垫片;3-芯轴;4-蜗轮;5-蜗杆

1)永磁式双向直流电机

电动座椅使用永磁式双向直流电动机(内装短路器),通过开关控制使电动机可按不同方向旋转;其设置数量取决于电动座椅可调节的方向数目。

2)传动机构

传动机构主要由变速器、联轴器、软轴、螺纹千斤顶或齿轮传动机构组成。通过传动机构可将电动机的旋转运动改变为前后、上下等方向的运动,以改变座椅的空间位置。蜗轮蜗杆机构因具有较大的传动比和良好的自锁性而常被作为电动座椅的传动机构。

上下调整机构:由蜗杆、蜗轮、芯轴等组成,如图 9-2 所示。工作时,电动机通过挠性驱动轴驱动蜗杆旋转,从而带动蜗轮转动,蜗轮转动带动芯轴旋转,实现座椅的上下移动。止推垫片限制了座椅的上调极限,当调整行程达到上调、下调极限位置时,挠性驱动轴停止转动,此时若电动机仍在旋转,则其动力会被挠性驱动轴吸收,防止了电动机的过载。

前后调整机构:前后调整机构由蜗杆、蜗轮、齿条、导轨等组成,如图9-3所示。齿条安装在导轨上。工作时,电动机转矩经蜗杆传至两侧的蜗轮上,经导轨上的齿条,带动座椅前后移动。

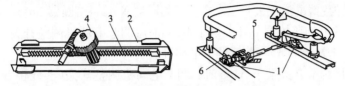

图9-3 前后调整机构

1-支撑及导向元件;2-导轨;3-齿条;4-蜗轮;5-位置传感器;6-电动机

3)电动座椅的控制电路

图9-4所示为广州本田雅阁轿车驾驶席电动座椅的控制电路,图9-4a)中它具有8种可调方式:前端上下调节;后端上下调节;前后调节;靠背倾斜调节。

电路中的调整开关为双投掷式开关,图9-4b)中实线为开关的原始位置。通过控制该开关即可完成不同方向的调整功能。下面以电动座椅的前后调节为例说明其控制和工作过程。

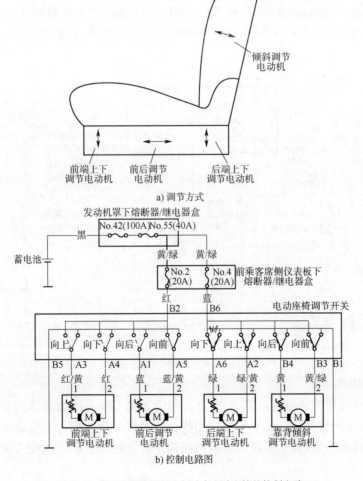

图9-4 广州本田雅阁轿车驾驶席电动座椅的控制电路

当电路中的双投掷式开关处于原始位置时,永磁式双向直流电动机的电路未被接通,电动机不工作。

前后调节电动机的电动座椅调整开关处于"向前"位置,调整开关处于"向前"位置(图中虚线)时,电路为:蓄电池正极→发动机罩下熔断器 No42→熔断器 No55→前乘客席侧仪表板下熔断器 No2→电动座椅调节开关端子 B2→前后调节电动机调整开关(虚线位置接通)→电动座椅调节开关端子 A5→前后调节电动机端子 2→前后调节电动机→前后调节电动机端子 1→电动座椅调节开关端子 A1→前后调节电动机调整开关(实线位置接通)→搭铁→蓄电池负极。

上述电路导通,使前后调节电动机工作,通过传动机构实现座椅的向前移动。调整完毕,双投掷式开关恢复到原始位置(图9-4中实线位置)。

其他电路的控制调整功能与其类似。

2. 电动座椅的加热系统

电动座椅的加热系统使乘员座更急舒服,可分为不可调加热系统和可调加热系统。

1) 不可调的加热系统

图9-5的电路可以对驾驶人、副驾驶人的座椅及靠背同时加热或分别加热,座椅与靠背加热线圈是并联;当加热丝工作时,对应的指示灯亮;为提高车内乘员舒适度,加热丝串联了两个温度控制器:①50℃±5℃断开,30℃±5℃接通;②43℃±5℃断开,23℃±5℃接通。

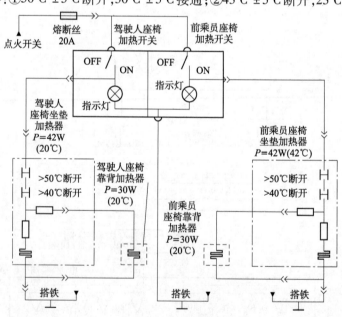

图9-5 座椅加热系统电路原理图

2) 可调的加热系统

图9-6的座椅加热速度可以调节,驾驶人和副驾驶人座椅的加热器和加热控制开关相同。其中 HI 表示高位加热,LO 表示低位加热。该座椅加热系统可以单独对驾驶人侧或副驾驶人侧的座椅进行加热,也可以同时对两座椅进行加热。下面以驾驶人侧的座椅加热器为例,分析其工作过程。

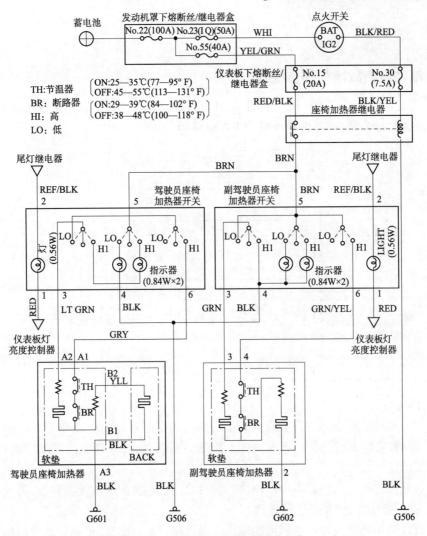

图 9-6 本田雅阁轿车座椅加热系统电路

当加热器开关断开时,加热系统不工作。

当加热器开关处于"HI"位置时,电流首先经过点火开关给座椅加热器的继电器线圈通电,继电器开关闭合。此时,加热器的电路为:

蓄电池+→熔断丝→继电器开关→加热器开关端子5,然后电流分为三个支路:一路经指示灯→继电器端子4→搭铁,指示灯亮;另一路经加热器开关端子6→加热器端子A1→节温器TH→断路器BR→靠背线圈→搭铁;还有一路经加热器开关端子6→加热器端子A1→节温器TH→断路器BR→坐垫线圈→加热器端子A2→加热器开关端子3→加热器端子开关4→搭铁。此时,靠背线圈和坐垫线圈并联加热,加热速度较快。

当加热器开关处于"LO"位置时,电流流向为:蓄电池+→熔断丝→继电器开关端子5,然后分为两个支路:一路经指示灯→加热器端子4→搭铁,低位指示灯亮;另一路经加热器开关端子3→加热器端子A2→加热器坐垫线圈→加热器靠背线圈搭铁。此时,靠背线圈和坐垫线圈串联加热,电路中电流较小,加热的速度较慢。

知识拓展

一、电动座椅故障的初步检查

图9-7是雷克萨斯LS400轿车电动座椅电路控制图,电路有5个开关分别控制5个电动机,开关均为常搭铁结构,每个电动机均设有断路器。

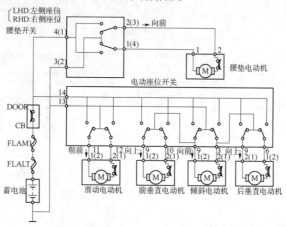

图9-7　雷克萨斯LS400轿车电动座椅电路控制图

针对电动座椅故障的初步检查,通常应检查易损件、导线,以及通过进行操作以确认故障的可能部位等。

（1）对易损件的检查。首先检查仪表板熔断丝与熔断丝盒内电动座椅的熔断丝是否熔断。如果熔断,应检查电路是否有短路处。排除短路点以后,才可更换新的熔断丝,否则又会熔断熔断丝。

（2）对配线的检查。应检查电动座椅各部件之间的连接配线有无断路处、有无绝缘层破损现象。发现异常后,应及时进行处理。

（3）通过操作判断故障产生的可能原因。通过操作电动座椅,根据常见故障的现象判断故障产生的可能原因。

①如果一个座椅调节器比另一个座椅调节器先到达最大水平位置或最大垂直位置,则可能为两座椅调节器不同相,应对其进行适当的调整。

②如果电动座椅不能水平或垂直移动,或水平和垂直两个方向均不能移动,则可能为座椅调节器电动机损坏,或控制电路有故障。

③如果电动座椅垂直移动迟缓或卡滞,则可能为垂直执行器与齿条之间配合不良或污垢过多,也可能为顶板总成有松动现象。

④如果一个座椅调节器不能垂直移动,则可能为垂直驱动钢丝脱开或折断,也可能是垂直执行器未工作所致。

⑤如果电动座椅水平移动迟缓或卡滞,则可能为水平执行器与齿条间配合不良或污垢过多,也可能是顶板总成有松动现象。

⑥如果一个座椅调节器不能水平移动,则可能为水平驱动钢丝脱开或折断,也可能是水平执行器未工作。

⑦如果电动座椅水平移动不平稳,则可能为水平执行器工作不良。

(4)电动开关的检查。电动座椅的开关接触不良,会造成电动座椅调整失效或不灵。

①利用维修手册上的电动座椅连通性图表来检测开关的连通性。

②如果开关损坏,则应更换同型号的电动座椅开关。

(5)控制电路的检查。电动座椅的控制电路,若有断路或短路现象,均造成电流不能通过电动机,使电动座椅调整失效。可按断路或短路的故障,仔细检查并排除故障。

(6)电动机的检查。电动座椅的电动机失灵,如电刷磨损、转子与定子断路、短路等故障,均可能使电动机不能正常工作。

二、电动座椅的调整方法

电动座椅的调整主要是对其水平行程或垂直行程的调整,以使两座椅调节器同相。

(1)垂直行程的调整。先垂直移动座椅,当一个座椅调节器在其前后垂直行程极限上均到达最靠上的位置时,从该座椅调节器上脱开其前后垂直驱动钢丝。

然后再垂直移动座椅,直到个座椅调节器也到达最靠上的位置后,再接上脱开的前后垂直驱动钢丝,并使两座椅调节器同相即可。

(2)水平行程的调整。先水平移动座椅,当一个座椅调节器在其水平行程极限上到达最靠前的位置时,从该座椅调节器上脱开水平驱动钢丝。

然后再水平移动座椅,直到另一个座椅调节器也到达最靠前的位置后,再接上脱开的水平驱动钢丝,并使两座椅调节器同相即可。

三、电动座椅故障诊断思路

电动座椅常见故障的诊断方法见表9-5。

电动座椅常见故障诊断思路   表9-5

常见故障	故障原因	故障诊断思路
电动座椅无调整动作	(1)熔断丝被烧断; (2)开关故障; (3)电动机故障; (4)搭铁连接不良; (5)控制电路连接不良; (6)传动机构故障	(1)熔断丝被烧断。检查熔断丝,必要时更换并排除烧断熔断丝的原因。 (2)开关接触不良。电动座椅的开关接触不良,会造成电动座椅调整失效或不灵。检测时若发现导通状态不符合标准,则应修理或更换电动座椅的开关。 (3)控制电路故障。根据电路图检查电动座椅的控制电路,若有断路、短路或搭铁不良现象,均会使电流不能通过电动机,使电动座椅调整失效。修复线路,故障即可排除。 (4)电动机故障。电动座椅的电动机失灵,如电刷磨损及转子定子断路、短路等,均会使电动机不能正常工作。若电动机有故障,则应修理或更换
电动座椅间歇性调整动作	(1)开关故障; (2)电动机故障; (3)搭铁连接不良; (4)控制电路连接不良; (5)连杆故障	
电动座椅调整动作慢	(1)控制电路电阻值大; (2)电动机故障; (3)搭铁连接不良; (4)连杆故障; (5)传动机构故障	

任务 2　带储存功能的电动座椅故障检测与修复

客户任务	自动电动座椅无调整动作。
任务目的	制订工作计划,对电动座椅组成进行检测,确定故障原因并维修。
步　骤	实　施　内　容
一、确认客户报修故障	附录 1　维修接待与接车问诊表
二、检测仪表、工具及车辆防护工作	根据任务要求,确定需要的检测仪器、工具并对小组人员合理分工,制订详细的诊断和修复计划。 (1)需要的检测仪表、工具见表 9-6。 **检测仪表、工具**　　　　　　表 9-6 | 序号 | 仪表、工具名称 | 规格 | 数量 | 备注 | |---|---|---|---|---| | | | | | | | | | | | | | | | | | | (2)车辆防护。
三、根据资讯查找电器元件位置,分析电路,初步检查	(1)如图 9-8 所示,自动电动座椅一般由_____、_____、_____、_____、_____组成,中腰垫前后调节时通过_____、_____直接控制的,_____存储功能。 (2)座椅位置传感器有两种形式,分别是_____、_____,工作原理分别是_____。 (3)分析图 9-8 控制电路。 (4)实车上确定各元件位置。 | □自动座椅开关 | □腰垫开关及电动机 | □倾斜和伸缩 ECU | |---|---|---| | □自动座椅位置传感器 | □自动座椅电动机 | □车外后视镜 ECU |

续上表

三、根据资讯查找电器元件位置,分析电路,初步检查	(5)细致目测电路的外部系统,检查各个相关线束、接插件及搭铁的情况,如有不良,记录表9-7。 检 查 表　　　　　　　表9-7 | 项目	位置1	位置2	位置3
---	---	---	---
线束			
搭铁			
接插件				
四、电路检测	电路检测见表9-8。 电 路 检 测　　　　　　　表9-8 | 检查项目	技 术 状 况		
---	---	---	---
	标准值(要求)	测量值(现状)	评价
蓄电池电压的检查			□合理　□不合格
熔断丝两端电阻			□合理　□不合格
自动座椅位置传感器端子电位			□合理　□不合格
自动座椅电动机搭铁			□合理　□不合格
自动座椅开关端子电位			□合理　□不合格
腰垫开关			□合理　□不合格
腰垫电动机			□合理　□不合格
电路通断检查			□合理　□不合格	 结果:
五、故障部位确认和排除	根据上述的所有检测结果,确定故障内容并注明。 (1)确定的故障内容。 	□元件损坏	请写明元件名称:
□线路故障	请写明线路区间:
□其他	| (2)故障点的排除处理说明。 | □更换	□维修	□调整
---	---	---
□更换	□维修	□调整	

续上表

	检查评价项目	完成标准	学生自评	小组评价
六、确认修复				
七、评价	评价表见表9-9。 评 价 表 表9-9			
	职业技能 跟据控制电路,判断故障点	正确分析		
	职业技能 能进行带存储电动座椅故障排查	步骤正确规范		
	技术知识 带存储电动座椅组成、电路分析	会描述		
	素质目标 安全、规范操作			
	素质目标 团结、合作			
	素质目标 现场5S			

一、带存储功能的电动座椅

带存储功能的电动座椅采用了微机控制,它能将选定的座椅调节位置进行存储,使用时只要按相应的按键及开关,座椅就会自动调整到预先选定的位置上。

图9-8所示为一种带存储功能的电动座椅控制系统的组成,该系统通过座椅位置传感器来检测座椅位置,在座椅位置调定并按下存储器的相应按钮后,微型计算机就将该位置信号存储在存储器内,作为以后调整座椅位置的依据。需要时,只要一按相应的存储按钮,就能按存储时的状态来调整座椅位置。

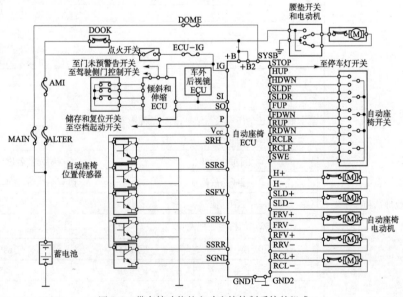

图9-8 带存储功能的电动座椅控制系统的组成

图9-8中,自动座椅ECU:控制自动座椅的电流的通断、存储执行和复位动作,接收自动座椅开关的输入信号后,ECU内部继电器动作,控制自动座椅运动。座椅的存储及复位由电动机的倾斜和伸缩ECU和座椅ECU之间的相互联系控制。

自动座椅开关:接通时,向ECU输入滑动、前垂直、后垂直、倾斜或头枕位置信号。

位置存储和复位开关:通过倾斜和伸缩ECU将记忆和复位信号输送给座椅ECU。

腰垫开关:接收DOOR CB的电源,直接控制腰垫电动机的转向和电流的通断,该开关不接ECU,而且调整位置不能存储在复位的存储器中。

位置传感器:传感器的信号将每一个电动机(滑动、前垂直、后垂直、倾斜和头枕)位置信号送至ECU,提供存储与复位。

电动机:自动座椅ECU或腰垫开关的电流驱动电动机,完成座椅各方向的调节。电动机内具有电路断路器。

图9-8中接线端子名称见表9-10。

座椅ECU连接端子名称 表9-10

代号	端子名称	代号	端子名称	代号	端子名称
GND	搭铁	SYSB	电源	SO	串行通信
H+	头枕电动机(向上)	—	—	SGND	传感器搭铁
SLD+	滑动电动机(向前)	SSRH	头枕传感器	HUP	头枕开关(向上)
FRV+	前垂直电动机(向上)	—	—	SLDE	滑动开关(向前)
RRV+	后垂直电动机(向上)	—	—	RCLR	倾斜开关(向后)
+B	电源	—	—	FUP	前垂直开关(向上)
GND2	搭铁	SI	串行通信	RUP	后垂直开关(向上)
H_	头枕电动机(向下)	P	空挡起动开关	SWE	手动开关搭铁
SLD−	滑动电动机(向后)	VCC	位置传感器电源	HDWN	头枕开关(向下)
BCL−	倾斜电动机(向上)	IG	点火开关	SLDR	滑动开关(向后)
RCL+	倾斜电动机(向下)	SSRR	倾斜传感器	RCLF	倾斜开关(向前)
FRV−	前垂直电动机(向下)	SSRV	后垂直传感器	—	—
Rrv−	后垂直电动机(向下)	SSFV	前垂直传感器	FDWN	前垂直开关(向下)
+B2	电源	SSRS	滑动传感器	RDWN	后垂直开关(向下)
STOP	停车灯	—	—	—	—

图9-9是自动座椅电子控制系统电路图,由位置传感器、电子控制器(ECU)和执行机构的驱动电动机组成。传感器包括位置传感器、后视镜传感器、安全带扣环传感器以及转向盘倾斜传感器;执行器有座椅调整、后视镜调整、安全带扣环以及方向倾斜调整等电动机。

1. 座椅位置传感器

座椅位置传感器有两种形式:一种是滑动电位器式,如图9-10所示;另一种是霍尔式,如图9-11所示。

滑动电位器式位置传感器主要由座椅电动机驱动齿轮、电阻丝及滑块组成。工作原理是:当电动机驱动座椅的同时,也驱动齿轮2带动螺杆,驱动滑块1在电阻丝3上滑动,从而将座椅位置信号转变成电压信号输入给ECU。

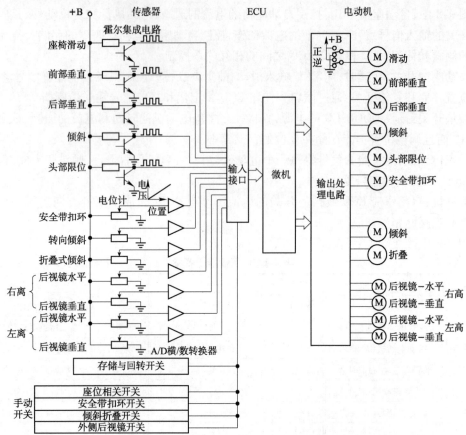

图 9-9 自动座椅电子控制系统电路原理图

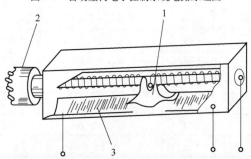

图 9-10 滑动电位器式自动座椅位置传感器的结构图
1-滑块；2-齿轮(电动机驱动)；3-电阻丝

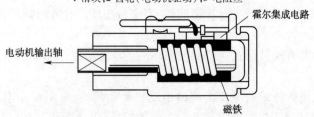

图 9-11 霍尔式自动座椅位置传感器的结构图

霍尔位置传感器主要由磁铁、霍尔集成电路组成。永久磁铁安装在电动机驱动的转轴上,由于转轴的旋转而引起通过霍尔元件磁通量的变化,从而霍尔元件产生电压,再经霍尔集成电路进行放大并处理,然后取出旋转的脉冲输入 ECU。

2. 自动座椅位置记忆与复位的原理

图 9-12 为自动座椅位置的记忆与复位的控制流程图。当座椅滑动量约为 240mm,位置传感器的霍尔集成电路对应约为 0.6mm 滑动量时,输出一个脉冲。利用存储与复位开关进行存储操作,若座椅调整后,按下此开关,ECU 内存的脉冲计数器便调至为零,以此存储座椅状态,并作为座椅和传感器位置信号计数的基准,即座椅位置在此前,脉冲数大于 0,在此后,脉冲数小于 0。随后若未采用复位功能自动调节,而是从手动开关输入,电动机正转或反转,座椅在此基准位置上向前或向后移动,ECU 对位置传感器输出的脉冲进行计数。对于输出脉冲,当给电动机提供正转信号时脉冲做加法计数,座椅前移,而反转时脉冲做减法计数,座椅后移。可以获知当前传感器滑动的位置和调置时座椅的相对位置,但只要不按下存储与复位开关,ECU 便将此位置脉冲数进行存储(若按下,调置为零。若下次仍是手动开关输入,ECU 便将内存的脉冲数进行加减计数运算,随后存储一个新的脉冲数作为当前内存)。

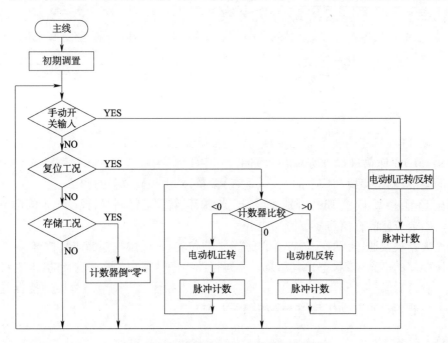

图 9-12　自动座椅位置记忆与复位控制流程图

利用存储器于复位开关进行重复操作时,若 ECU 内存的脉冲数大于零,则当前位置位于存储位置的前侧,所以电动机反转,座椅向后方移动,这一动作一直持续到 ECU 计数脉冲数为零时,即一直到达存储位置为止;若 ECU 内存的脉冲数小于零,则座椅向前侧移动,直到 ECU 计数脉冲数为零,到达存储位置为止。

位置传感器采用电位计方式时,输出模拟电压,利用模/数转换器,进行数据变换处理。利用电位计可以检测实际移动的位置,该计数器的比较电路与前述不同,但其控制流程相同。

二、自动座椅的使用与检测

图 9-13 所示为一种汽车动座椅控制装置在车上的布置示意，图 9-13a）为安装在驾驶人座椅左侧的存储/复位开关和调整开关，如果两人驾驶或两人交换座位并带存储时，可利用此处的开关进行单键操作，以恢复自身座位的功能。在按住"SET"开关的同时，按住存储与复位开关 1 和 2，ECU 就把座椅各调整位置进行存储，其前提条件是将自动变速器的选挡杆置于停车挡"P"位，否则调整电路不能接通。

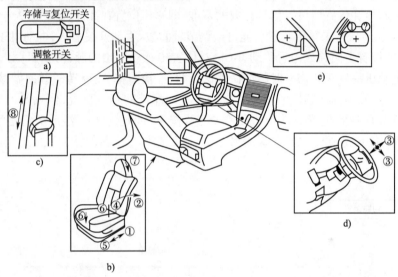

图 9-13　诊断座椅的操纵使用图

图 9-13b）是座椅进行自动调整示意阁。其中①、⑤为座椅前后水平调整，②、④为靠背倾斜角的调节，⑥是座椅和扶手的上下（垂直）调整，⑦为头枕位置的调整。

图 9-13c）、9-13d）、9-13e）分别表示安全带扣环、转向盘倾斜、后视镜位置的调节。

自动座椅位置的存储与复位情况如下：

当点火开关接通，自动变速器选挡杆置于"P"位时，只要按住存储与复位开关 1 或 2，即可重复被存储的信息（或状态），其重复过程是按图中序号①~⑦顺序进行的，即先将座椅向后滑动→靠背后倾→转向盘上下倾斜→座椅和安全带扣环上下调节→座椅头枕位置上下调整（注：外后视镜的重复动作与①~⑦的顺序无关）。

自动电动座椅主要部件的检测

自动电动座椅的主要部件有：调节开关、调节电动机、位置传感器和电控单元（ECU）等。

1. 调节电动机的检测

对电动座椅调节电动机的检测应先将其从座椅上拆下来才能进行，其检测方法如下：

（1）当将电动座椅调节电动机处于某一种调节状态时，检测各端子与电源之间的连接情况应符合要求。

分别用导线将电动机连接器的相应两个端子与蓄电池的正、负极相连接，检查电动机工作情况。必须注意的是,当电动机通电后不转,或有异常响声,均应立即停止检测。

(2)如检测到某个调节电动机不运转或运转不平稳,则拔下该电动机上的两芯连接器,直接将蓄电池正、负极用导线与该电动机连接,进行通电检测。如此时电动机运转无问题,则为调节电动机两芯插座之间的导线可能有断路、搭铁或接触不良现象。

(3)如单独对电动机通电后仍不运转或运转不正常,说明该电动机有故障,则应更换新件。

2. 调节开关的检测

对电动机调节开关的检测,也应将其从驾驶人座椅处拆下。用万用表检测连接器各端子之间的导通状态,即可判断调节开关的好坏。

3. 位置传感器的检测

(1)拆下电动座椅 ECU。首先拆下驾驶人座椅,然后拆下前垂直调节器上的螺栓并将坐垫略微抬高(一定要注意,不能将坐垫抬得过高,否则线束会被拉出,夹箍可能会松动)。坐垫抬高后,可以从坐垫下面的固定处随连接器一起拆下电动座椅 ECU。

(2)位置传感器检查。将电动座椅 ECU 的端子 CHK 连接到车身(搭铁),使 ECU 进入检查状态。用示波器测量电动座椅 ECU 的端子 S 与车身搭铁之间的电压波形。当示波器显示图 9-14 所示电压波形时,表示"已准备好"了;然后接通电动座椅开关,用示波器检查座椅移动时的电压波形变化,如示波器显示如图 9-14b)所示电压波形,表示输入信号正常,相应的位置传感器无故障;如示波器显示图 9-14c)所示电压波形,表示输入信号不正常,相应的位置传感器有故障,应更换位置传感器。

在进行该项检查时,当座椅移动到极限位置(例如头枕移到最高或最低位置)时,电压波形从正常变为不正常,这属于正常现象。

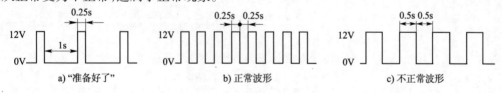

图 9-14 检查位置传感器的电压输出波形

4. ECU 的检测

汽车的电控单元一般很少出现故障。如果怀疑其有故障,通常采用测量其线束连接器相关端子间的电压或电阻,再与标准值进行比较的方法。其值应符合标准值,否则应进一步检查电路。但测量之前应首先检查电控单元外观有无明显的损坏,外围元件是否脱焊或变质。若一切完好,可对电控单元进行检测。

项目十 电动后视镜构造与检修

能 力 目 标	知 识 目 标
能查找后视镜各元件的安装位置并规范检测和调整后视镜	描述电动后视镜的构造及工作原理
分析电动后视镜控制电路,完成常见故障诊断及排查	简述电动后视镜的工作过程

任务 电动后视镜故障检测与修复

客户任务	丰田皇冠轿车,两个电动后视镜均不工作
任务目的	制订工作计划,并利用汽车专用万用表对电动后视镜进行检测,确定故障原因并维修
步　　骤	实 施 内 容
一、确认客户报修故障	附录1　维修接待与接车问诊表
二、检测仪表、工具及车辆防护工作	根据任务要求,确定需要的检测仪器、工具并对小组人员合理分工,制订详细的诊断和修复计划。 (1)需要的检测仪表、工具见表10-1。 检测仪表、工具　　　　　表10-1 | 序号 | 仪表、工具名称 | 规格 | 数量 | 备注 | | --- | --- | --- | --- | --- | | | | | | | | | | | | | | | | | | | | | | | | | (2)车辆防护。
三、根据资讯查找电气元件位置,分析电路,初步检查	(1)电动后视镜主要由＿＿＿＿、＿＿＿＿和＿＿＿＿等组成。 (2)每个后视镜内一般安装＿＿＿＿个电动机,可实现＿＿＿＿个方向的调整,可实现＿＿＿＿、＿＿＿＿、＿＿＿＿、＿＿＿＿方向的调整。

续上表

三、根据资讯查找电气文件位置分析电路,初步检查	(3)填图。 (4)分析丰田皇冠轿车电动后视镜控制电路(图10-6)。 (5)实车上确定各元件位置。 □熔断丝　　　□左侧电动机　　　□右侧电动机 □伸缩电动机　□控制继电器　　　□控制开关 (6)细致目测电路的外部系统,检查各个相关线束、接插件及搭铁的情况,如有不良,记录表10-2。 检 查 表　　表10-2 | 项目 | 位置1 | 位置2 | 位置3 | |---|---|---|---| | 线束 | | | | | 搭铁 | | | | | 接插件 | | | |
四、电路检测	电路检测见表10-3。 电 路 检 测　　表10-3 | 检查项目 | 技术状况 ||| |---|---|---|---| | | 标准值(要求) | 测量值(现状) | 评价 | | 蓄电池电压的检查 | | | □合格　□不合格 | | F55UA两端电阻 | | | □合格　□不合格 | | 电动机 | | | □合格　□不合格 | | 控制开关 | | | □合格　□不合格 | | 电路通断检查 | | | □合格　□不合格 | 结果:

续上表

五、故障部位确认和排除	根据上述的所有检测结果,确定故障内容并注明。 (1)确定的故障内容。 <table><tr><td>□元件损坏</td><td>请写明元件名称:</td></tr><tr><td>□线路故障</td><td>请写明线路区间:</td></tr><tr><td>□其他</td><td></td></tr></table> (2)故障点的排除处理说明。 <table><tr><td>□更换</td><td>□维修</td><td>□调整</td></tr><tr><td>□更换</td><td>□维修</td><td>□调整</td></tr></table>
六、确认修复	
七、评价	评价表见表10-4。 评 价 表　　　　　　　　表10-4 <table><tr><td colspan="2">检查评价项目</td><td>完成标准</td><td>学生自评</td><td>小组评价</td></tr><tr><td rowspan="2">职业技能</td><td>依据控制电路,判断故障点</td><td>正确分析</td><td></td><td></td></tr><tr><td>能进行电动后视镜故障排查</td><td>步骤正确规范</td><td></td><td></td></tr><tr><td rowspan="2">技术知识</td><td>电动后视镜组成、电路分析</td><td>会描述</td><td></td><td></td></tr><tr><td>电动后视镜工作过程</td><td>会描述</td><td></td><td></td></tr><tr><td rowspan="3">素质目标</td><td>安全、规范操作</td><td></td><td></td><td></td></tr><tr><td>团结、合作</td><td></td><td></td><td></td></tr><tr><td>现场5S</td><td></td><td></td><td></td></tr></table>

相关知识

一、电动后视镜的概述

1. 电动后视镜的组成

汽车后视镜位于汽车外部的左右两侧以及汽车内部的前方,车外后视镜观察汽车左右两侧的行人、车辆以及其他障碍物的情况,确保行车与倒车安全;车内后视镜主要供驾驶人观察和注视车内乘员、物品以及车后路面情况,如图10-1所示。

图10-1　电动后视镜

车外电动后视镜主要由永磁式双向直流电动机、控制开关和传动机构等组成,如图10-2

所示。电动机的双向旋转可控制两个方向的调整。因此,每个后视镜内一般安装2个电动机,可实现4个方向的调整,即上、下、左、右方向的调整。

控制开关一般分为选择开关和调整开关(图10-3)。选择开关可以对左侧后视镜还是对右侧后视镜进行调整;调整开关可以控制电动机的旋转方向。

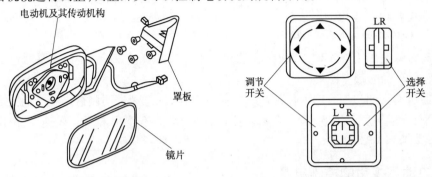

图10-2 电动后视镜的组成　　图10-3 后视镜控制开关

传动机构将电动机的旋转动力传递给后视镜镜片,控制后视镜镜片的转动。

有的电动后视镜还带有伸缩和除雾功能;伸缩开关控制伸缩电动机工作,使整个后视镜回转伸出或缩回。

车内(自动防炫目)后视镜一般安装在车厢内,是由一面特殊镜子和两个光敏二极管组成。电子控制器接收光敏二极管送来的前射光和后射光信号。如果灯光照射在车内后视镜上,如后面灯光大于前面灯光,电子控制器将输出一个电压到导电层上。导电层上的这个电压改变镜面电化层颜色,电压越高,电化层颜色越深,此时即使再强的照射光照到后视镜上,经防炫目车内后视镜反射到驾驶人眼睛上则显示暗光,不会耀眼。镜面电化层使反射根据后方光线的入射强度,自动持续变化以防止炫目。当车辆倒车时,防炫目车内后视镜防炫目功能被解除。

2. 电动后视镜的使用

1)调整方法

调整后视镜时,首先把标准坐姿调整好,再调整镜面。

(1)中央后视镜调整。中央后视镜左、右位置调整,镜面的左侧边缘正好切至自己在镜中影像的右耳际,在一般的驾驶情况下,从中央后视镜里是看不到自己;而上、下位置则是把远处的地平线置于镜面中央即可。

(2)车外左侧后视镜调整。上、下位置是把远处的地平线置于中央,左、右位置则调整至车身占据镜面范围的1/4。

(3)车外右侧后视镜调整。驾驶座位于左侧,驾驶人对车右侧的掌握不是很容易,且车辆需要路边停车,右侧后视镜在调整上、下位置时地面面积要较大,约占镜面的2/3。而左、右位置则同样调整到车身占1/4面积即可。

调整后视镜时,要消除视线死角,尽量把车外左、右后视镜往外调或往下调。

2)注意事项

(1)行车前要调整好后视镜的位置和角度。行车中,由于车辆的行驶振动,易引起后视镜的位置和角度变化,对此应注意观察并及时调整。

(2)一般道路上停车、起步、超车、转弯、掉头等行驶路线发生变化时,先给出相应的行车信号,同时一定要注意观察后视镜,及时了解两侧和后方的交通情况,防止出现突然情况时措手不及,造成交通事故。

(3)通过集市、交叉路口等行车人较多的地方,缓慢行进,注意观察后视镜。

(4)通过两边有非机动车或行人的窄路、窄桥时,要减速慢行,适当注意后视镜;和非机动车或行人保持必要的横向间距。

(5)高等级公路上行车时,不仅要注意和前车保持必要的安全距离,还要通过后视镜观察、判断后面车辆的跟车距离。

(6)通过交叉路口时,交通冲突较多,要降低车速,注意观察两侧行人和车辆情况。

(7)预见性制动前,要观察车后视镜,注意后面车辆的位置和相对行驶速度,决定采取的制动措施,以防止制动时追尾。

二、电动后视镜的控制电路

1. 后视镜调整原理

图 10-4 所示为桑塔纳 2000 型轿车电动后视镜的控制电路,其中 4 个电动机分别调整右侧后视镜、左侧后视镜的左右转动和上下转动;电动机由组合开关控制,组合开关包括左右调整选择开关 M_{11}、左右调整开关 M_{21} 和上下调整开关 M_{22}。

M_{11} 有三个挡位,图 10-4 所示为其原始挡位,即停止挡,此时 M_{11} 的左、中、右的上"1、2、3"和下"1、2、3"的接线柱中,所有的"2-2"是导通的,而其他接线柱都不导通,而"2"位置接线柱不与电路中的任何部分相接,电路处于断开位置;当把 M_{11} 置于"L"方向时,其左、中、右的上"1、2、3"和下"1、2、3"接线柱中,所有的"1-1"是导通的,而其他接线柱都不导通;当把 M_{11} 置于"R"方向时,其左、中、右的上"1、2、3"和下"1、2、3"接线柱中,所有的"3-3"是导通的,而其他接线柱都不导通。

M_{21} 的上部布置有上"1、2"接线柱,下部布置有左"1、2、3"接线柱和右"1、2、3"接线柱。上部布置的上"1、2"接线柱的"1"为搭铁端,"2"为电源端。当按图 10-4 所示的箭头方向将 M_{21} 拨至"左"方向调整时,上"1、2"接线柱的"1"与左"1、2、3"接线柱的"1"接通,上"1、2"接线柱的"2"与右"1、2、3"接线柱的"1"接通。将 M_{21} 拨至"右"方向调整时,上"1、2"接线柱的"1"与左"1、2、3"接线柱的"3"接通,上"1、2"接线柱的"2"与右"1、2、3"接线柱的"3"接通。

M_{22} 的上部布置有上"1、2"接线柱,下部布置有左"1、2、3"接线柱和右"1、2、3"接线柱。上部布置的上"1、2"接线柱的"1"为电源端,"2"为搭铁端。当按图 10-1 所示的箭头方向将 M_{22} 拨至"下"方向调整时,上"1、2"接线柱的"1"与左"1、2、3"接线柱的"3"接通,上"1、2"接线柱的"2"与右"1、2、3"接线柱的"3"接通。将 M_{22} 拨至"上"方向调整时,上"1、2"接线柱的"1"与左"1、2、3"接线柱的"1"接通,上"1、2"接线柱的"2"与右"1、2、3"接线柱的"1"接通。

下面以左侧电动后视镜的调整为例说明其控制电路。

先将 M_{21} 拨至"L"方向,然后按以下步骤操作。

1)调整左侧后视镜左转

按 M_{21}"左"调整,其电路回路为:蓄电池正极→点火开关→熔断丝→M_{21} 上"1、2"接线柱的"2"→M_{21} 的右"1、2、3"接线柱的左侧的"1-1"→左侧左右电动机→M_{11} 中部的"1-1"→M_{21}

的左"1、2、3"接线柱的"1"→M_{21}上"1、2"接线柱的"1"→搭铁→蓄电池负极。形成电流回路,使左侧后视镜向左转动(见图10-4红色线路)。

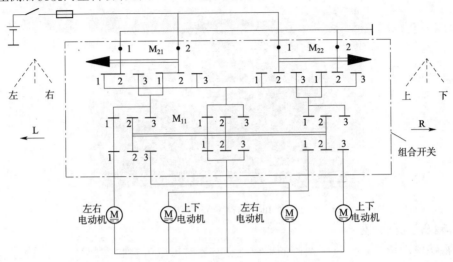

图 10-4　桑塔纳 2000 型轿车电动后视镜的控制电路

2) 调整左侧后视镜右转

按 M_{21} "右"调整,其电路回路为:蓄电池正极→点火开关→熔断丝→M_{21} 上 "1、2" 接线柱的 "2"→M21 的右 "1、2、3" 接线柱的 "3"→M11 中部的 "1-1"→左侧左右电动机→M_{11} 的左侧 "1-1"→M_{21} 的右 "1、2、3" 接线柱的 "3"→M_{21} 上 "1、2" 接线柱的 "1"→搭铁→蓄电池负极。形成电流回路,电流虽然流经同一台电动机,但因电流方向相反,故电动机的旋转方向相反,使左侧后视镜向右转动。

3) 调整左侧后视镜下转

按 M_{22} "下"调整,其电路回路为:蓄电池正极→点火开关→熔断丝→M_{22} 上 "1、2" 接线柱的 "1"→M_{22} 的左 "1、2、3" 接线柱的 "3"→M_{22} 右侧的 "1-1"→左侧上下电动机→M_{22} 的中部→M_{22} 的右 "1、2、3" 接线柱的 "3"→M_{22} 上 "1、2" 接线柱的 "2"→搭铁→蓄电池负极。形成电流回路,使左侧后视镜向下转动。

4) 调整左侧后视镜上转

按 M22 "上"调整,其电路回路为:蓄电池正极→点火开关→熔断丝→M22 上 "1、2" 接线柱的 "1"→M22 的左 "1、2、3" 接线柱的中部的 "1-1"→左侧上下电动机→M22 右侧的 "1-1"→M22 的右 "1、2、3" 接线柱的 "1"→M22 上 "1、2" 接线柱的 "2"→搭铁→蓄电池负极。形成电流回路,电流虽然流经同一台电动机,但因电流方向相反,故电动机的旋转方向相反,使左侧后视镜向上转动。

2. 镜片加热原理

可加热电动后视镜即车窗两边的镜片,下雨和下雪的时候自动加热,把镜子上面的水珠或积雪烤干,避免影响视线。

可加热后视镜一般在冬季较实用。带有后视镜加热的汽车,冬季后视镜结霜或冻冰后,只要打开后风窗除霜开关,电动后视镜也会开始加热,后视镜上的霜或冰很快就会消失。

电加热后视镜的工作原理很简单,就是在后视镜片内安装一个电热片(电热膜),如图

10-5所示,在雨雪天气时,车主打开后视镜电加热功能,电热片会在几分钟内迅速加热至一个固定温度,一般为35~60℃,除雾除霜。

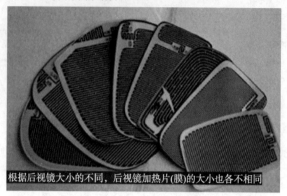

图10-5 后视镜的电热片

3. 后视镜电动折叠

后视镜电动折叠是指汽车两侧的后视镜在必要时可以折叠收缩起来。后视镜折叠后能节省很大的空间。

图10-6是丰田皇冠伸缩式后视镜电路控制图,图中增设了控制伸缩的折叠开关、控制继电器及两个伸缩电动机。

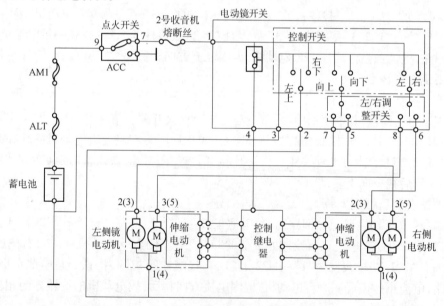

图10-6 丰田皇冠伸缩式后视镜电路控制图

图10-7是带有存储功能后视镜控制电路图,件号6是控制开关,件号7与8是车外两侧电动机,内含霍尔位置传感器记录电动机的运行位置并由件号3控制后视镜的ECU存储(电动座椅部分已经介绍),件号3电源由端子4输入,而车外两侧电动机的电源从蓄电池经点火开关,通过端子7提供,件号4是电动座椅、电动后视镜、转向柱三位合一控制的ECU(电动座椅部分已经介绍)。

项目十　电动后视镜构造与检修

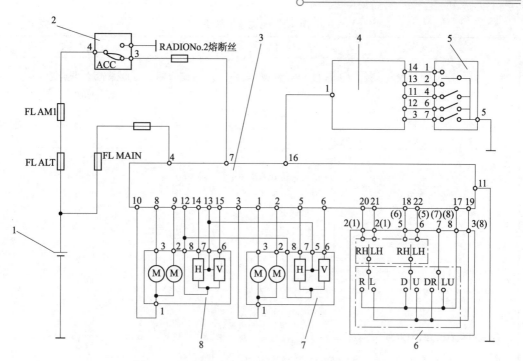

图10-7　雷克萨斯有存储功能的电动后视镜控制电路

1-蓄电池；2-点火开关；3-车外后视镜ECU；4-倾斜与伸缩ECU；5-驾驶位置存储与复位开关；6-后视镜开关；7-车外右后视镜电动机；8-车外左后视镜电动机

三、常见故障诊断思路

电动后视镜常见的故障有所有的后视镜不能调节和个别的后视镜不能调节，针对客户反映的情况，应确认属于什么故障，借助资料分析、判断故障点，进行逐一修复，诊断思路如图10-8所示。

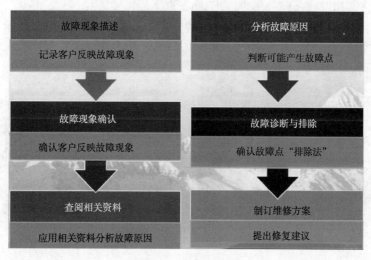

图10-8　故障诊断思路

电动后视镜常见故障见表10-5。

电动后视镜常见故障　　　　　　　　　　　　　表 10-5

故 障 现 象	故 障 原 因	故 障 处 理
电动后视镜均不能动	(1)熔断丝熔断； (2)搭铁不良； (3)后视镜开关损坏； (4)后视镜电动机损坏	检查确认熔断后更换 修理 更换 更换
一侧电动后视镜不能动	(1)后视镜开关损坏； (2)电动机损坏； (3)搭铁不良	更换 更换 修理
一侧电动后视镜上下方向不能动	(1)上下调整电动机损坏； (2)搭铁不良	更换 修理
一侧电动后视镜左右方向不能动	(1)左右调整电动机损坏； (2)搭铁不良	更换 修理

一、后视镜部件及总成拆卸

以丰田威驰轿车为例,介绍拆卸步骤。

1. 后视镜电动机的拆卸

(1)用手将镜片由底部向外用力取出,向下取下后视镜镜片,如图 10-9 所示。

(2)取下后视镜镜片后即可看见电动后视镜的传动机构,如图 10-10 所示。

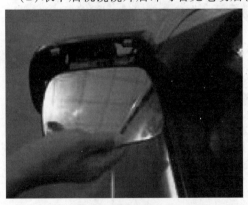

图 10-9　用手取出镜片

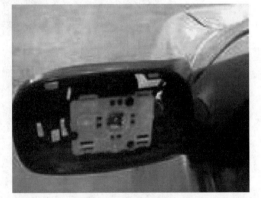

图 10-10　电动后视镜的传动机构

(3)用十字螺丝刀拧松传动机构总成的 3 个固定螺钉,如图 10-11 所示。

(4)取下传动机构总成,如图 10-12 所示。

图 10-11 拧松传动机构的固定螺钉

图 10-12 取下传动机构总成

（5）从后面取下一个电动机的插接器，并取下电动机，如图 10-13 所示。

2. 后视镜总成的更换

（1）拆下前门内部装饰板，如图 10-14 所示。

图 10-13 取下电动机

图 10-14 拆卸前门内部装饰板

（2）将后视镜插接器分离，如图 10-15 所示。

（3）从车门外部取下后视镜固定螺钉，即可取下后视镜总成，如图 10-16 所示。

图 10-15 分离后视镜插接器

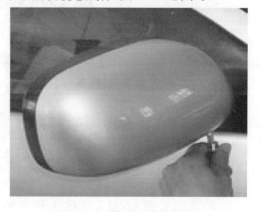

图 10-16 拆卸后视镜固定螺钉

二、后视镜电动机及开关的检查

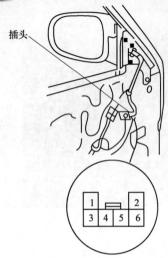

图 10-17 电动后视镜插头端子

1. 检查后视镜电动机(图 10-17)

(1) 关闭点火开关。

(2) 拆下驾驶席侧(左前)车门内饰板。

(3) 断开左电动后视镜插头。

(4) 直接用蓄电池向后视镜上下调节电动机通电,检查后视镜电动机运转情况。如果不符合要求,则更换左电动后视镜。

(5) 连接左电动后视镜插头。检查左电动后视镜上下调节是否恢复正常。如果没有,则检查电动后视镜开关。

(6) 装上驾驶席侧车门内饰板。

2. 电动后视镜控制开关检查(图 10-18)

(1) 关闭点火开关。

(2) 拆下驾驶席侧(左前)车门内饰板。

(3) 断开电动后视镜开关插头,拆下电动后视镜开关。

(4) 检查电动后视镜开关端子之间的导通情况,相应端子应导通,否则,说明电动后视镜开关损坏。

(5) 连接电动后视镜开关插头。

(6) 装上电动后视镜开关。

(7) 装上驾驶席侧车门内饰板。

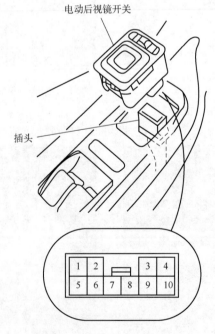

图 10-18 电动后视镜开关插头端子

项目十一 刮水器与清洗器构造与检修

能 力 目 标	知 识 目 标
能分析刮水器与清洗器控制电路,查找元件位置及检测	描述刮水器与清洗器的构造及工作原理
正确诊断刮水器与清洗器常见故障诊断及排查	简述刮水器与清洗器的控制电路工作过程

任务1 刮水器部件的检查与更换

客户任务	一辆桑塔纳轿车进行车辆维护,检查刮水器和清洗器的好坏。
任务目的	制定检查及更换步骤的计划。

一、资讯

(1)电动风窗刮水器常采用_____电动机,刮水片采用_____。

(2)风窗刮水电动机利用_____个电刷来改变_____电刷之间串联线圈的_____实现变速的。

(3)刮水器一般有_____、_____、_____三个挡位,有些刮水器在小雨或雾天中行驶时,风窗刮水器能按照一定的周期停止刮水,具有_____控制。

二、决策与计划

根据任务要求,确定需要的检测仪器、工具并对小组人员合理分工,制订详细的诊断和修复计划。

(1)需要的检测仪表、工具见表11-1。

检测仪表、工具　　　　　　　　　　　　　　　　　表11-1

序号	仪表、工具名称	规格	数量	备注

(2)小组成员分工。
_____。

(3)诊断和修复计划。
_____。

三、实施

1.刮水器的功能检查

点火开关拨到ACC位置,各挡位刮水器的工作情况:

续上表

刮水情况：

2. 刮水器的检查

(1) 刮水臂端压力的检查。
检查步骤：

检查结果：_____。
(2) 刮水片胶条的检查
检查步骤：

检查结果：_____。
3. 刮水臂总成的更换
拆卸步骤　　　　　　　　　　安装步骤

4. 清洗器的检查

(1) 清洗器检查。
□合格　　　　　　□不合格

续上表

(2)清洗器喷射压力检查。
□合格　　　　　　　□不合格
(3)清洗器喷射位置检查。
□合格　　　　　　　□不合格

四、复检

结论：_____。

五、评价（表11-2）

评　价　表　　　　　　　　　　　　　　　　　　表11-2

检查评价项目		完成标准	学生自评	小组评价
职业技能	刮水器与清洗器检查与更换	按规范熟练操作		
技术知识	掌握刮水器与清洗器的作用、组成	会描述		
	掌握刮水器与清洗器的工作原理	会描述		
素质目标	安全、规范操作			
	团结、合作			
	现场5S			

相关知识

一、风窗刮水器构造与工作原理

采用电动机驱动平行连动式风窗刮水器，可以保持一定速度摆动，不受发动机转速与负荷变动的影响，可以随驾驶人控制且据雨量大小调整动作速度。图11-1为风窗刮水器及清洗器在车上的位置。

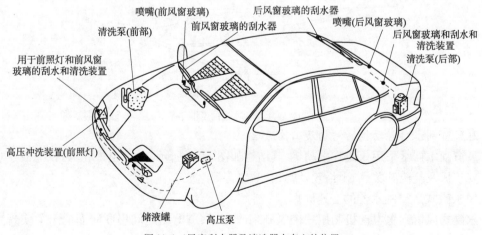

图11-1　风窗刮水器及清洗器在车上的位置

1. 电动风窗刮水器的组成及工作原理

电动风窗刮水器主要由电动机、传动机构和刮水片三部分组成。传动机构包括蜗轮箱、曲柄、连杆、摆杆、摆臂等，如图11-2所示。一般电动机和蜗杆箱结合成一体组成风窗刮水器电动机总成，刮水片采用橡胶条式。

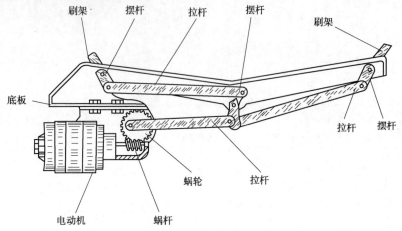

图11-2 电动风窗刮水器组成

电动风窗刮水器的工作过程如图11-3所示，曲柄、连杆和摆杆等杆件可以把蜗轮的旋转运动转变为摆臂的往复摆动，使摆臂上的刮水片实现刮水动作。当风窗刮水器电动机转动时，使蜗轮上的曲臂旋转，经连杆使短臂以电枢中心做扇形运动，此短臂上安装右侧的风窗刮水臂，另一连杆与左侧的短臂连接，左右两侧的风窗刮水臂以电枢为中心做同方向左右平行的运动。

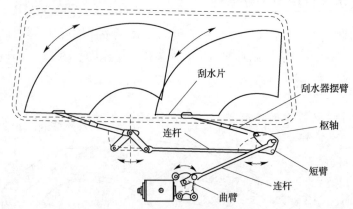

图11-3 风窗刮水器的工作过程

2. 风窗刮水器电动机的结构及工作原理

风窗刮水器常采用永磁式电动机，其结构如图11-4所示，主要由外壳、磁铁总成、电枢、电刷安装板及复位开关、输出齿轮及蜗轮、输出臂等组成。

1）永磁式风窗刮水器的变速原理

永磁式风窗刮水电动机利用三个电刷来改变正、负电刷之间串联线圈的个数实现变速的，如图11-5所示。当风窗刮水电动机工作时，在电枢内同时产生反电动势，其方向与电枢电流的方向相反。如要使电枢旋转,外加电压必须克服反电动势的作用。当电动机转速升高时,反电动势增高,只有当外加电压等于反电动势时,电枢的转速才能稳定。

三刷永磁式风窗刮水电动机工作时,电枢绕组产生的反电动势的方向如图11-5中箭头所示。当风窗刮水器开关K拨向L(低速)时,电源电压U加在电刷B_3和B_1之间。在电刷B_3和B_1之间的两条并联支路中,每条支路中各有4个串联绕组,反电动势的大小与支路中反电动势的大小相等。由于外加电压需要平衡4个绕组所产生的反电动势,故电动机转速较低,如图11-5a)所示。

风窗刮水器开关K拨向H(高速)时,电源电压U加在电刷B_2和B_3之间。绕组1,2,3,4,8同在一条支路中,其中绕组8与绕组1、2、3、4的反电动势方向相反,相互抵消后,使每条支路变为3个绕组,如图11-5b)所示。由于电动机内部的磁场方向和电枢的旋转方向没有变化,所以各绕组内反电动势的方向与低速时相同。不过,此时外加电压只需平衡3个绕组所产生的反电动势,故电动机的转速增高。

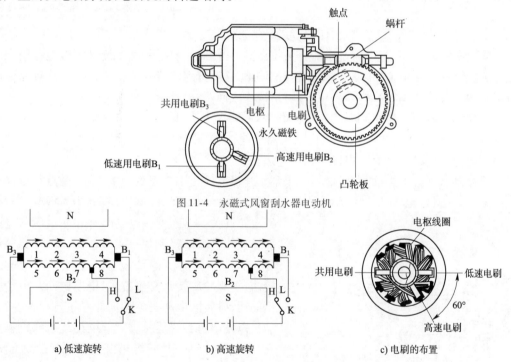

图11-4 永磁式风窗刮水器电动机

a) 低速旋转　　b) 高速旋转　　c) 电刷的布置

图11-5 永磁式风窗刮水器的变速原理

2)电动风窗刮水器自动复位原理

铜环式风窗刮水器自动复位控制电路及自动复位装置结构如图11-6所示。风窗刮水器的开关有3个挡位,它可以控制风窗刮水器的速度和自动复位。4个接线柱分别接复位装置、电动机低速电刷、搭铁、电动机高速电刷。0挡为复位挡,Ⅰ挡为低速挡,Ⅱ挡为高速挡。复位装置在减速蜗轮(由塑料或尼龙材料制成)上,嵌有铜环。此铜环分为两部分,其中一部分铜环与电动机外壳相连(为搭铁)。触点臂用磷铜片或其他弹性材料制成,其一端分别铆有两个触点。由于触点臂具有一定的弹性,因此在蜗轮转动时,触点与蜗轮的端面和铜滑环保持接触。

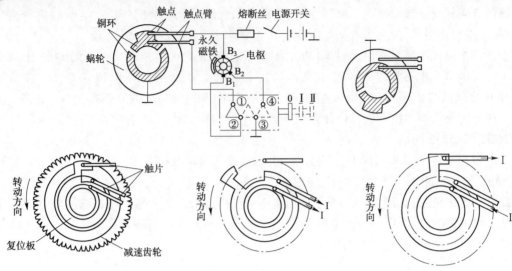

图 11-6 铜环风窗刮水器自动复位装置

接通电源开关,并把风窗刮水器开关拉出到Ⅰ挡(低速)位置时,电流从蓄电池正极→电源开关→熔断丝→电刷 B_3→电枢绕组→电刷 B_1→风窗刮水器开关接线柱②→接触片→风窗刮水器开关接线柱③→搭铁→蓄电池负极,构成回路,电动机以低速运转。

风窗刮水器开关拉出到Ⅱ挡(高速)位置时,电流从蓄电池正极→电源开关→熔断丝→电刷 B_3→电枢绕组→电刷 B_2→风窗刮水器接线柱④→接触片→风窗刮水器接线柱③→搭铁→蓄电池负极,构成回路,电动机以高速运转。

风窗刮水器开关退回到 0 挡时,如果刮水片没有停止到规定的位置,由于触点与铜环相接触,则电流继续流入电枢,其电路为蓄电池正极→电源开关→熔断丝→电刷 B_3→电枢绕组→电刷 B_1→接线柱②→接触片→接线柱①→触点臂→铜环→搭铁→蓄电池的负极。电动机仍以低速运转,直至蜗轮旋转到复位位置,电路中断。由于电枢的运动惯性,电动机不能立即停止转动,此时电动机以发电机方式运行。因此电枢绕组通过触点臂与铜环接通而短路,电枢绕组将产生强大制动力矩,电动机迅速停止运转,使刮水片复位到风窗玻璃的下部。

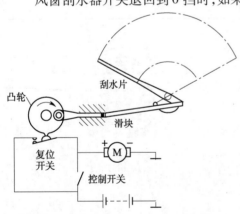

图 11-7 凸轮式风窗刮水器自动复位装置

有些汽车采用凸轮式风窗刮水器自动复位装置,如图 11-7 所示。

3)电动风窗刮水器的间歇控制

在小雨或雾天中行驶时,风窗刮水器能按照一定的周期停止刮水,驾驶人可以获得更好的视线。汽车风窗刮水器的间歇控制一般是利用自动复位装置和电子振荡电路或集成电路实现的。

图 11-8 所示为同步间歇风窗刮水器内部控制电路。当风窗刮水器开关置于间歇挡位置(开关处于 0 位,且间歇开关闭合)时,电源将通过自动复位开关向电容器 C 充电,电容器

两端的电压逐渐升高。当电容器 C 两端的电压升高到一定值时,晶体管 VT_1 和 VT_2 先后相继由截止转为导通,从而接通继电器磁化线圈 J 的电路,在电磁吸力的作用下,继电器动断触点打开,动合触点闭合,从而接通了风窗刮水电动机的电路,此时电动机将低速旋转。

当复位装置将自动复位开关的动合触点(下)接通时,电容器 C 通过二极管 D、自动复位装置动合触点迅速放电,此时风窗刮水电动机的通电回路不变,电动机继续转动。随着放电时间的增长,VT_1 和 VT_2 由导通转为截止,从而切断了继电器磁化线圈的电路,继电器复位,动合触点打开,动断触点闭合。由于自动复位开关的动合触点处于闭合状态,电动机仍将继续转动,只有当刮水片回到原位(不影响驾驶人视线位置),自动复位开关的动

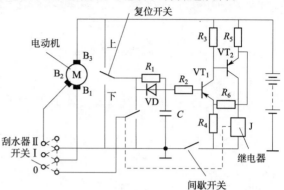

图 11-8 同步间歇风窗刮水器电路

合触点打开,动断触点闭合时,电动机方能停止转动。继而电源将再次向电容器 C 充电,重复以上过程。如此反复,实现刮水片的间歇动作,其间歇时间的长短取决于 R、C 电路充电时间的常数的大小。

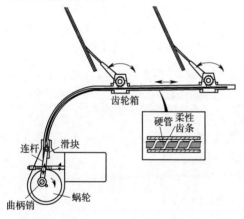

图 11-9 柔性齿条风窗刮水器

4)柔性风窗刮水器的结构及工作原理

图 11-9 所示为新型柔性齿条传动风窗刮水器,这种风窗刮水器与一般拉杆传动式风窗刮水器相比,具有体积小、噪声低等优点,而且可将风窗刮水电动机总成安装在空间较大的地方,便于维修。

电动机驱动的蜗轮轴上有一个曲柄销,它驱动连杆机构,而连杆和一个装在硬管里的柔性齿条连接,在连杆运转时,齿条则会作往复运动,齿条的往复运动带动齿轮箱中的小齿轮往复运动,从而驱动刮水片往复运动。

二、风窗清洗器的构造与工作原理

电动式风窗清洗器由储水箱、水管及喷嘴等部分组成,电动机及水泵装在储水箱上,如图 11-10 所示。

图 11-11 所示为风窗清洗装置的工作原理,当点火开关和喷水开关都闭合时,风窗清洗器喷水电动机接通开始转动,并带动与其同轴的水泵旋转,将储水箱中的清洗液加压后通过水管由喷嘴喷出。

三、雨量感知智能刮水装置的工作原理

雨滴传感器、间歇刮水放大器和风窗刮水器电动机组成雨量感知智能刮水装置,如图 11-12 所示。

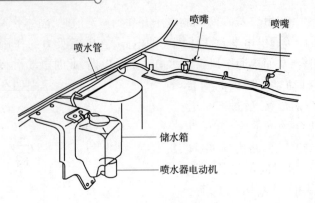

图 11-10 清洗器系统的组成

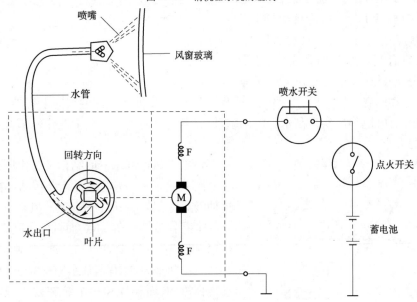

图 11-11 风窗清洗装置的工作原理

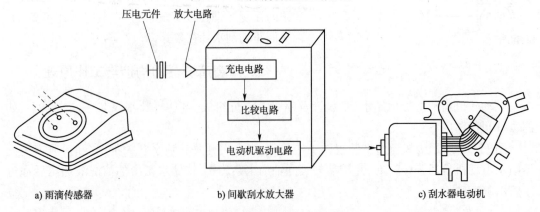

a) 雨滴传感器　　　b) 间歇刮水放大器　　　c) 刮水器电动机

图 11-12 雨量感知智能刮水装置

雨量感知智能刮水装置工作时,由于雨滴下落撞击到传感器的振动片上,振动片将振动能量传给压电元件。压电元件受压而产生电压信号,该电压值与撞击振动片上的雨滴的撞击能量成正比。电压信号经过放大后送入间歇刮水放大电路,对放大器的充电电路进行定时充电,电容电压上升,该电压输入比较电路,比较电路将其与基准电压比较,当电容电压达到基准电压时,比较电路向风窗刮水器电动机发出信号,使其工作一次。

当雨量大时,压电元件产生的电信号强,充电电路电压达到基准电压值所需时间短,风窗刮水器的工作间歇时间短;当雨量小时,压电元件产生的电压小,充电电路电压达到基准电压所需时间长,风窗刮水器的工作间歇时间就长。雨量感知智能刮水装置可以根据雨量的大小自动无级调节刮水装置的刮水频率。

刮水器与清洗器部件的检查与更换

1. 刮水器部件的检查与更换

汽车前风窗玻璃刮水器电动机部件如图11-13所示。

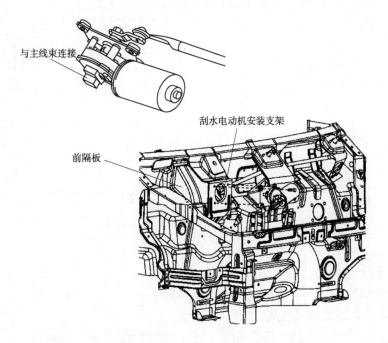

图11-13 前风窗玻璃刮水器电动机部件

1)刮水臂端压力和刮水片胶条的检查

(1)刮水臂端压力的检查。

①刮水臂和刮水片运行到中间位置。

②从刮水臂上拆卸刮水片。

③如图11-14所示,将弹簧秤连接到刮水臂一端,并测量垂直于风窗玻璃将刮水臂后举升到正常工作高度(连接有刮水片时的高度)所需的力。端压力应为6~8N。

④如果测量值不符合规定,更换刮水臂。

⑤在刮水臂上安装刮水片。

(2)刮片胶条的检查。

①从刮水臂上拆卸刮水片。

②检查刮水片胶条长度。

③如果与玻璃接触的橡胶件未在刮水片中心线±15°内(图11-15),更换刮水片胶条。

④在刮水臂上安装刮水片。

2)刮水器臂总成的更换

(1)刮水臂总成的拆卸。

①将点火开关拨到ACC位置。

②将刮水器开关置于间歇(INT)位置。

③当刮水臂位于停止位置时,关闭点火开关。

④从螺母上揭去防水盖。

⑤从刮水臂上拆去螺母(图11-16)。

⑥通过摇动从刮水器变速器驱动轴上拆去刮水臂总成。

图11-14 刮水臂端压力的检查

图11-15 刮水片胶条的检查

图11-16 刮水臂总成拆卸

(2)刮水臂总成的安装。

首先将刮水臂总成安装到刮水器变速器驱动轴上。

①将点火开关放到ACC位置。

②将刮水器开关置于间歇(INT)位置。风窗玻璃刮水器电动机应运行。

③当刮水器传动系统处于停止时,关闭点火开关。

④在刮水器变速器驱动轴上安装刮水臂,同时保持刮刷盖住前风窗玻璃下方黑边上的白线。

然后将螺母安装到刮水器变速器驱动轴和刮水臂上(图11-16)。将螺母紧固至18~22N·m。

⑤在螺母上盖上防水盖。

⑥操作刮水器并且检查工作是否正常。

3)刮水臂刮水片及其弹片、胶条的更换

(1)刮水臂刮水片及其弹片、胶条的拆卸。

①如图11-17a)所示,推入刮水器刮水片夹子的底部并且从刮水臂的内侧拆下刮水器刮片。
②如图11-17b)所示,通过刮水器刮水片开口取出刮水臂。
③如图11-18a)所示,从刮水片下端将弹片取出。
④如图11-18b)所示,将胶条从刮水片骨架中取出。

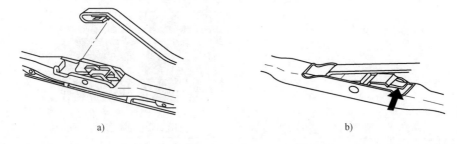

图11-17 刮水臂刮水片及其弹片、胶条的拆卸

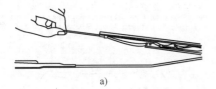 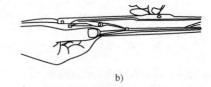

图11-18 刮水臂刮水片及其弹片、胶条的拆卸

(2)刮水臂刮水片及其弹片、胶条的安装。
①将胶条装入刮水片骨架,如图11-18b)所示。
②从刮水片下端将弹片装入,如图11-18a)所示。
③通过刮水器刮水片开口安装刮水臂钩,如图11-17a)所示。
④将刮水器刮水片钩槽部位放在刮水臂钩内侧。
⑤如图11-19所示,将刮水器刮水片钩槽部位拉入刮水臂钩,直到钩槽部位锁住钩子。
⑥使刮水器工作并检查运转是否正常。

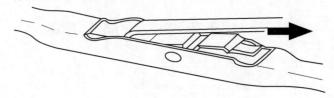

图11-19 刮水臂刮水片及其弹片、胶条的安装

2.清洗器部件检查
1)检查清洗器储液罐里的清洗液液位
罐体上有刻度,标示正常液量(图11-20)。如果在罐体外看不到液量,则应打开盖子观察,发现清洗液液量不足,参看随车手册补足。

2)检查清洗器喷射功能
如图11-21所示,检查喷射压力是否正常;车辆配有风窗玻璃喷洗联动刮水器功能,还需检查刮水器是否协同工作。注意:蓄电池的电量难以保持足够的喷射力,因此,在检查清洗器时,需要起动发动机。

图 11-20　清洗器储液罐的液位

图 11-21　喷射压力检查

3）喷射位置检查

检查清洗液的喷射位置是否在刮水器的工作区域内，大致在刮水器的刮水范围中间，必要时需要进行调整，方法如下：在喷嘴内插入一根与清洗器喷孔相匹配的钢丝，以便调整喷洒方向，如图 11-22 所示。

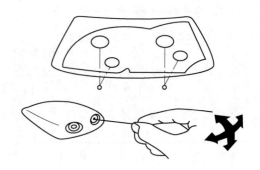

图 11-22　喷射位置检查

任务 2　刮水器不工作的故障排查

客户任务	2013 款科鲁兹轿车刮水器不工作。
任务目的	分析刮水器控制电路原理图，制定检修计划。
项　目	实　施　步　骤
一、确认客户报修故障	附录 1　维修接待与接车问诊表
二、检测仪表、工具及车辆防护工作	根据任务要求，确定需要的检测仪器、工具并对小组人员合理分工，制订详细的诊断和修复计划。 （1）需要的检测仪表、工具见表 11-3。

续上表

表 11-3

序号	仪表、工具名称	规格	数量	备注

二、检查仪表、工具及车辆防护工作

(2)车辆防护。

三、根据资讯查找电器元件位置,分析电路,初步检查

(1)电动刮水器零部件认识,填图。

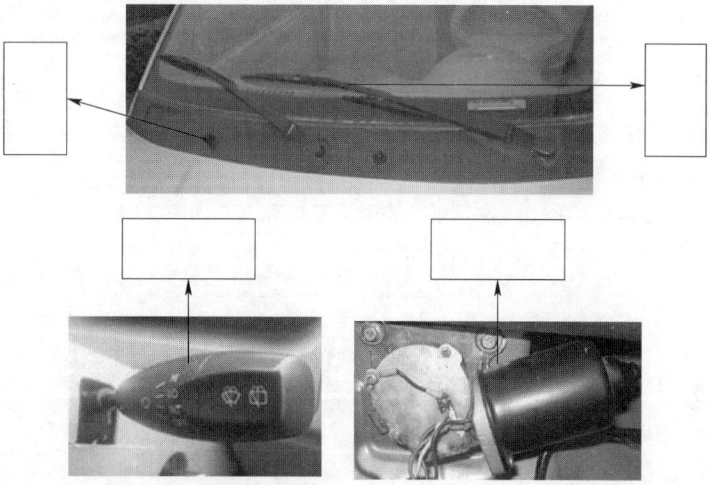

(2)电动风窗刮水器主要由_____、_____和_____三部分组成。

(3)分析2013款科鲁兹电动车窗控制电路(图11-23)。

(4)实车上确定各元件位置。

□F6UA	□KR12B	□KR12C
□M75	□S82	□K9

(5)细致目测电路的外部系统,检查各个相关线束、接插件及搭铁的情况,如有不良,记录表11-4。

检 查 表　　表11-4

项目	位置1	位置2	位置3
线束			
搭铁			
接插件			

续上表

四、电路检测	（1）分析刮水器电动机电路。 涉及刮水器电动机的熔断丝分别为_____。 打开刮水器开关发现刮水器电动机无法工作时，首先应该检查_____。 （2）若熔断器烧毁则更换，更换后如再次烧毁，检查刮水器电动机和连接线路。 检查过程：_____ _____。 （3）如果熔断器正常，检查刮水器电动机供电电压_____。（□是\□否）正常，检查刮水器电动机搭铁（□是\□否）正常。若都正常，更换电动机，若刮水器电动机无电压，应检查_____电路。 检查过程描述：_____ _____ _____。 结论：_____ _____。
五、故障部位确认和排除	根据上述的所有检测结果，确定故障内容并注明。 （1）确定的故障内容。 	□元件损坏	请写明元件名称：
□线路故障	请写明线路区间：
□其他		 （2）故障点的排除处理说明。 	□更换	□维修	□调整
---	---	---
□更换	□维修	□调整	
六、确认修复	
七、评价	评价表见表11-5。 评　价　表　　　　　　　　表11-5 |	检查评价项目	完成标准	学生自评	小组评价
---	---	---	---	---
职业技能	掌握刮水器故障诊断与排查	步骤正确规范		
技术知识	刮水器的构造及工作原理	会描述		
	熟练分析控制电路原理图	会描述		
素质目标	安全、规范操作			
	团结、合作			
	现场5S				

2013款科鲁兹轿车刮水器相关资讯

图11-23是2013款科鲁兹轿车刮水器控制电路图。

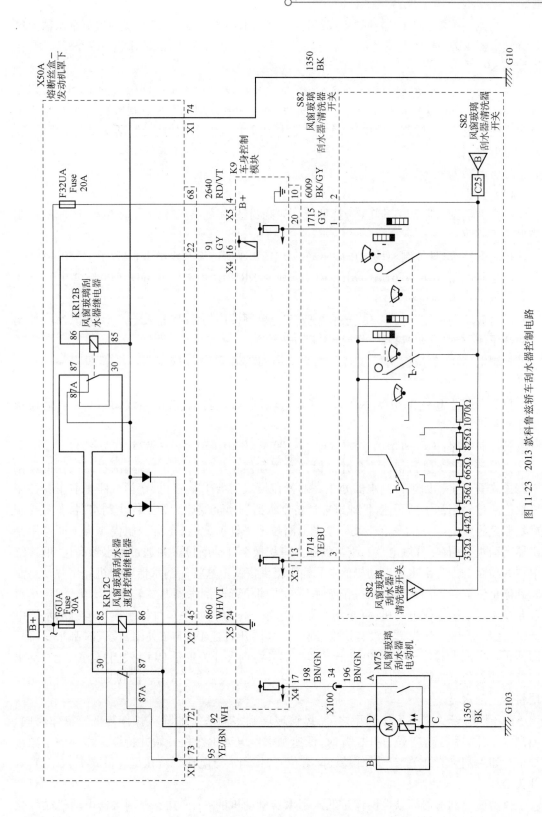

图11-23 2013款科鲁兹轿车刮水器控制电路

刮水器系统由以下电器部件组成:风窗玻璃刮水器继电器 KR12B、风窗玻璃刮水器速度控制继电器 KR12C、风窗玻璃刮水器电动机 M75、风窗玻璃刮水器/清洗器开关 S82、车身控制模块 K9。

图 11-23 中 S82 风窗玻璃刮水器/清洗器开关 A、B 分别表示不同配置的车,S82 可以选择高速、低速、间歇 1~5、除雾、关闭五种功能,每种功能分别在车身控制模块的 A/D 输入上产生不同的电压,通过监测此电压,车身控制模块 K9 可以确定如何控制刮水器电动机接通/断开继电器。

分析电路如下。

(1)低速。

风窗玻璃刮水器开关 S82A 选择低速,车身控制模块的 A/D 输入上产生电压,车身控制模块高压侧驱动。

控制电路:车身控制模块高压侧驱动→KR12B 风窗玻璃刮水继电器线圈→1350→搭铁。

被控制电路:B+→F6UA→KR12B(87-30)→KR12C(30-87A)→M75(B)→搭铁。

(2)高速(见红色线路)。

风窗玻璃刮水器开关 S82A 选择高速,车身控制模块的 A/D 输入上产生电压,车身控制模块高压侧驱动,且车身控制模块低压侧也驱动。

控制电路 1:车身控制模块高压侧驱动→KR12B 风窗玻璃刮水继电器线圈→1350→搭铁。

控制电路 2:B+→F6UA→KR12C 风窗玻璃刮水速度控制继电器线圈→车身控制模块低压侧驱动→搭铁。

被控制电路:B+→F6UA→KR12B(87-30)→KR12C(30-87)→M75(D)→搭铁。

为对停止开关进行精确读数并确保刮水器在停止位置时中止操作,刮水器仅在低速刮水器模式下停止。如果在刮水器处于高速操作模式时要求其停止,在尝试停止前车身控制模块应通过停用刮水器高速/低速继电器将刮水器切换至低速。为了停止刮水器,车身控制模块监控停止电路直至停止开关将停止电路拉至搭铁。此时,车身控制模块将立即停用刮水器电动机接通/断开继电器。继电器触点将切换至其动断位置并通过刮水器高速/低速继电器的动断触点为刮水器电动机的电源输入提供搭铁。这将使刮水器电动机停用并动态制动到停止位置。当刮水器电动机位于循环的中间位置而刮水器开关转至关闭位置时,车身控制模块将继续操作电动机,直至刮水器到达停止位置。如果车身控制模块运行刮水器电动机,且 8s 后停止开关状态没有切换,则当刮水器开关置于 OFF(关闭)位置时刮水器将立即停止。当刮水器处于循环的中间位置时,如果将点火开关置于 OFF(关闭)位置,无论刮水器处于什么位置都将立即停止工作。当下一次点火开关置于 ON(打开)位置时,车身控制模块将停止刮水器。

除了除雾开关是按下松开型之外,风窗玻璃刮水器系统的除雾操作与低速操作相同。当刮水器开关移至除雾位置并松开时,低速刮水器电动机操作开始并持续工作到一个循环结束。如果刮水器开关移至并保持在除雾位置时,刮水器电动机将在低速模式下工作,直到开关松开。

风窗玻璃刮水器间歇性操作是低速刮水器电动机的一个功能,在刮水器电动机循环之间有可变延迟间隔。延迟持续时间由前刮水器控制开关控制,可设置为间歇1至间歇5。刮水器操作如下所示：

(1)车身控制模块将通过激活其风窗玻璃刮水器接通/断开继电器输出启用单个刮水器操作。

(2)单个刮水器操作完成时,车身控制模块将按上述程序停止刮水器。

(3)然后车身控制模块将刮水器暂停于其停止位置,暂停时间为间歇延迟开关设置的延迟持续时间。

(4)当延迟时间期满,重复步骤(1)和步骤(3)直至系统被关闭或转至间歇模式。如果刮水器开关从较长的延迟间隔转至较短的延迟间隔,车身控制模块将立即指令刮水器循环并将延迟时间重新设置为较短的延迟间隔。

间歇刮水器操作可能对车速较为敏感。启用时,如果提速,速度补偿的间歇功能将使间歇刮水器的延迟间隔变短。随着车速降低,延迟间隔将更接近于预先设定时间。

单元四　汽车灯系、仪表及报警系统构造与检修教学内容设计

一、教学目标设计

1. 本单元的教学目标

学生能说出汽车灯系、汽车信号系统、汽车仪表及报警系统各元件的作用及安装位置，准确描述它们的组成及工作原理，能分析其控制电路及工作过程，能表达故障诊断思路和排查步骤。

2. 本单元的能力目标

学生能正确使用检查工具，查阅维修手册完成汽车灯系、仪表及报警系统故障的确认、故障点的分析、电器元件的检测、故障点的排查以及常见故障的排除。

二、教学任务分析

通过前三个单元学习及训练，学生应该具备汽车电气设备学习的规律，本单元针对系统的特殊性给学生进行理论教授，着重强化学生展开独立工作的能力。

三、教学组织

1. 教学内容分析

内　　容	学　时	重点与难点
项目十二　汽车灯系检查与调试	6	重点：汽车灯系构造与工作原理
任务1　更换前照灯	3	难点：汽车灯系常见故障的排查
任务2　前照灯故障检测与修复	3	
项目十三　汽车信号系统构造与检修	6	
任务1　转向灯故障检测与修复	3	重点：汽车信号系统构造与工作原理
任务2　汽车CAN总线控制转向灯不工作故障诊断与排查	3	难点：汽车信号系统常见故障的排查
项目十四　汽车仪表与报警系统	6	重点：汽车仪表构造与工作原理
任务1　组合仪表不工作故障诊断	3	难点：汽车仪表常见故障的排查
任务2　车速里程表故障排查	3	

2. 教学内容组织

教学内容组织按照知识序和认知序排列，每个项目的任务由部件检查到系统故障，由一般控制电路故障到模块控制故障依次展开，知识脉络清楚，环环相扣。

采用六步任务驱动教学法：
(1)资讯：完成任务应备的知识。
(2)决策：分析故障产生原因，确定故障点的范围。
(3)计划：制定排查排除故障的过程。
(4)实施：具体的操作过程(教师先示范或讲解)。
(5)检查：落实任务完成是否成功。
(6)评价：针对任务完成情况给予评分。

在排查故障时，采用与现场汽车诊断流程一致的教学，显现实用性。

恰当选择教学方法，合理确定教学步骤，有秩序地呈现教材，促进学生积极地投入到知识的心理建构中，达成学生的学习目标。

四、教学的监控与评价

序号	项目	内容	分值	评分
1	教学目标	根据课程大纲要求，教学目标明确	10	
2	学情分析	对学生知识基础、学习特点及适宜的学习方法进行分析和引导	10	
3	教学材料	教学材料的选择和组织符合教师现在所教学生实际的知识基础和能力水平，有可操作性	25	
4	教学重点、难点	重点、难点确定准确	25	
5	教学内容组织	教学内容序化合理，符合学生认知规律	10	
6	学时安排	学时安排合理	10	
7	格式与表达	设计格式规范，表达清晰流畅	10	
	总　分		100	

项目十二 汽车灯系检查与调试

学习目标

能 力 目 标	知 识 目 标
能分析汽车灯系的控制电路,查找电器元件并进行故障检测和更换	描述汽车灯系的构造及工作原理
正确诊断汽车灯系常见故障并排除	简述汽车灯系的控制电路工作过程

任务1 更换前照灯

客户任务	更换前照灯。
任务目的	制订工作计划,判定前照灯工作性能。

一、资讯

(1)前照灯的光源分为_____和_____两种类型。

(2)前照灯主要由_____、_____、_____、_____、灯罩和灯壳等部件组成。

(3)具有防炫目功能的是_____。

　　A.远光灯　　　　B.近光灯　　　　C.远近光灯都有

(4)灯光开关认识:将灯光开关上的图标含义填写在下图方框内。

(5)灯光开关在 ⫶O⫶ 位置时,_____灯点亮。

　　A.位置灯　　　B.牌照灯　　　　C.仪表灯　　　　D.A、B和C

(6)灯光开关在 ⫶D⫶ 位置时,_____灯点亮。

　　A.前照灯(近光)

　　B.前照灯(远光)

　　C.前照灯(近光和远光)

　　D.前照灯(近光)及位置灯、牌照灯、仪表灯

二、决策与计划

根据任务要求,确定需要的检测仪器、工具并对小组人员合理分工,制订详细的诊断和修复计划。

· 191 ·

续上表

(1)需要的检测仪表、工具见表12-1。

检测仪表、工具　　　　　　　　表12-1

序号	仪表、工具名称	规格	数量	备注

(2)小组成员分工。
_____
_____。

(3)诊断和修复计划。
_____
_____。

三、实施

1. 前照灯的拆装

拆装步骤:

2. 前照灯灯泡的拆装

拆装步骤:

四、检查

五、评价（表12-2）

评　价　表　　　　　　　　表12-2

检查评价项目		完成标准	学生自评	小组评价
职业技能	拆装前照灯	操作步骤正确规范		
技术知识	汽车照明灯系组成、工作原理	会描述		
素质目标	安全、规范操作			
	团结、合作			
	现场5S			

任务2 前照灯故障检测与修复

客户任务	与客户交流,2013款科鲁兹轿车在怠速与行驶中,前照灯远光不亮。
任务目的	分析前照灯电路,制订工作计划,判定故障点,排除并调整。
项目	实施步骤
一、确认客户报修故障	附录1 维修接待与接车问诊表
二、检测仪表、工具及车辆防护工作	根据任务要求,确定需要的检测仪器、工具并对小组人员合理分工,制订详细的诊断和修复计划。 (1)需要的检测仪表、工具见表12-3。 **检测仪表、工具** 表12-3 <table><tr><td>序号</td><td>仪表、工具名称</td><td>规格</td><td>数量</td><td>备注</td></tr><tr><td></td><td></td><td></td><td></td><td></td></tr><tr><td></td><td></td><td></td><td></td><td></td></tr><tr><td></td><td></td><td></td><td></td><td></td></tr><tr><td></td><td></td><td></td><td></td><td></td></tr></table> (2)车辆防护。
三、根据资讯查找电器元件位置,分析电路,初步检查	(1)分析远光灯电路(图12-16)。 (2)实车上确定各元件位置。 <table><tr><td>□F3DA</td><td>□F8DA</td><td>□F9DA</td></tr><tr><td>□24DA</td><td>□F38UA</td><td>□F37UA</td></tr><tr><td>□K9 的 X1 模块</td><td>□K9 的 X2 模块</td><td>□K9 的 X3 模块</td></tr><tr><td>□K9 的 X4 模块</td><td>□K9 的 X5 模块</td><td>□E13L</td></tr><tr><td>□E13R</td><td></td><td></td></tr></table>

续上表

三、根据资讯查找电器元件位置、分析电路,初步检查	(3)细致目测电路的外部系统,检查各个相关线束、接插件及搭铁的情况,如有不良,记录表12-4。 检 查 表　　　　　　　　　　　表12-4 | 项目	位置1	位置2	位置3 | |---|---|---|---| | 线束 | | | | | 搭铁 | | | | | 接插件 | | | |
四、电路检测	把前照灯开关转到 ▇D 位置,并通过变光开关切换到 ▇D 位置时: (1)用试灯检测两个远光_____,如果有电到,远光灯不亮的故障在_____到之间电路或远光灯灯泡;如果没有电到,故障在_____、_____及其_____、灯控开关等。 (2)取下远光继电器: ①用试灯检测远光继电器电源(继电器插座85、87脚)应有电到,否则进一步查找原因。 ②用试灯检测远光继电器线圈控制线(试灯一端接_____,一端接_____86脚);如果试灯_____,说明继电器线圈控制线通路正常,灯控开关信号及车身模块正常,否则进一步查找原因。 (3)用保险跨接线连接远光继电器插座两触点接脚_____和_____,观察两远光灯是否点亮:如果两远光灯都点亮,故障在_____;如果两远光灯一侧点亮,另一侧不亮,则故障在远光灯继电器及不亮一侧的灯泡或连线。 (4)检测远光继电器及不亮一侧的_____、_____,确认故障点并排除故障。 (5)维修结果确认:确认两侧前照灯远光正常。
五、故障部位确认和排除	根据上述的所有检测结果,确定故障内容并注明。 (1)确定的故障内容。 | □元件损坏 | 请写明元件名称: | |---|---| | □线路故障 | 请写明线路区间: | | □其他 | | (2)故障点的排除处理说明。 | □更换 | □维修 | □调整 | |---|---|---| | □更换 | □维修 | □调整 |

续上表

六、确认修复				
七、评价	评价表见表12-5。 评 价 表 表12-5			
	检查评价项目	完成标准	学生自评	小组评价
	职业技能 掌握前照灯故障诊断与排查	步骤正确规范		
	技术知识 汽车照明灯系构造及工作原理	会描述		
	熟练分析控制电路原理图	会描述		
	素质目标 安全、规范操作			
	团结、合作			
	现场5S			

一、汽车灯系电路的概述

汽车灯系可分为车外照明和车内照明两部分,如图12-1所示。车外照明包括前照灯、前雾灯、倒车灯、牌照灯等;车内照明包括仪表照明、驾驶室照明、车厢和车门的照明以及夜间工作照明等,这些都是现代汽车夜间行车不可缺少的。

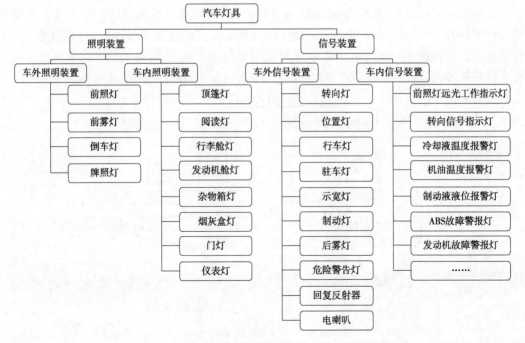

图12-1 汽车灯具

为保证行车安全,前照灯应保证车前明亮而均匀的照明,使驾驶人能辨明车前150m以内路面上的任何障碍物,随汽车行驶速度的提高,汽车前照灯的照明距离相应越来越远;前照灯还应具有防止炫目的装置,以免夜间车辆迎面相遇时,使对方驾驶人炫目而造成交通事故。

二、前照灯结构

前照灯的光学系统包括反射镜、配光镜和灯泡三部分,如图12-2所示。

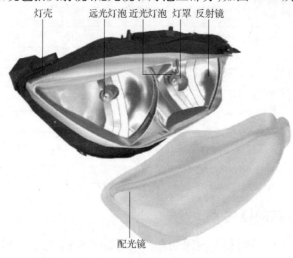

图12-2 前照灯结构

1. 反射镜

反射镜一般用0.6~0.8mm的薄钢板冲压而成,近年来已有用热固性塑料制成的反射镜,反射镜的表面形状呈旋转抛物面,如图12-3所示。其内表面真空镀铝,然后抛光。反射镜的作用就是将灯泡的光线聚合并导向前方,灯丝位于焦点上,灯丝的绝大部分光线向后射在立体角范围内,经反射镜反射后变成平行光束射向远方,使光度增强几百倍,甚至上千倍。从灯丝射出的位于立体角范围内的光线测向各方散射。散射向侧方和下方的部分光线,可照明车前5~10m的路面和路缘。而其余部分光线散向上方,则完全无用。

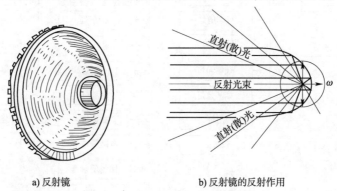

a) 反射镜　　　　　　　b) 反射镜的反射作用

图12-3 反射镜的结构与作用

2. 配光镜

配光镜又称散光玻璃,它是用透光玻璃压制而成,是很多块特殊的棱镜和透镜的组合,其几何形状比较复杂,外形一般为圆形和矩形,如图 12-4 所示。配光镜的作用是将反射镜反射出的平行光束进行折射,使车前路面和路缘都有良好而均匀的照明。近年来已开始使用塑料配光镜,不但质量轻且耐冲击性能好。

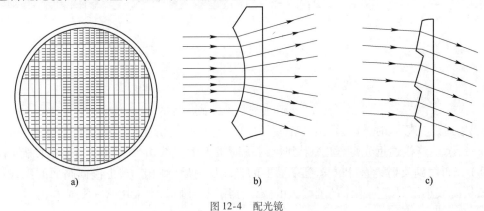

图 12-4 配光镜

3. 灯泡

前照灯从发光源的不同可分为卤素前照灯和氙气前照灯两种类型,如图 12-5 所示。

氙气与卤素灯的主要区别在于,前者通过气体电离发光,后者通过加热钨丝发光。虽然氙灯的发光电弧与卤素灯的钨丝长度直径一样,但发光效率和亮度提高了 2 倍。由于不用灯丝,没有了传统灯易脆断的缺陷,寿命也提高了 4 倍。安装氙灯不但可以减少电能消耗,还相应提高了车辆的性能,这对于轿车而言具有很重要的意义。

卤素前照灯(灯泡)　　氙气前照灯(灯泡)

图 12-5 汽车前照灯

三、前照灯防炫目措施

当前照灯的灯泡功率足够大而光学系统设计得又十分合理时,可明亮而均匀地照明车前 150m 甚至 400m 以内的路面。但是前照灯射出的强光会使迎面来车的驾驶人炫目。很易发生交通事故。

为了避免前照灯的炫目作用,保证汽车夜间行车安全,一般在汽车上都采用双丝灯泡的前照灯。灯泡的一根灯丝为"远光",另一根为"近光"。远光灯丝功率较大,位于反射镜的焦点;近光灯丝功率较小,位于焦点上方(或前方)。当夜间行驶无迎面来车时,可采用远光灯丝,使前照灯光束射向远方,便于提高车速。当两车相遇时,采用近光灯丝,使光束倾向路面,从而避免迎面来车驾驶人的炫目,并使车前 50m 内的路面也照得十分清晰。

国内外生产的双丝灯泡的前照灯,按近光的配光不同,分为对称形和非对称形两种不同的配光制。

1. 对称形配光(SAE 方式)

远光灯丝位于反射镜的焦点上,而近光灯丝位于焦点的上方并稍向右偏移(从灯泡向反射镜看去)。其工作情况如图 12-6 所示。

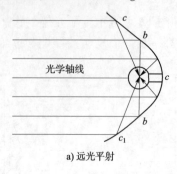
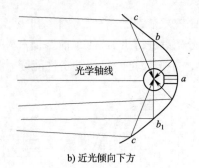

a) 远光平射　　　　　　　b) 近光倾向下方

图 12-6　对称型配光前照灯的工作情况

当接通远光灯丝时,灯丝发出的光线经反射镜反射后,沿光学轴线平行射向远方,如图 12-6a) 所示。当接通近光灯丝时,射到反射镜薄板上的光线由反射镜反射后倾向路面[图 12-6b)],而射到反射镜 bc 和 b_1c,到端面上的光线反射后倾向上方,但倾向路面的光线占大部分,从而减小了对迎面来车的驾驶人的炫目作用。美国、日本采用这一配光方式。

2. 非对称形配光(ECE 方式)

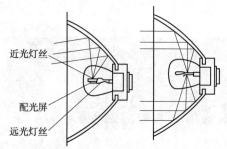

图 12-7　装有金属配光屏的双丝灯泡的工作情况

远光灯丝位于反射镜的焦点处,近光灯丝位于焦点前方且稍高出光学轴线,其下方装有金属配光屏,其工作情况如图 12-7 所示。由近光灯丝射向反射镜上部的光线,反射后倾向路面,而配光屏挡住了灯丝射向反射镜下半部的光线,故没有向上反射能引起炫目的光线。

配光屏安装时偏转一定的角度,左侧边缘倾斜 15°,使近光的光形有一条明显的明暗截止线,如图 12-8 所示,或使近光的光形向上成 45°斜线至水平线垂直距 25cm 转向水平的折线。此配光性能是在前照灯基准中心前 25m,过 AT 点的铅垂配光屏幕上测定的。在配光屏幕上的照度限值应符合表 12-6 的规定。

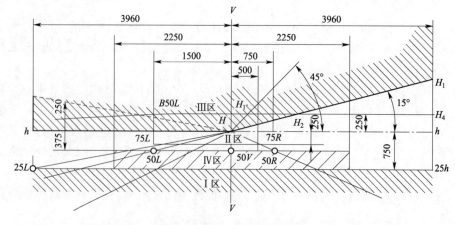

图 12-8　ECE 方式非对称型配光

区域Ⅲ是一个明显的暗区,该区 $B50L$ 点表示相距 50m 处迎面来车驾驶人眼睛的位置,由于此点光的照度值规定得很低(最大值为 0.3lx),所以可避免迎面来车驾驶人的炫目。

这种非对称形的配光性能,称为欧洲式配光,符合联合国欧洲经济委员会制定的 ECE 标准,所以又称 EC 正方式,是比较理想的配光,我国已采用。

近来,国外又发展了一种更优良的光形,其近光光形如图 12-9 所示。明暗截止线呈 Z 形。故称 Z 形配光,不仅可以避免迎面来车驾驶人的炫目,还可以防止迎面而来的行人和非机动车使用者的炫目,更加保证了汽车夜间行驶的安全。各种配光光形如图 12-10 所示。

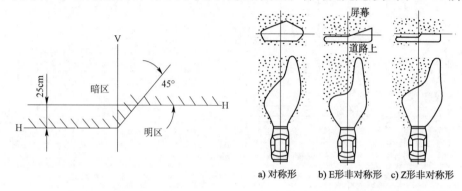

图 12-9 Z 形非对称配光示意图　　　　图 12-10 前照灯的配光光形

随着汽车行驶速度的提高,有些载货汽车、公共汽车,特别是轿车上,多采用 4 个前照灯,并排装在同一高度上。一般外侧灯为双丝灯泡、内侧灯为单丝远光。当需要远光时,4 个前照灯都亮,以加强照明效果。东风 EQ1090 型汽车则相反,其中内侧的两个前照灯为双丝灯泡,外侧为单丝远光灯泡,其光束偏向外侧,在山区行驶时,可使视野增大。

配光屏幕上的照度限值(单位:lx)　　　　　　　　　　　表 12-6

测试点或测试区域	白炽前照灯		卤钨前照灯	
	最大值	最小值	最大值	最小值
B50L	0.3		0.3、0.4①	—
75R		6		12
75L			12	
50R		6		12
50L			15	
50V				6
25L		1.5		2
25R		1.5		
Ⅲ区任何点	0.7		0.7	
Ⅳ区任何点		2		3
Ⅰ区任何点	20		$2E_{50R}$②	

注:①单近光为 0.3lx;远近光为 0.4lx。
　　②E_{50R} 为实测照度。

四、前照灯的控制

为保证行车照明的安全与方便,减轻驾驶人的劳动强度。近年来,出现了多种新型的灯光控制系统,常用的有日间行车自动点亮系统、光束调整系统、延时控制等。

1. 自动点亮系统

自动点亮系统的控制电路如图 12-11 所示。当前照灯开关位于 AUTO 位置时，由安装在仪表板上部的光传感器检测周围的光线强度，自动控制灯光的点亮。其工作原理如下。

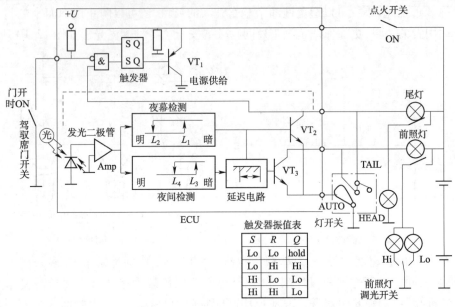

图 12-11　前照灯自动点亮控制电路

当车门关闭，点火开关处于 ON 状态时，触发器控制晶体管 VT_1 导通，为灯光自动控制器提供电源。

（1）周围环境明亮时：当周围环境的亮度比夜幕检测电路的熄灯照度 L_2 及夜间检测电路的熄灯照度 L_4 更亮时，夜幕检测电路与夜间检测电路都输出低电平，晶体管 VT_2 和 VT_3 截止，所有灯都不工作。

（2）夜幕及夜间时：当周围环境的亮度比夜幕检测电路的点灯照度 L_1 暗时，夜幕检测电路输出高电平，使 VT_2 导通，点亮尾灯。当变成更暗的状态，达到夜间点灯电路的点灯照度 L_3 以下时，夜间检测电路输出高电平。此时，延迟电路也输出高电压，使晶体管 VT_3 导通，前照灯继电器动作，点亮前照灯。

（3）接通后周围亮度变化时：在前照灯点亮时，由于路灯等原因使得周围环境变为明亮的情况下，夜间检测电路的输出变为低电平。但在延迟电路的作用下，在时间 T 期间，VT_3 仍保持导通状态，所以前照灯不熄灭。在周围的亮度比夜幕检测电路的熄灯照度更亮的情况下（如白天汽车从隧道驶出来）从夜幕检测电路输出低电平，从而解除延迟电路，尾灯和前照灯都立即熄灭。

（4）自动熄灯：点火开关断开，使发动机停止工作时，触发器 S 端子断电处于低电平。但是触发器由 +U 供电，VT_2 是导通状态，因为触发器 R 端子上也是低电平，不能改变触发器的输出端 Q 的状态。在这种状态下打开车门时，触发器 R 端子上就变成高电平，Q 端子输出就反转成为高电平，向电路供应电源的晶体管 VT_1 截止，VT_2 及 VT_3 也截止。所有灯都熄灭。在夜间黑暗的车库等处下车前，因为有车灯照亮周围，所以给下车提供了方便。

2.灯光自动控制系统

自动灯光控制传感器在灯光控制开关处于 AUTO 位置时(无 AUTO 位置的车型则为 OFF 位置)检测环境的亮度水平,它向灯光控制装置发一个信息,根据环境亮度状况,先开尾灯,再开前照灯。该系统还具有一种功能,当环境亮度忽明忽暗时打开尾灯,但不使前照灯忽明忽暗。例如在桥下行驶或者沿林荫道行驶时。若是一定时间过去后,环境亮度仍低于规定值,前照灯将点亮,如图 12-12 所示。灯光自动控制的类型取决于车型,有些车型的自动灯光控制传感器和灯光控制装置成为一体,有些车型尾灯和前照灯同时点亮。

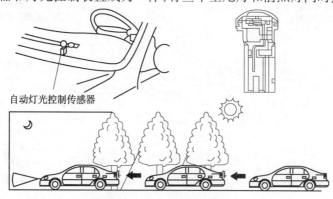

图 12-12 灯光自动控制示意图

(1)工作过程:当自动灯光控制传感器检测环境的照明水平时,它向灯光控制装置的 A 输出一个脉冲信号。当灯光控制装置判断出环境照明下降时,触发尾灯和前照灯继电器,打开尾灯和前照灯,如图 12-13 所示。当灯光控制装置判断环境照明提高时,关闭尾灯和前照灯。

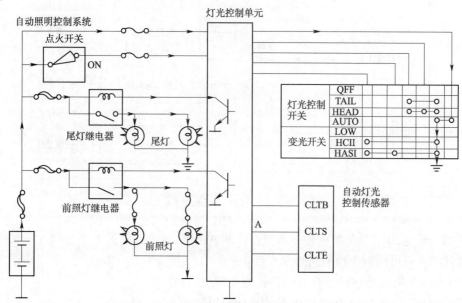

图 12-13 自动灯光控制电路图

(2)控制过程:灯光控制开关位于 AUTO 位置时,由集成于空调系统阳光传感器中的灯光控制传感器检测环境亮度水平,控制前照灯和尾灯(驻车灯、尾灯和牌照灯),可将两者之一点亮。该系统由主体 ECU 控制,控制过程如图 12-14 所示。

当驾驶人在前照灯、雾灯、驻车灯、尾灯或牌照灯未关的情况下离车时,灯光自动控制系统将关闭这些灯。满足下列所有条件时,车灯熄灭:电源从 IG-ON 转到 OFF 或 ACC;灯光控制开关位于 OFF 以外的位置;雾灯开关位于 ON 位置;关闭驾驶人侧车门后再次将其打开。灯光自动熄灭控制过程如图 12-15 所示。

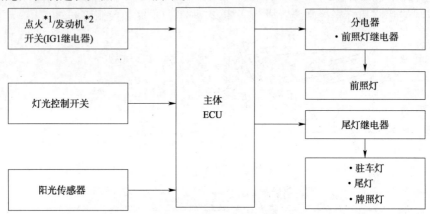

图 12-14　灯光自动点亮控制过程示意图

*1-无智能进入和起动系统的车型;*2-带有智能进入和起动系统的车型

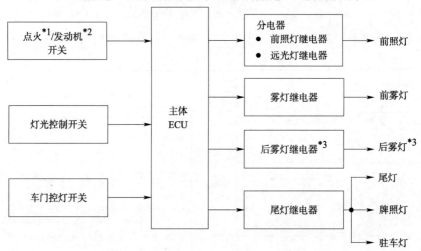

图 12-15　灯光自动熄灭控制过程示意图

1-无智能进入和起动系统的车型;*2-带有智能进入和起动系统的车型;*3-带后雾灯的型号

图 12-16 是 2013 款科鲁兹轿车前照灯控制电路图,前照灯包括 1 个提供近光和远光的单灯丝灯泡。灯可以按 3 种不同的方式点亮:

(1)当灯开关置于 ON(打开)位置时,为正常工作。

(2)当灯开关置于 AUTOMATIC LIGHT(自动灯)位置时,为自动灯控制。

(3)当灯开关置于 AUTOMATIC LIGHT(自动灯)位置时,风窗玻璃刮水器在日间条件下经过 6s 延迟后接通。

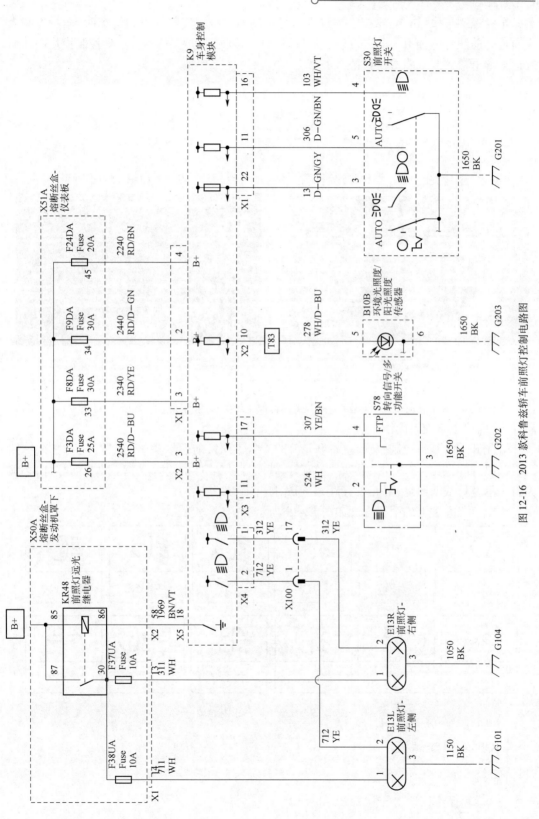

图12-16 2013款科鲁兹轿车前照灯控制电路图

车身控制模块(BCM)根据上述输入信号控制前照灯。接收到近光请求时,车身控制模块向近光前照灯施加 B + 电压,点亮近光前照灯。接收到远光请求后,车身控制模块向前照灯远光继电器控制电路提供搭铁。

一、灯光开关的识别

汽车灯光开关的常见类型有旋钮式和手柄式两种,如图 12-17 和图 12-18 所示。

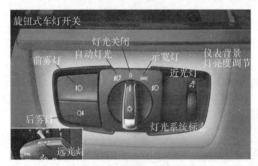

图 12-17　旋钮式汽车灯光开关

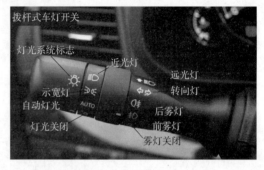

图 12-18　手柄式汽车灯光开关

旋钮式车灯开关在德系车上比较常见,部分美系车也使用,位置在中控台左侧出风口下方。

手柄式车灯开关除德系车型外,其他品牌车灯开关多采用此类型,安装在转向盘下的转向柱上,以便于驾驶人操作。

灯光开关的基本控制原则是:打开示宽灯(小灯)时,前后示宽灯(位置灯、小灯)、牌照灯、仪表灯同时点亮,打开前照灯时,示宽灯、牌照灯、仪表灯也同时点亮。要开前雾灯,必须先打开示宽灯或前照灯,要开后雾灯,必须先打开前雾灯。

汽车灯光开关上的图标含义如图 12-19 所示。

图 12-19　汽车灯光开关图标含义

二、拆装灯光装置

1. 前照灯的拆装

(1)拆卸保险杠蒙皮(图 12-20 和图 12-21)。

(2)拆卸前照灯(图2-22、表12-7)。
(3)安装前照灯。

按拆卸的反顺序安装前照灯。

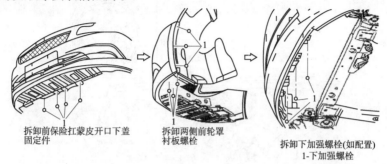

图12-20 拆卸前保险杠蒙皮开口下盖、两侧前轮罩衬板(先举升车辆)

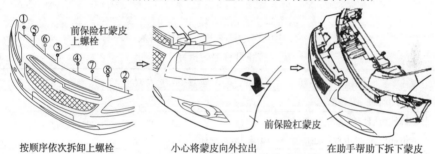

图12-21 拆卸前保险杠蒙皮上螺栓,取出蒙皮

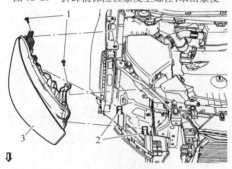

图12-22 拆卸前照灯
1-螺钉;2-支架固定件;3-前照灯总成

拆卸前照灯 表12-7

序号	部件名称及操作方法
1	前照灯螺钉2件,紧固力矩:2.5N·m
2	前照灯支架固定件2件,拆卸程序:向前拉前照灯总成以解锁
3	前照灯总成拆卸程序: (1)将前照灯电器连接器从前端照明灯线束连接器上断开; (2)拆卸前照灯总成; (3)必要时更换灯泡

2.前照灯灯泡的更换

按照图12-23和表12-8步骤进行。

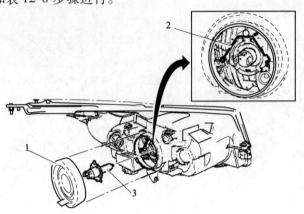

图12-23 前照灯灯泡的拆卸

1-灯泡防尘罩；2-灯泡插座托架；3-灯泡

前照灯灯泡的拆卸　　　　　　　　　　　　　　　　表12-8

序 号	部 件 名 称 及 操 作 方 法
1	拆卸前照灯灯泡防尘罩
2	拆卸前照灯灯泡插座托架 拆卸程序：断开电器连接器→拆卸前照灯灯泡插座托架
3	取出前照灯灯泡。 警告：卤素灯泡内含压力气体。处理不当会使灯泡爆炸成玻璃碎片。 为避免人身伤害： 在更换灯泡前，关闭灯开关并使灯泡冷却。 使灯开关保持关闭，直到换完灯泡。 更换卤素灯泡时，务必戴上防护眼镜。 拿灯泡时，只能拿住灯座。避免接触玻璃。 要避免灯泡沾有灰尘和湿气及油污

项目十三　汽车信号系统构造与检修

学习目标

能 力 目 标	知 识 目 标
能分析汽车信号控制电路,查找电器,并检测和更换电器元件	描述汽车信号系统的构造及工作原理
正确诊断汽车信号系统常见故障及排除	简述汽车信号系统的控制电路工作过程

任务1　转向灯故障检测与修复

项目	实施步骤
客户任务	与客户交流,了解车辆使用情况,确认车辆左侧前、后转向灯不亮。
任务目的	制订工作计划,并利用检测工具对电路进行性能检测,判定故障点,并排除。
项　　目	实　施　步　骤
一、确认客户报修故障	附录1　维修接待与接车问诊表
二、检测仪表、工具及车辆防护工作	根据任务要求,确定需要的检测仪器、工具并对小组人员合理分工,制订详细的诊断和修复计划。 (1)需要的检测仪表、工具见表13-1。 **检测仪表、工具**　　　　表13-1 | 序号 | 仪表、工具名称 | 规格 | 数量 | 备注 | | --- | --- | --- | --- | --- | | | | | | | | | | | | | | | | | | | | | | | | | (2)车辆防护。
三、根据资讯查找电器元件位置,分析电路,初步检查	(1)观察车辆,确认转向开关、转向灯位置。

续上表

三、根据资讯查找电器元件位置，分析电路，初步检查	□左前转向灯	□左后转向灯
	□右前转向灯	□右后转向灯

(2)分析丰田卡罗拉轿车转向灯电路。

(3)细致目测电路的外部系统，检查各个相关线束、接插件及搭铁的情况，如有不良，记录表13-2。

检 查 表　　　　　　　　表13-2

项目	位置1	位置2	位置3
线束			
搭铁			
接插件			

四、电路检测

(1)涉及转向电路的熔断丝为_____。
转向器继电器为_____。
熔断丝盒在仪表下方，去掉挡板，拔出相应熔断丝测量，检查(□是/□否)存在烧断的现象。
(2)转向继电器的检查。
检查过程描述：_____。
(3)用试灯检查转向灯供电电压(□是/□否)正常，检查转向灯搭铁(□是/□否)正常。
若都正常，更换转向灯灯泡。
(4)若转向灯无电，则检查转向灯开关。
检查过程描述：_____。

五、故障部位确认和排除

根据上述的所有检测结果，确定故障内容并注明。
(1)确定的故障内容。

□元件损坏	请写明元件名称：
□线路故障	请写明线路区间：
□其他	

续上表

	(2)故障点的排除处理说明。		
	□更换	□维修	□调整
	□更换	□维修	□调整
六、确认修复	
七、评价	评价表见表13-3。

评价表　　　　　　　　　　　表13-3

检查评价项目		完成标准	学生自评	小组评价
职业技能	掌握转向灯故障诊断与排查	步骤正确规范		
技术知识	转向灯电路工作原理	会描述		
	熟练分析控制电路原理图	会描述		
素质目标	安全、规范操作			
	团结、合作			
	现场5S			

任务2　汽车CAN总线控制的转向灯不工作故障诊断与排除

客户任务	2013款科鲁兹轿车转向灯不工作。
任务目的	制订工作计划,并利用检测工具对电路进行性能检测,判定故障点,并排除。
项目	实施步骤
一、确认客户报修故障	附录1　维修接待与接车问诊表
二、检测仪表、工具及车辆防护工作	根据任务要求,确定需要的检测仪器、工具并对小组人员合理分工,制订详细的诊断和修复计划。 (1)需要的检测仪表、工具见表13-4。 检测仪表、工具　　　表13-4 | 序号 | 仪表、工具名称 | 规格 | 数量 | 备注 | |---|---|---|---|---| | | | | | | | | | | | | | | | | | | | | | | | | (2)车辆防护。

续上表

三、根据资讯查找电器元件位置，分析电路，初步检查	(1)转向和危险警告灯电路主要由_____、_____、_____、_____和_____等组成。科鲁兹轿车的转向和危险警告灯电路采用_____代替闪光继电器。 (2)三脚式闪光继电器的三个管脚是：_____、_____、_____。 (3)如果给闪光继电器的B、E脚分别接蓄电池的正、负极，如果L脚没有脉冲电压输出，则这个闪光继电器是坏的。(　　) (4)转向和危险警告灯通常给闪光继电器或车身控制模块提供搭铁信号。(　　) (5)分析2013款科鲁兹转向灯控制电路(图13-11)。 (6)实车上确定各元件位置。 | □F16DA	□F12DA	□F17DA | |---|---|---| | □E4LF | □A9A | □E4LR | | □E4RR | □E4RF | □A9B | | □S26 | □S78 | | (7)细致目测电路的外部系统，检查各个相关线束、接插件及搭铁的情况，如有不良，记录表13-5。 检　查　表　　　　表13-5 | 项目 | 位置1 | 位置2 | 位置3 | |---|---|---|---| | 线束 | | | | | 搭铁 | | | | | 接插件 | | | |
四、电路检测	(1)借助故障诊断仪的检测方法。 将点火开关置于ON(打开)位置，当S78转向信号/多功能开关在左侧和右侧位置之间切换时，观察故障诊断仪的"Right Turn Signal Switch(右转向信号开关)"参数和"Left Turn Signal Switch(左转向信号开关)"参数。读数应在"ACTIVE(激活)"和"INACTIVE(未激活)"之间切换。如果读数未在指令状态之间变化，则检测转向信号开关及其电路是否存在断路和短路，如果存在故障，更换S78转向信号/多功能开关或修复电路；如果开关及电路正常，更换K9车身控制模块。 (2)采用试灯或万用表的检测方法。 根据前面的任务分析，危险警告灯工作正常，转向信号灯不工作的可能原因有转向灯开关故障、车身控制模块故障、线束或连接器故障。可以把转向灯开关作为检测的切入点，逐步缩小范围。

续上表

四、电路检测	断开转向灯开关的线束连接器,打开点火开关,用一根带保险的跨接线一端连接转向灯开关线束连接器的1号或2号端子,一端搭铁。如果左或右转向灯工作正常,说明故障在转向灯开关或其搭铁线路;如果左或右转向灯仍然不工作,用万用表检查转向灯开关到K9车身控制模块的2根控制线是否存在开路故障,否则更换9车身控制模块。
五、故障部位确认和排除	根据上述的所有检测结果,确定故障内容并注明。 (1)确定的故障内容。 <table><tr><td>□元件损坏</td><td>请写明元件名称:</td></tr><tr><td>□线路故障</td><td>请写明线路区间:</td></tr><tr><td>□其他</td><td></td></tr></table> (2)故障点的排除处理说明。 <table><tr><td>□更换</td><td>□维修</td><td>□调整</td></tr><tr><td>□更换</td><td>□维修</td><td>□调整</td></tr></table>
六、确认修复	
七、评价	评价表见表13-6。 评 价 表　　　表13-6 <table><tr><td colspan="2">检查评价项目</td><td>完成标准</td><td>学生自评</td><td>小组评价</td></tr><tr><td>职业技能</td><td>掌握转向灯故障诊断与排查</td><td>步骤正确规范</td><td></td><td></td></tr><tr><td rowspan="2">技术知识</td><td>转向灯电路工作原理</td><td>会描述</td><td></td><td></td></tr><tr><td>熟练分析控制电路原理图</td><td>会描述</td><td></td><td></td></tr><tr><td rowspan="3">素质目标</td><td>安全、规范操作</td><td></td><td></td><td></td></tr><tr><td>团结、合作</td><td></td><td></td><td></td></tr><tr><td>现场5S</td><td></td><td></td><td></td></tr></table>

相关知识

一、汽车对灯光信号装置的要求

1. 转向信号

汽车转弯时,左侧或右侧的转向灯会发出明暗交替的闪光信号,以示汽车转向,汽车的转向灯大都采用橙色,在灯轴线的右偏5°的视角范围内,无论是白天黑夜,要求其能见距离不小于35m,而在右偏30°至左偏30°的视角范围内,要求能见距离不小于10m,转向灯的闪光频率应控制在 50～110 次/min 范围内，一般为 60～95 次/min。

2. 制动信号

汽车制动时，其尾部的制动灯应发出较强的红光，以示制动。两个制动灯的安装位置应与汽车的纵轴线对称并在同一高度，制动灯的红色信号应保证夜间 100m 以外能够看清，其光束角在水平面内应能达到灯轴线左右各 45°，在铅垂面内应能达到灯轴线上下各 15° 的范围。

3. 危险警告信号

危险警告信号由左右转向灯同时闪烁表示，与转向信号具有相同的要求。

4. 示廓信号

示廓灯装在汽车前后两侧的边缘，在汽车夜间行驶时，以示汽车的宽度。示廓灯透光面边缘距车身不得小于 400mm，示廓灯灯光在前方 100m 以外应能看得清楚，在汽车的其他各个方向，能看清示廓灯灯光的距离应不小于 30m。

二、转向灯电路

转向和危险警告灯系统主要由转向灯开关、危险警告灯开关、转向灯、转向指示灯和闪光继电器组成，有些车型的转向灯系统由车身控制模块控制，取消了闪光继电器。

闪光器按其结构不同，主要可分为分为电容式和电子式两种。

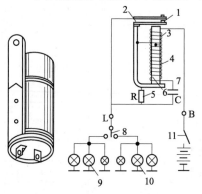

图 13-1 电容式闪光器

1-动断触点；2-弹簧片；3-线圈 L_1；4-线圈 L_2；5-灭弧电阻；6-铁芯；7-电解电容器；8-转向灯开关；9-左转向信号灯和指示灯；10-右转向信号灯和指示灯；11-电源开关

1. 电容式闪光器

电容式闪光器的基本结构与电路原理如图 13-1 所示，线圈 L_1 经转向开关与转向信号灯、转向信号指示灯串联，线圈 L_2 与电容器 7 串联。两个线圈的电路由动断触点 1 控制。

其工作过程：当转向灯开关拨至左转向时，其电路为：蓄电池正极→线圈→动断触点→转向灯开关→左转向灯搭铁→蓄电池负极。由于线圈中有电流流过，铁芯磁化产生吸力，当磁力矩大于弹簧力矩时，触点迅速打开，转向灯不亮（通电时间短）。

触点打开后，蓄电池对电容器充电，其电路是：蓄电池正极→线圈 L_1→线圈 L_2→电容器→转向灯开关→搭铁→蓄电池负极，由于充电电流小，转向灯仍不亮。线圈产生磁场方向相同，触点仍然张开。随着电容器充电时间增长，其两端电压逐渐升高。充电电流逐渐减小，两线圈场吸力减小，触点重新闭合。

触点闭合后，电容器通过线圈 L_1 触点放电，线圈 L 产生的磁场削弱 L_2 产生的磁场，使触点闭合时间延长，转向信号灯和转向指示灯中有较大电流流过，这时亮灯，随着放电时间增长，L_2 中电流减小，产生磁场减弱，对 L 产生磁场削弱作用小到一定程度时，触点重新打开，转向信号灯熄灭。如此反复，使转向灯闪烁。

电容式闪光器具有监控功能，当一侧转向灯有一只或一只以上转向灯灯泡烧断或接触不良时,闪光器就使该侧转向灯接通时只亮不闪,以示该侧转向灯电路有故障。该闪光器接线时应特别注意电源极性,否则烧损闪光器而不能工作。在负极搭铁的车上,接线柱 B 应接蓄电池,L 接转向开关;正极搭铁车辆相反。

2. 电子闪光器

图 13-2 所示为有触点式晶体管闪光器,主要由一个三极管 VT 所组成的开关和一小型继电器构成。

其工作原理如下:接通转向开关 K 时,电流由蓄电池正极→开关 SW→R_1→继电器的动断触点→转向开关→转向灯及转向指示灯→搭铁→蓄电池负极。由于 R_1 的电阻较小,故电流较大,转向灯灯光较亮。同时因电阻上的电压降使三极管 VT 的基极由于正向偏置而导通,继电器线圈通电,使动断触点张开,转向灯迅速变暗。触点打开后,电容 C 被充电,充电电流从蓄电池正极→开关 SW→→转向开关—转向灯及转向指示灯→搭铁→蓄电池负极。此时,因为 R_1、R_2 的电压降

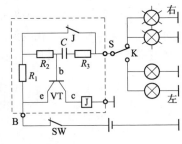

图 13-2 电子闪光器

使 VT 仍导通,故触点继续断开,同时充电电流很小,故转向灯仍很暗。电容器继续充电。随着充电电流逐渐减小,R_1、R_2 电压降随之下降,当其小于 VT 所需的正向偏置电压时,VT 截止,继电器停止工作,触点闭合,转向灯又重新变亮。

触点闭合后,电容 C 通过 R_1、R_2 及继电器触点放电,由于放电时电阻上的电压降使得 VT 的基极电位较高,导致 VT 基极电压反向偏置无法导通,仍维持触点闭合状态。随着放电电流逐渐减小,VT 的基极电位不断下降,直到达到 VT 导通所需的正向偏置电压时,VT 导通,继电器又通电,转向灯再次变暗。

随着电容 C 的充电、放电,VT 不断地导通截止,如此循环,周而复始,使转向灯闪烁。

三、倒车灯及报警器

1. 倒车灯

用于指示车辆的尾部,受倒挡开关控制。其灯罩为白色。汽车倒车灯与倒车蜂鸣器共同工作,前者发生灯光闪烁信号,后者发出断续的鸣叫信号。倒车灯与倒车蜂鸣器皆由倒车开关控制。倒车开关附设在变速器上,当变速器处于倒挡状态时,倒车开关即闭合。

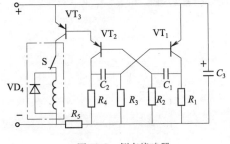

图 13-3 倒车蜂鸣器

2. 倒车蜂鸣器

如图 13-3 所示,倒车蜂鸣器是一个间歇发音的音响装置,发音部分是一只小功率的电喇叭。控制电路是一个由无稳态电路与反相器组成的开关电路。

当倒车开关 S 闭合后,由三极管 VT_1 和 VT_2 组成的无稳态电路自行翻转,使开关管 VT_3 按无稳态电路的振荡频率时通时断。

当三极管 VT_3 导通时,电流便从电源正极经 VT_3、蜂鸣器的动断触点、线圈流回电源负极。线圈通电后,使线圈中的铁芯磁化,吸动衔铁。带动膜片变形,产生声音。当 VT_3 截止

时,于是线圈断电,铁芯退磁,衔铁与膜片回位,如此周而复始,VT_3 按照无稳态电路的翻转频率不断地导通、截止,从而使得倒车蜂鸣器发出间歇性的鸣叫。

3. 倒车语音报警器

随着集成电路技术的发展,现在已经能将语音信号压缩存储于集成电路中,制成倒车语音报警器。在汽车倒车时,能重复发出"倒车,请注意"等声音,以此提醒车后行人避开车辆而确保安全倒车。倒车语音报警器的典型电路如图13-4所示。IC_1 是储存有语音信号的集成电路,集成块 IC_2 是功率放大集成电路,稳压管 VD 用于稳定语音集成块 IC_2 的工作电压。为防止电源电压接反,在电源的输入端使用了由4个二极管组成的桥式整流电路,这样无论它怎样接入12V电源,均可保证电子电路可正常工作。

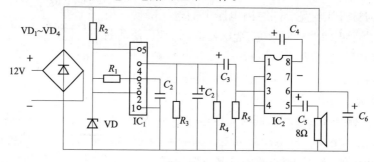

图 13-4 倒车语音报警器

当汽车挂入倒挡时,倒车开关接通了倒挡报警电路,电源便由桥式整流电路输入语音倒车报警器,语音集成电路的输出端便输出一定幅度的语音电压信号。此语音电压信号经 C_2、C_3、R_3、R_4、R_5 组成的阻容电路消除杂音,改善音质,并耦合到集成电路 IC_2 的输入端,经 IC_2 功率放大后,通过喇叭输出,即可发出清晰的"倒车,请注意"等声音。

4. 倒车雷达

倒车雷达通过声音或者更为直观地显示告知驾驶人周围障碍物的情况,解除驾驶人泊车和起动车辆时前后左右探视所引起的困扰,并帮助驾驶人扫除视野死角和视线模糊的缺陷,提高驾驶的安全性。

倒车雷达一般由超声波传感器(俗称探头)、控制器和显示器(或蜂鸣器)等部分组成。图13-5所示为奥迪A6轿车倒车雷达报警系统。

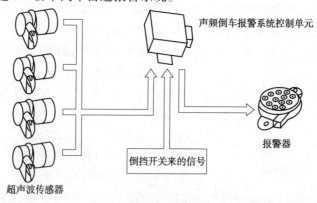

图 13-5 倒车雷达报警系统

倒车雷达分别有2探头、4探头、6探头及8探头多种,2~4探头的倒车雷达一般安装在汽车的后保险杠上面,如图13-6所示。6~8探头的倒车雷达一般的安装方式是,前面2个后面4个,或前面4个后面4个。通常,探头的数量决定倒车雷达的探测覆盖能力,6个以上探头的倒车雷达,在倒车时还可探测到前左右角。安装探头时必须注意,高度不能低于地面50cm,而且探头间的距离分布要整齐、规范,才能使它发挥出应有的作用。

倒车雷达的工作过程:奥迪A6轿车倒车雷达采用超声波测距原理,驾驶人在倒车时,将汽车的挡位推到R挡,起动倒车雷达,在控制器的控制下,由装置于车尾保险杠上的探头发送超声波,遇到障碍物,产生回波信号,传感器接收到回波信号后经控制器进行数据处理,通过记录信号由发出到返回的时间从而计算出车体与障碍物之间的距离,判断出障碍物的位置,再由显示器显示距离并发出警示信号,从而使驾驶人倒车时不至于撞上障碍物。

奥迪A6轿车装有4个超声波传感器,其结构如图13-7所示。每个传感器既可以发出超声波也可以接受超声波的回波。传感器由一个超声波发生器和一个集成电路组成,集成电路将回波的声波信号转换成数字信号,并将其传递到控制单元,控制单元根据回波的传播时间计算出障碍物的距离。当障碍物距离车辆1.6m时,可听见间歇报警声。离障碍物越近,报警声音越急促;如果距离障碍物小于0.2m时,则连续地发出报警声。

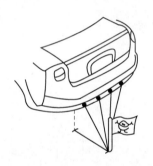 

图13-6 倒车雷达传感器安装位置　　图13-7 倒车雷达传感器

四、制动灯

制动信号灯安装在车辆尾部,通知后面车辆该车正在制动,以避免后面车辆与其后部相撞。制动信号灯由制动开关控制,从控制的方式不同可分为气压式、液压式和机械式3种。其中,气压式和液压式制动一般装在制动管路中,工作情况都是利用气压或液压使开关中两接柱相连,从而导通制动信号灯电路,这两种开关经常在载货汽车上使用。小型轿车经常使用机械式开关,一般安装在制动踏板下方。当踩下制动踏板时,制动开关内的活动触点便将两个接线柱接通,使制动灯亮;当松开制动踏板后,断开制动灯电路。

一、闪光继电器控制的转向灯电路及其检测方法

1. 闪光继电器检测方法

晶体管式闪光继电器的外形和接脚如图13-8所示。

闪光继电器的三个管脚：B——电源端；L——闪光器控制端，接转向灯；E——搭铁端。只要给闪光继电器的 B 脚和 E 脚施加 12V 或 24V 工作电压，闪光继电器就会通过 L 脚向转向灯提供脉冲电压。我们可以利用这一原理来检测判断闪光继电器的好坏，如图 13-9 所示。

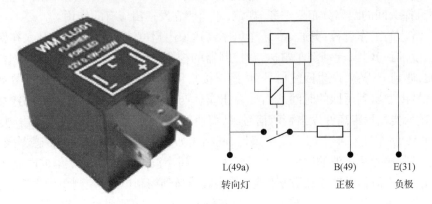

图 13-8　电子闪光器外形与接脚

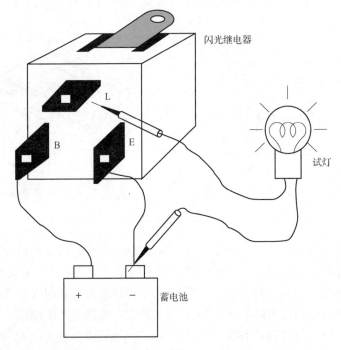

图 13-9　闪光继电器的检测

2. 由闪光继电器控制的转向灯电路

1）电路工作原理

图 13-10 所示为卡罗拉轿车的转向灯及危险警告灯电路。此车使用的电子闪光器为 8 脚的类型，工作方式与普通 3 脚式电子闪光器有所不同，其工作原理如下。

当点火开关处于 ON 状态后，电流从蓄电池正极→熔断丝→闪光继电器→转向开关→搭铁→蓄电池负极，形成回路。

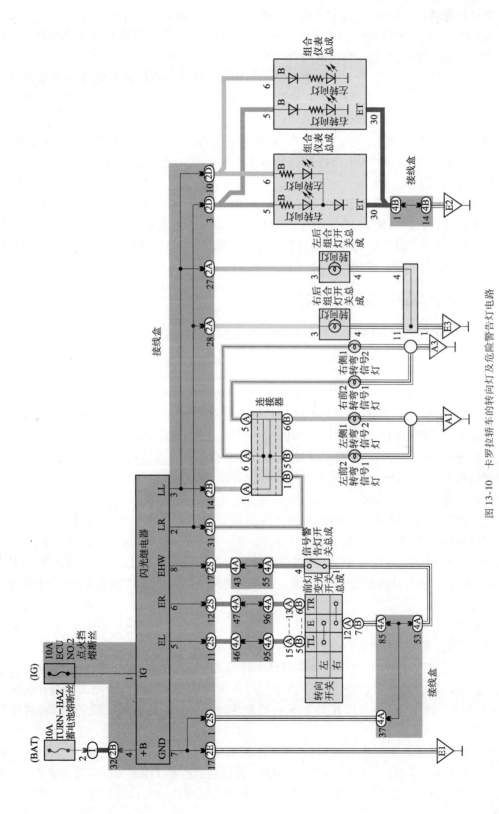

图 13-10 卡罗拉轿车的转向灯及危险警告灯电路

当打开左转向开关时,一路电流从蓄电池出发→10A 熔断丝→左闪光继电器→连接器(A1、B5、B6)→到左前转向灯、左侧转向灯→搭铁;同时另一路电流从左闪光继电器→左转向灯指示灯;左转向灯和指示灯同时闪烁。

当打开右转向开关时,电流从蓄电池出发→10A 熔断丝→右闪光继电器→连接器(B1、A5、A6)→到右前转向灯、右侧转向灯→搭铁;同时另一路电流从右闪光继电器→右转向灯指示灯;此时右转向灯和指示灯同时闪烁。

当按下危险警告灯开关时,闪光继电器警告信号回路接通(EHW 接脚搭铁),闪光继电器控制 LL 和 LR 接脚同时通电,这时左右两侧转向灯和转向指示灯同时闪烁。

2)电路检测方法

根据电路的工作原理,采用"满足条件法"检测电路的核心部件——闪光继电器,即只要点火开关打开,通过"+B"、"IG"接脚和"GND"接脚给闪光继电器施加电源电压,当"EL"或"ER"接脚搭铁时,"LL"或"LR"接脚就会对外提供脉冲电压;任何时候当"EHW"接脚搭铁时,"LL"和"LR"接脚就会同时对外提供脉冲电压。

二、车身控制模块控制的转向灯电路

图 13-11 所示为科鲁兹轿车转向灯电路,由转向灯、转向灯开关、危险警告灯开关、车身控制模块等组成。

1. 转向信号灯原理

转向信号/多功能开关始终搭铁。转向信号灯只在点火开关置于 ON(打开)或 START(起动)位置时才点亮。当转向信号/多功能开关置于右转或左转位置时,通过右转向或左转向信号开关信号电路向车身控制模块提供搭铁。随后,车身控制模块通过相应的电源电压电路向前转向和后转向信号灯提供脉冲电压。车身控制模块接收到转向信号请求时,将串行数据信息发送至组合仪表,请求各转向信号指示灯点亮和熄灭。

2. 危险警告闪光灯原理

危险警告闪光灯可以在任何电源模式中激活。当按下危险警告开关时,危险警告开关信号电路瞬时搭铁。车身控制模块(BCM)在一个 ON 和 OFF 占空比周期中向所有 4 个转向信号灯提供蓄电池电压,以此对危险警告开关信号输入做出反应。激活危险警告开关时,车身控制模块向组合仪表发送一个串行数据信息,请求转向信号指示灯循环点亮和熄灭。

3. 电路的检测方法

检测前提:点火开关打开,车身控制模块 K9 供电正常。

左、右转向信号检测:把转向灯开关打到左转向或右转向位置,车身控制模块 K9 应对左转向灯或右转向灯输出脉冲控制信号(检测点:转向灯接线连接器),否则应检查相关元件(转向灯开关)和线路(转向灯开关与车身控制模块 K9 的连接及搭铁线路、左右转向灯线路)。

危险警告灯信号检测:按下危险警告灯开关,车身控制模块 K9 应同时对左、右转向灯输出脉冲控制信号(检测点:转向灯接线连接器),否则应检查相关元件(危险警告灯开关)和线路(危险警告灯开关与车身控制模块 K9 的连接及搭铁线路、左右转向灯线路)。

项目十三 汽车信号系统构造与检修

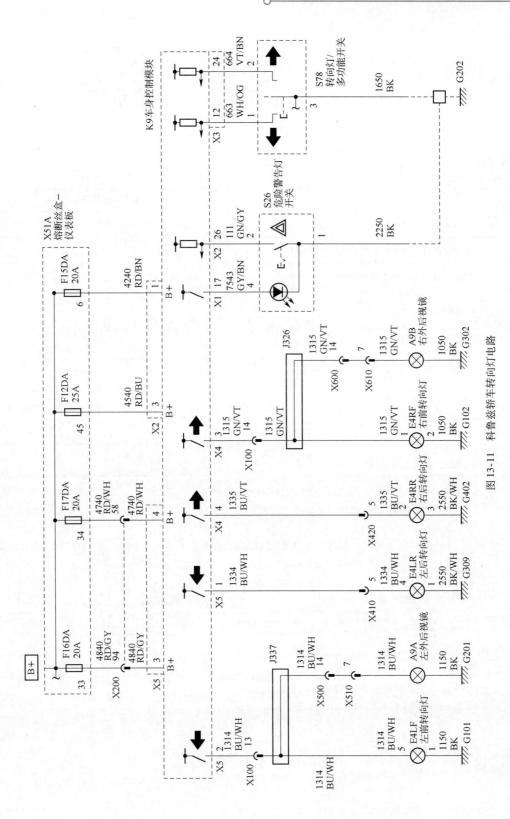

图13-11 科鲁兹轿车转向灯电路

项目十四　汽车仪表与报警系统

能力目标	知识目标
识别汽车仪表与报警系统的符号	描述汽车仪表的作用、分类与组成
正确检测汽车仪表与报警系统的组成元件	简述汽车仪表的基本工作原理
学会处理汽车仪表与报警系统的常见故障	熟知汽车仪表与报警电路分析及诊断流程

任务1　组合仪表不工作故障诊断

客户任务	一辆威驰轿车,行驶中仪表不工作
任务目的	根据客户反映故障现象,分析故障可能的原因,用万用表等工具排查,确定故障点,制定工作计划完成修复工作
步　骤	实　施　内　容
一、确认客户报修故障	附录1　维修接待与接车问诊表
二、检测仪表、工具及车辆防护工作	根据任务要求,确定需要的检测仪器、工具并对小组人员合理分工,制订详细的诊断和修复计划。 (1)需要的检测仪表、工具见表14-1。 **检测仪表、工具**　　表14-1 | 序号 | 仪表、工具名称 | 规格 | 数量 | 备注 | |---|---|---|---|---| | | | | | | | | | | | | (2)车辆防护。
三、根据资讯查找电器元件位置,分析电路,初步检查	(1)威驰轿车仪表电源电路(图14-1)。

续上表

三、根据资讯查找电器元件位置,分析电路,初步检查	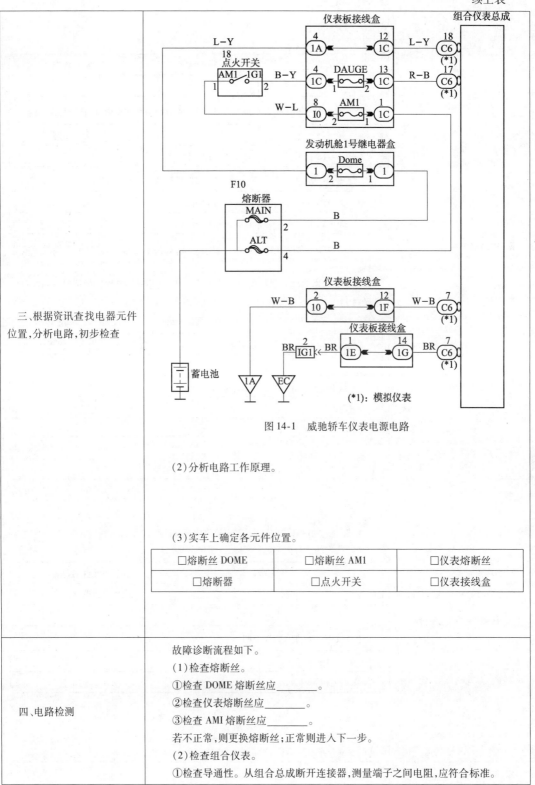

图 14-1 威驰轿车仪表电源电路

(2)分析电路工作原理。

(3)实车上确定各元件位置。

□熔断丝 DOME	□熔断丝 AM1	□仪表熔断丝
□熔断器	□点火开关	□仪表接线盒

|
| 四、电路检测 | 故障诊断流程如下。
(1)检查熔断丝。
①检查 DOME 熔断丝应_____。
②检查仪表熔断丝应_____。
③检查 AM1 熔断丝应_____。
若不正常,则更换熔断丝;正常则进入下一步。
(2)检查组合仪表。
①检查导通性。从组合总成断开连接器,测量端子之间电阻,应符合标准。 |

续上表

四、电路检测	<table><tr><td>测试器连接</td><td>标准状态</td><td>实际状态</td></tr><tr><td>C6~7 搭铁、C6~8 搭铁</td><td>导通</td><td></td></tr></table>②检查电压。从组合总成断开连接器，测量端子之间电阻，应符合标准。<table><tr><td>测试器连接</td><td>标准状态</td><td>实际状态</td></tr><tr><td>C6~18 搭铁</td><td>10~14</td><td></td></tr></table>把点火开关转到 ON 位置，测量端子之间的电压，应符合标准。<table><tr><td>测试器连接</td><td>标准状态</td><td>实际状态</td></tr><tr><td>C6~17 搭铁</td><td>10~14</td><td></td></tr></table>如果正常，则检查和更换组合仪表总成，如果不正常，则修理或更换线束或连接器。 细致目测电路的外部系统，检查各个相关线束、接插件及搭铁的情况，如有不良，记录表14-2。 检 查 表　　　　表14-2 <table><tr><td>项目</td><td>位置1</td><td>位置2</td><td>位置3</td></tr><tr><td>线束</td><td></td><td></td><td></td></tr><tr><td>搭铁</td><td></td><td></td><td></td></tr><tr><td>接插件</td><td></td><td></td><td></td></tr></table>结果：_____。
五、故障部位确认和排除	根据上述的所有检测结果，确定故障内容并注明。 (1)确定的故障内容。<table><tr><td>□元件损坏</td><td>请写明元件名称：</td></tr><tr><td>□线路故障</td><td>请写明线路区间：</td></tr><tr><td>□其他</td><td></td></tr></table>(2)故障点的排除处理说明。<table><tr><td>□更换</td><td>□维修</td><td>□调整</td></tr><tr><td>□更换</td><td>□维修</td><td>□调整</td></tr></table>
六、确认修复	

续上表

	评价表见表14-3。 评 价 表 表 14-3			
	检查评价项目	完成标准	学生自评	小组评价
职业技能	根据控制电路,判断故障点	正确分析		
七、评价	能进行组合仪表故障排查	步骤正确规范		
技术知识	组合组成、电路分析	会描述		
素质目标	安全、规范操作			
	团结、合作			
	现场 5S			

一、汽车仪表系统概述

汽车仪表是为驾驶人提供汽车运行中重要信息的装置,也是使用人员和维修人员发现和排除故障的重要工具。

仪表板总成将各仪表封装在一个壳体内,亦称为组合式仪表,如图14-2所示。仪表板总成一般主要由仪表和指示灯、仪表板、印刷电路,有些仪表还带有仪表稳压器及报警蜂鸣器。

图 14-2 汽车仪表总成

现代轿车的仪表台总成一般是指转向盘前的主仪表板和驾驶人旁通道上的副仪表板以及仪表罩构成的平台。主仪表板上一般集中了全车的监察仪表,如车速表、电流表、发动机转速表、油压表、冷却液温度表、燃油表等。有些仪表还设有变速挡位指示、时钟、环境温度表、路面倾斜表和海拔表等。按照当前流行的仪表台设计款式,一般将空调、音响、导航、娱乐等设备的显示和控制部件安装在副仪表板上,以方便驾驶人操作,同时也显得整车布局紧凑合理。

现代汽车许多仪表由指示灯所代替,如油压指示灯代替了油压表、充电指示灯代替了电流表、冷却液温度指示灯代替冷却液温度表;而且增加了驻车指示灯、蓄电池指示灯、转向指示灯、变速器挡位指示灯、安全带指示灯、车门状态指示灯、发动机故障指示灯、驻车制动指示灯、防抱死制动警告灯、安全气囊指示灯、制动盘指示灯等,各种指示灯符号使用国际标准化组织(ISO)规定的通用符号,其含义见表14-4。

汽车仪表相关指示灯含义 表14-4

符 号	含 义
	车门状态指示灯:显示车门是否完全关闭,车门打开或未能关闭时,相应的指示灯亮起,提示车主车门未关好,车门关闭后熄灭
	驻车指示灯:驻车制动手柄(即手刹)拉起时,灯点亮;驻车制动手柄被放下时,指示灯自动熄灭。在有的车型上,制动液不足时,此灯会亮
	蓄电池指示灯:显示蓄电池工作状态。接通电门后亮起,发动机起动后熄灭。如果不亮或长亮不灭应立即检查电路
	制动盘指示灯:显示制动盘片磨损情况。正常情况下,灯熄灭;点亮时提示车主制动片磨损过度或故障,应及时更换,修复后熄灭
	机油指示灯:显示发动机机油压力,灯亮起时表示润滑系统失去压力,可能有渗漏,需立即停车关闭发动机进行检查
	冷却液温度指示灯:显示发动机冷却液温度,灯点亮时,冷却液温度过高,应停车并关闭发动机,待冷却至正常温度后再继续行驶
	安全气囊指示灯:显示安全气囊工作状态,接通电门后点亮,3~4s后熄灭,表示系统正常,不亮或常亮表示系统存在故障
	ABS指示灯:接通电门后点亮,3~4s后熄灭,表示系统正常,不亮或长亮则表示系统故障,此时可以继续低速行驶,但应避免急制动
	发动机故障指示灯:表示发动机工作状态,接通电门后点亮,3~4s后熄灭,发动机工作正常;不亮或长亮表示发动机故障,需检修
	燃油指示灯:提示燃油存量,该灯亮起时,表示燃油即将耗尽,一般从该灯亮起到燃油耗尽之前,车辆还能行驶50km左右
	清洗液指示灯:显示风挡清洗液存量,清洗液即将耗尽,该灯点亮,提示车主及时添加清洗液。添加清洁液后,指示灯熄灭
	电子节气门指示灯:大众公司的车型中,车辆开始自检时,EPC灯会点亮数秒,随后熄灭,出现故障,本灯亮起,应及时进行检修
	前后雾灯指示灯:该指示灯是用来显示前后雾灯的工作状况,前后雾灯接通时,两灯点亮,图中左侧的是前雾灯显示,右侧为后雾灯显示
	转向指示灯:转向灯亮时,相应的转向灯按一定频率闪烁。按下双闪警示灯按键时,两灯同时亮起,转向灯熄灭后,指示灯自动熄灭

续上表

符 号	含 义
	远光指示灯:显示前照灯是否处于远光状态,通常的情况下该指示灯为熄灭状态,在远光灯接通和使用远光灯瞬间点亮功能时亮起
	安全带指示灯:显示安全带状态,按照车型不同,灯会亮起数秒进行提示,或者直到系好安全带才熄灭,有的车还会有声音提示
	O/D 挡指示灯:O/D 挡指示灯用来显示自动挡的 O/D 挡(Over-Drive)超速挡的工作状态,当 O/D 挡指示灯闪亮,说明 O/D 挡已锁止
	内循环指示灯:该灯是显示车辆空调系统的工作状态,平时为熄灭状态,当打开内循环按钮,车辆关闭外循环时,该指示灯自动点亮
	示宽指示灯:示宽指示灯是用来显示车辆示宽灯的工作状态,平时为熄灭状态,当示宽灯打开时,该指示灯随即点亮
	VSC 指示灯:该指示灯出现在日系车上,是用来显示车辆 VSC(电子车身稳定系统)的工作状态,当灯点亮时,说明 VSC 已被关闭
	TCS 指示灯:该灯显示车辆 TCS(牵引力控制系统)的工作状态,多出现在日系车上,当该指示灯点亮时,说明 TCS 已被关闭

二、汽车报警装置及报警电路

汽车仪表上的指示灯系统一般由光源、刻有符号图案的透光塑料板和外电路组成。汽车仪表上的指示灯可分为 3 种类型(图 14-3):第 1 种为警告灯,如机油压力、冷却液温度、充电指示灯等,一般采用红色,主要是在车辆出现故障或异常情况时进行警示;第 2 种是故障指示灯,如制动片磨损、燃油不足、清洗液不足等,这类灯光一般为黄色,告诉驾驶人车辆某个系统的功能丧失,要尽快进行处理;第 3 种是状态指示灯,如转向指示灯、远近光指示灯、雾灯指示灯等,指示车辆处在什么工作状态,一般灯光颜色为蓝色或绿色(表 14-5)。

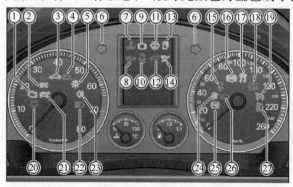

图 14-3 汽车仪表指示灯

汽车报警灯　　　　　　　　　　　　　　表 14-5

● 一类红色报警灯	○ 二类黄色报警灯	◐ ◑ 三类绿色指示灯
4 发电机故障报警灯 7 冷却液温度/液位报警灯 8 机油压力报警灯 10 车门开启报警灯 12 行李舱盖开启报警灯 15 未系安全带报警灯 18 制动系统报警灯 20 电动机械转向系统报警灯 26 发动机舱开启报警灯	1 发动机故障报警灯 2 排气系统故障报警灯 3 电子防盗止动器报警灯 5 灯泡故障报警灯 9 制动衬块磨损报警灯 11 风窗清洗液液位报警灯 13 燃油储量不足报警灯 14 发动机机油液位报警灯 16 ABS 故障报警灯 17 ESP 报警灯 21 加油口盖开启报警灯 23 后雾灯指示灯 24 安全气囊或安全带收紧器报警灯	6 转向信号指示灯 19 车速巡航控制系统指示灯 22 前照灯远光指示灯 25 行车制动指示灯 27 日行车灯指示灯

现代汽车为了保证行车安全,提高车辆的可靠性,汽车安装了许多报警装置,一旦车辆出现异常情况,报警装置发出相应的报警信号。报警装置通常由传感器和红色报警灯组成。

1. 机油压力报警灯

用于提醒驾驶人注意发动机的机油压力异常的低。一般报警灯装在仪表板上,报警开关则安装在发动机的主油道上。汽车装用的弹簧管式润滑油压过低报警装置,它是由装在发动机主油道的弹簧管式机油压力传感器和装在仪表板上的红色报警灯组成。其工作原理如图 14-4 所示,传感器为盒形内有一管形弹簧,一端经管接头与润滑系统主油道相通,另一端则与动触点相接,静触点经接触片与接线柱相连。动触点经发动机搭铁。

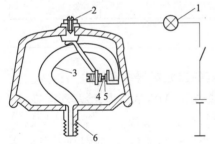

图 14-4　弹簧管式机油压力报警灯电路
1-报警灯;2-传感器接线柱;3-管形弹簧;4-固定触点;5-活动触点;6-油管接头

当接通点火开关后,润滑油压力低于 0.05MPa 时,管形弹簧变形量极小,触点闭合,将报警灯电路接通。其电路为蓄电池正极→点火开关 S→报警灯→接线柱 4→触点→管形弹簧→油管接头→搭铁→蓄电池负极。报警灯亮,即发出发动机主油道的机油压力过低的报警信号,应立即排除故障后方可工作。

当润滑油压力高于 0.05MPa 时,管形弹簧产生的弹性变形量大,使触点分开,将报警灯电路切断,报警灯不亮,则表示润滑系统工作正常。

2. 燃油低液位报警灯

燃油低液位报警装置主要作用是当燃油箱内燃油减少到规定值以下时,报警灯亮,引起驾驶人注意。燃油低液位报警灯系统如图 14-5 所示,它由燃油液位传感器和装在仪表板上的低位报警灯组成。当燃油液面高时,负温度系数的热敏电阻浸在燃油中散热快,其温度低。热敏电阻具有一定的电阻,通过的电流较小,触点处于张开状态,报警灯不亮。如果燃油液位低于规定值时,热敏电阻露出液面,散热慢,温度升高,引起电阻值下降,通过的电流较大时,使触点闭合,便接通了报警电路,使报警灯发亮。

3. 制动液液面报警灯

汽车制动液液面不足,将直接影响安全行车。制动液液面报警装置由传感器和报警灯组成,其报警开关如图14-6所示。制动液液面报警灯的传感器安装在储油室内,是一个浮子磁簧开关,借助浮子内的磁铁的吸力使触点接通,接通或切断报警灯电路。如果液面高度值正常,则浮子浮起,永久磁铁的吸力不足,触点断开,报警灯不亮;如果液面高度降低,浮子下沉,磁簧开关在磁铁吸力的作用下触点闭合,报警灯发亮。

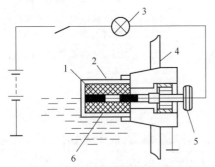

图14-5 燃油油量报警灯电路
1-金属网;2-外壳;3-报警灯;4-邮箱外壳;
5-接线柱;6-热敏电阻

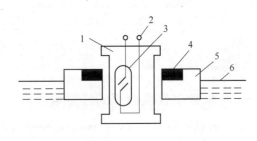

图14-6 制动液液位报警开关
1-外壳;2-接线柱;3-磁簧开关;
4-永久磁铁;5-浮子;6-液面

4. 冷却液温度报警灯

冷却液温度报警装置的作用是当冷却系统冷却液温度高到一定限度时,报警装置自动发出灯光信号,以示报警。冷却液温度报警装置传感器用双金属片作为温度感应元件,有单触点式和双触点式两种,单触点式结构如图14-7所示。当冷却液温度低于368K,双金属片上的触点与静触点保持分离状态,报警灯与蓄电池之间的电路不通,故报警灯不亮。冷却液温度高于368K时,双金属片受热变形而向下弯曲,使其触点与静触点接触,将报警灯与蓄电池之间的电路接通,此时报警灯亮,提醒驾驶人注意冷却液温度过高。

5. 制动系统低气压报警装置

在采用气压制动的汽车上,若制动气压降低到某一数值,将会导致制动性能下降或失灵,就可能酿成重大的交通事故。现代汽车上的气压过低报警电路,如图14-8所示。制动报警装置的传感器是装在制动系统储器筒上或制动主缸的压缩空气输入管道中,低气压报警灯装在仪表板上。接通电源后,当制动系统储器筒内的气压下降到0.34~0.37MPa时,由于作用在气压报警灯开关膜片上的压力减小,于是膜片在复位弹簧的作用下向下移动使触点闭合,电路接通低气压报警灯发亮。当储器筒中心气压升高到0.4MPa以上时,由于开关中心膜片受的推力增大,而使复位弹簧压缩,触点打开,电路被切断,报警灯熄灭。因此仪表板上的低气压报警灯突然亮时,应立即停车,查明原因,排除故障,使气压恢复正常值。

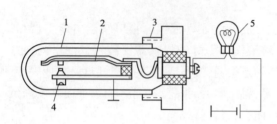

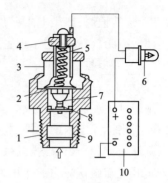

图 14-7　冷却液温度报警灯电路
1-冷却液温度报警传感器套筒；2-双金属片；
3-螺纹接头；4-静触点；5-报警灯

图 14-8　气压过低报警电路
1-固定螺口；2-橡胶膜片；3-绝缘层；
4-调整螺母；5-弹簧；6-指示灯；7-动
触点；8-静触点；9-滤清器；10-蓄电池

一、汽车数字仪表检修的注意事项

（1）汽车数字仪表装置比较精密，对其进行维修的技术要求较高，维修时应严格按照各汽车使用维修手册的有关规定进行，必要时，数字仪表装置应让专业修理企业维修。

（2）汽车数字仪表显示板和母板（逻辑电路板）不仅较易损坏，而且价格较高，因此在使用和检修时应特别谨慎，多加保护，除有特殊说明外，不能把蓄电池的全部电压加于仪表板的任何输入端。在多数情况下，由于检测仪表（如电阻表）使用不当易造成微机电路的严重损坏。

（3）静电接铁。在维修数字仪表时，不论在车上或工作台上作业。作业地点和维修人员都不能有静电。因此，作业时必须使用一定的静电保护装置。

（4）防止静电放电。人体是一个很大的静电发生器。静电电压依大气条件而变化，如在相对湿度10%～20%条件下走过地毯时，可以产生35000V的静电电压。当这样高的静电电压放电时，将对汽车上的精密仪表、控制装置等可能造成损害。因此，从仪表板上卸母板时应在干燥处进行，注意防止人身上的静电损坏仪表上的集成电路片。作业时应不时使人体接触已知接地点，消除身上的静电，并且只能用手拿仪表板的侧边，而不能触及显示窗和显示屏的表面。

（5）对需要检修的数字仪表板的装卸，要按拆装顺序进行，拆装时注意不要猛打以防本来状况良好的元器件因敲打而损坏。在拆卸仪表板总成之前，应首先切断电源。新的电子仪表元器件应放在镀镍的包装袋里，需要更换时，应从此包装袋中取出，取出时注意不要碰触各部接头，不要提前从袋中取出。

（6）在处理电子式车速时，里程表的电路片必须使用原来的塑料盒，以免因静态感应而损坏。若不慎碰触电路片的接头时，将会使仪表的读数消除。若遇此情况，应将仪表送往专门修理单位进行重新编程后才能使用。

二、汽车组合仪表的拆装

丰田威驰轿车既有模拟仪表，又有数字仪表，下面以威驰轿车为例，对汽车仪表的拆装和检测加以阐述。

(一)威驰轿车组合仪表的拆装

丰田威驰轿车组合仪表的拆装程序如下：
(1)拆下蓄电池负极接线柱。
(2)用装饰条拆除器,松开7个卡扣,拆下中央装饰板总成。
(3)拆下夹钳,松开10个卡扣,拆下仪表装饰板总成。
(4)数字表拆下4个螺钉;模拟表拆下2个螺钉。
(5)断开连接器,拆下组合仪表总成。
(6)安装组合仪表时按上述相反顺序进行。

(二)威驰轿车组合仪表的检测

1. 车速表的检测

(1)用车速表检测仪,检查车速表所允许的指示误差。车速表指示的偏差范围低于0.5km/h。
(2)模拟仪表信号的检查。
①电压表正极(+)与模拟仪表的连接端子C6~13连接,负极(-)与端子C6~14连接。
②当驾驶车辆开到10km/h时,检查组合仪表总成的端子C6~13与C6~14之间的电压。标准在4.5~5.5V之间波动,每1s内有7次重复的低于1V以下的波形。
(3)数字仪表信号的检查。
①把电压表正极(+)与模拟仪表的端子C8~5连接,负极(-)与端子C8~15连接。
②当驾驶车辆开到10km/h时,检查组合仪表总成的端子C8~5与C8~15之间的电压。标准应在4.5~5.5V之间波动,每1s内有7次重复的低于1V以下的波形。
注意:在检查模拟仪表信号和数字仪表信号时,保持点火开关位于ON位置,连接器接通。

2. 里程表的检测

(1)把点火开关转到ON位置,检查当按压里程开关时,看指示模式是否按照"0D0"→"TRIPA"→"TRIPB"的顺序变化,如图14-9所示。
注意:当把点火开关转到ON位置,首先出现在显示屏上的模式是以前选定的模式。
(2)按下开关0.8s后,检查"TRIP A"和"TRIP B"的数据是否清零。

3. 发动机转速表的检测

(1)接上一台调整测试转速表,起动发动机。
(2)比较测试仪表和转速表的指示值,见表14-6。

4. 燃油表的检测

(1)检查电阻。当燃油表的每一段都点亮时,如图14-10所示,检查组合仪表连接器上的两个端子之间的电阻。其标准值见表14-7,模拟仪表的测试端子为C6~9与C6~12;数字仪表的测试端子为C8~1与C8~3。

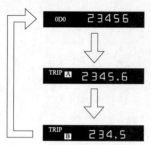

图 14-9 里程表的检查数值

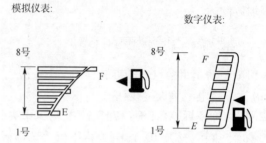

图 14-10 燃油表指示状态

发动机转速表的允许范围值　　　　　　　　　　　　　　　　表 14-6

标准指示(r/min)	允许范围(r/min)	标准指示(r/min)	允许范围(r/min)
700	630~770	4000	3800~4200
1000	900~1100	5000	4800~5200
2000	1850~2150	6000	5750~6250
3000	2800~3200	7000	6700~7300

燃油表的电阻值　　　　　　　　　　　　　　　　表 14-7

条形光标号	电阻(Ω)	条形光标号	电阻(Ω)
1(闪烁)	88.7~97.1	1~5	40.4~46.3
1~2	77.2~85.4	1~6	29.0~35.0
1~3	65.3~73.4	1~7	14.2~18.2
1~4	53.3~57.3	1~8	≤16.6

(2)检查开路检测功能。

①检查燃油表指示灯光标是否正常。

②点火开关转到 OFF 位置,断开仪表连接器。

③点火开关转到 ON 位置,检查燃油指示段。

标准:所有的光标闪烁大约 2min,然后指示 EMPTY(1 号燃油指示段)。

④接上燃油表连接器,检查燃油指示段是否在 2s 内恢复正常。

任务 2　车速里程表故障排查

客户任务	一辆奥迪 100CGP 轿车,行驶中车速里程表不工作。
任务目的	根据客户反映故障现象,分析故障可能的原因,用万用表等工具排查,确定故障点,制订工作计划,完成修复工作。
步骤	实施内容
一、确认客户报修故障	附录 1　维修接待与接车问诊表
二、检测仪表、工具及车辆防护工作	根据任务要求,确定需要的检测仪器、工具并对小组人员合理分工,制订详细的诊断和修复计划。 (1)需要的检测仪表、工具见表 14-8。 检测仪表、工具　　　表 14-8 | 序号	仪表、工具名称	规格	数量	备注
---	---	---	---	---
					 (2)车辆防护。

续上表

三、根据资讯查找电器元件位置,分析电路,初步检查	(1)奥迪100CGP轿车电子车速里程表电路。 (2)电子车速里程表由_____组成,调整 R_1 可改变输出脉宽,决定仪表的_____;调整 R_2 可以调整电路的初始工作_____。车速表是一个_____表,不同车速时,电子电路输出与车速成_____的电流信号驱动_____偏转。里程表由_____及6位数字的十进位齿轮组成_____。 (3)实车上确定各元件位置。 | □里程表	□车速表	□R_1 | | --- | --- | --- | | □R_2 | □R_3 | □C_3 | (4)细致目测电路的外部系统,检查各个相关线束、接插件及搭铁的情况,如有不良,记录表14-9。 检 查 表　　　　表14-9 | 项目 | 位置1 | 位置2 | 位置3 | | --- | --- | --- | --- | | 线束 | | | | | 搭铁 | | | | | 接插件 | | | |
四、电路检测	检测步骤: (1)判断是传感器还是仪表故障。 拔下传感器插接件,打开点火开关,插接件中与棕底红道线相连接的2号电极,用一根自制带插头的电线延伸出,对车身搭铁部位虚划动,给仪表输入脉冲信号,此时若车速表指针转动,说明仪表正常,故障发生在传感器舌簧开关管或磁环下面。若车速表指针不转动,说明仪表或连接线路有故障,继续进行下一步故障区分。 以上故障检查也可采用另一种检测方法,将汽车左前轮升起,不打开点火开关,用手转动左前轮,使用专用检测接头 V. A. G1598/4(大众公司汽车电子线路故障检测专用工具)和万用表,或直接使用万用表,测量传感器插接件上2号与3号电极间电阻,应在0～∞之间摆动。 (2)判断是仪表还是线路有故障。 拆下仪表板,不要拔开插头,用万用表测量仪表上的3个电极。打开点火开关,由26号熔断丝提供车速里程表电源,电源线对地应为12V电压。用万用表电阻挡测量,由仪表至传感器插接件间的脉冲信号线电阻应为零,搭铁电极对地电压应为零。如实际测量与上面3个数值不符,应排除线路上存在断路故障。若经测量,线路无故障,说明车速里程表有问题,需检修或更换。 首先拔开传感器插接件,虚划动脉冲信号线,此时车速表指针应不动。随后将仪表板拆下,测量线路,未发现问题。然后仔细检查仪表板,发现车速里程表搭铁电极开焊,重焊后车速里程表工作正常。 结果:_____。

续上表

五、故障部位确认和排除	根据上述的所有检测结果,确定故障内容并注明。 (1)确定的故障内容。		
	□元件损坏	请写明元件名称:	
	□线路故障	请写明线路区间:	
	□其他		
	(2)故障点的排除处理说明。		
	□更换	□维修	□调整
	□更换	□维修	□调整

六、确认修复	

| 七、评价 | 评价表见表14-10。 |

评 价 表　　　　　　表 14-10

	检查评价项目	完成标准	学生自评	小组评价
职业技能	根据控制电路,判断故障点	正确分析		
	能进行数字仪表排查	步骤正确规范		
技术知识	数字仪表组成、电路分析	会描述		
素质目标	安全、规范操作			
	团结、合作			
	现场 5S			

数 字 仪 表

1. 数字仪表组成

数字仪表由传感器、数字式组合仪表主控制电路(输入接口、中央处理器、显示组件)和显示系统等组成(图 14-11)。传感器将各种工况信号传输给仪表控制单元,这些工况信号中的模拟信号往往要经过 A/D 转换为数字信号,再经过仪表控制单元的计算处理,输出对应的信号驱动步进电动机指示装置或利用显示设备以数字或图形显示出对应的示值。

有的车辆上采用了 CAN 总线,故在输入接口电路部分还设置了 CAN 接口电路。CAN 接口电路的作用是接收汽车上其他电子控制系统检测到的各种车辆状态信息,供仪表主控微处理器进行处理与显示。采用 CAN 总线的数字式仪表电路,仅使用两根信号传输线,仪表线路大大地减少,而信息量却能大大地提高,取代传感器的输入。为了减少分立元器件的数量,有的车辆上使用的 A/D 转换接口电路和 CAN 总线两种输入接口电路集成在主控微处理器中,可以减少故障的发生率。

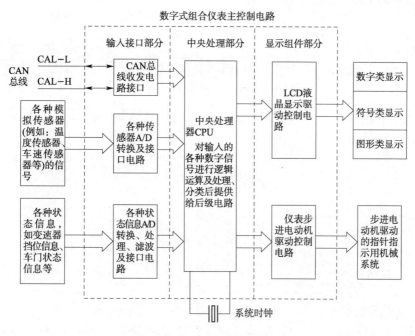

图 14-11 数字式仪表的组成框图

2. 数字仪表显示

数字仪表显示器件可分为发光型和非发光型两大类。发光型显示器自身发光,容易获得鲜艳的流行色显示,非发光型显示器靠反射环境光显示。发光型显示器件主要有真空荧光显示器(VFD)、发光二极管(LED)、阴极射线管(CRT)、等离子显示器件(PDP)和电致发光显示器件(ELD)等几种;非发光型显示器件有液晶显示器(LCD)和电致变色显示器件(ECD)等,它们既可做成数字式的,也可做成图形或模拟指针式的电子显示器件。

(1) 发光二极管(LED)

如图 14-12 所示,正、负极加上合适正向电压后,其内半导体晶片发光,通过带颜色透明的塑料外壳显示出来。发光的颜色有红、绿、黄、橙等,可单独使用,也可用来组成数字、字母、发光条图。汽车一般用于指示灯、数字符号段或点数不太多的光杆图形显示。

(2) 液晶显示器件(LCD)

液晶是一种有机化合物,由长形杆状分子组成。在一定的温度范围内,它具有普通液体的流动性,它具有晶体的某些特征。液晶的光学性质随分子排列方向的变化而变化,当在液晶上加一个电场时,液晶杆状分子的长轴方向发生变化,因此,液晶的光学性质也发生变化。

液晶显示器的结构和工作原理如图 14-13 所示,前玻璃板和后玻璃板之间夹有一层液晶,外表面贴有垂直偏光镜和水平偏光镜,最后面是反射镜。当液晶不加电场时,液晶的分子排列方式可将来自垂直偏光镜的垂直方向光波旋转 90°,变成水平方向的光波,再经水平偏光镜后射到反射镜上,经反射后按原路回去,这时透过垂直偏光镜看液晶时,液晶呈亮的状态。当液晶加一电场时,液晶的分子排列方式改变,不能将来自垂直偏光镜的垂直方向光波旋转,通过液晶后仍是垂直方向的光波,不能通过水平偏光镜达到反射,这时透过垂直偏光镜看液晶时,液晶呈暗的状态。这样将液晶制成字符段,通过控制每个字符段的通电状态,就可显示不同的字符。

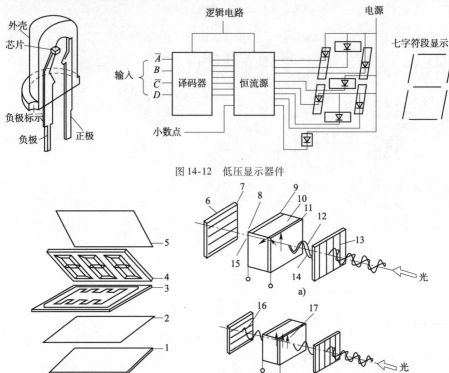

图14-12 低压显示器件

图14-13 液晶显示器的结构和工作原理

1、6-反射镜；2-水平偏光镜；3-后玻璃板；4-前玻璃板；5-垂直偏光镜；7-反射偏振光；8-反射光；9、11-玻璃基板；10-液晶；12-旋转90°后反光；13-偏振片轴；14-入射光；15-入射光旋转90°；16-没有光从反射片反射；17-电压产生磁场阻止光波作90°旋转

液晶显示器功耗小、显示信息灵活、示值清晰，但是由于液晶是非发光物质，必须要外界提供背景光源照明才可读数。液晶显示器一般用于仪表里程、时钟或者综合信息的显示。

3）真空荧光显示器

真空荧光显示器工作原理如图14-14所示。灯丝实质上为带涂层的电阻丝，电阻丝被电流加热，涂层产生自由电子，这些电子又被加速栅极的磁场加速。由于阳极电压比栅极高，所以电子被吸引穿过栅极的细丝网孔到达阳极，撞击阳极上相应区段的荧光物质后便产生蓝绿色光。高电压只施加于阳极片上要形成需显示字符的区段，仪表电脑选择性地给需要发光信息显示的区段通电，而未通电的字符段则不发光，这样仪表即

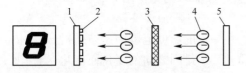

图14-14 真空荧光显示器的工作原理

1-玻璃面板；2-阳极区段；3-加速栅极；4-电子；5-带涂层的灯丝（阴极）

显示不同的数字信息。真空荧光显示器的亮度可以通过增减加速栅极电压而变化，较高的栅极电压可增加显示亮度。

3. 帕萨特B5系列轿车数字式仪表系统微电脑控制电路原理

图14-15所示为帕萨特B5系列轿车采用BBG型发动机的数字式仪表系统微电脑控制电路。如在图中没有画出的元件，均集成在J285组件内部。

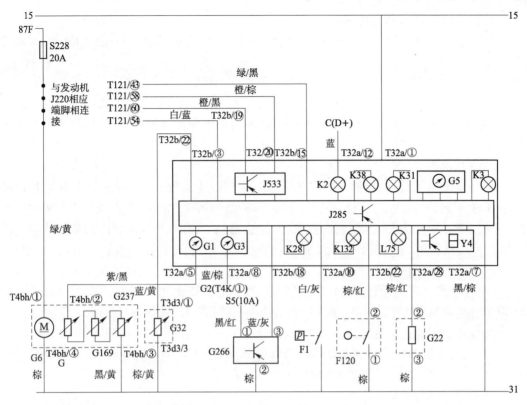

图 14-15　帕萨特 B5 系列轿车采用 BBG 型发动机的数字式仪表系统微电脑控制电路

C-发电机；D-点火开关；F1-机油压力开关；F66-冷却液温度传感器；G-燃油表传感器；G1-燃油表；G2-发动机温度传感器（用于冷却液温度表）G3-冷却液温度表；G6-燃油泵；G22-车速传感器；H11-机油压力报警器；J220-发动机电子控制单元；J285-组合仪表控制单元；K2-发电机充电指示灯；K3-机油压力报警灯；K28-冷却液温度/液位报警指示灯；L75-数字显示照明灯；Y4-里程表

(1) 组合仪表控制单元 J285 的供电电路。

帕萨特 B5 系列轿车采用 BBG 型发动机的数字式仪表系统微电脑控制电路中，组合仪表控制单元 J285 的供电电压有两处，一处取自点火开关的 15 号线上，该 12V 电压直接加到 J285 的 T32a/①端脚；另一处取自点火开关，该 12V 电压直接加到 J285 的 T32a/30 端脚上。

(2) 燃油表电路。

燃油表电路主要由燃油表传感器 G、G169、G237 与燃油表 G1 等组合而成。3 只燃油表传感器 G、G169、G237 采用串联方式通过 T4bh 插接件与外电路相连接。T4bh/②脚通过插接件 T32a/⑤与 J285 控制单元内部的燃油表 G1 相连接，G 的 T4bh/③脚搭铁，这些传感器均属于电阻方式的传感器。

(3) 机油压力报警电路。

机油压力报警电路主要机油压力开关 F1 与机油压力报警器 H11 等组成。机油压力开关 F1 的上端连接在 T32a/⑩引脚上，下端搭铁，用于对发动机的机油压力进行检测，一旦检测到机油压力不能满足要求时，油压力开关 F1 就会接通，等效于将 T32a/⑩引脚搭铁，J285 控制单元内部电路得到该信号经解析后，就会发出控制信号使机油压力报警器发出报警声，且机油压力报警灯 K3 也会点亮。

(4)机油液位/温度报警电路。

机油液位温度报警电路主要由机油液位/温度传感器 G266、机油液位/温度报警灯 K38 等组成。

机油液位/温度传感器 G266 有三个引脚,其①脚为供电电压输入端,该 12V 电压来自 S5 熔断器的输出端,②脚搭铁,③脚为信号输出端,直接与组合仪表控制单元 J285 的 T32a/18 引脚相连接,输出的信号由组合仪表控制单元 J285 内部电路控制机油液位/温度报警灯 K38 的工作状态。

(5)冷却液报警电路。

发动机温度传感器(冷却液温度传感器)G2 的 T4K/①脚通过组合仪表控制单元 J285 的 T32a/⑧脚与冷却液温度表 G3 进行连接,下端 T4K/②脚搭铁,用于对发动机的冷却液的温度进行检测,该温度可以从冷却液温度表 G3 直接进行显示,且一旦检测到冷却液温度超过设定值时,冷却液温度/液位报警指示灯 K28 就会点亮以示进行报警。

(6)发动机转速传感器电路。

车速传感器 G22 的②脚连接在组合仪表控制单元 J285 的 T32a/28 引脚上,下端③脚搭铁,用于对车辆的速度进行检测,供发动机转速表 G5、里程表 Y4 等显示使用。

(7)发电机充电指示灯电路。

组合仪表控制单元 J285 的 T32a/12 引脚内部连接着发电机充电指示灯 K2,其外部连接在发动机的 D+端脚上,用于指示发电机的充电情况。

(8)数字显示照明灯电路。

数字显示照明灯 L75 集成在组合仪表控制单元 J285 的内部,受组合仪表控制单元 J285 的控制为数字显示系统进行灯光照明。

(9)电子节气门故障报警灯电路。

电子节气门故障报警灯电路 K132 集成在组合仪表控制单元 J285 的内部,受组合仪表控制单元 J285 的控制,对电子节气门的工作情况进行报警。

(10)巡航控制报警灯电路。

巡航控制报警灯 K31 集成在组合仪表控制单元 J285 的内部,受组合仪表控制单元 J285 的控制,对巡航控制的工作情况进行报警。

(11)其他方面。

组合仪表控制单元 J285 的 T32a/③脚、T32b/19 脚、T32b/20 脚、T32b/5 脚分别与发动机电子控制单元 J220 的 T121/54 脚、T121/60 脚、T121/58 脚、T121/43 脚相连接,进行信息的交换。其中 T32b/19 脚与 T32b/20 脚内部连接着数据总线的诊断接口 J533,与 T121/60 脚、T121/58 脚相连接后进行诊断数据的传输。

一、驾驶人信息中心(DIC)认识

组合仪表的中央有一个交互式显示区,即驾驶人信息中心(DIC),如图 14-16 和图 14-17 所示。仅当点火开关打开时,信息应用才可用。驾驶人信息中心能显示:总里程表和行程表、车辆信息、里程燃油信息、燃油经济性信息、车辆警告信息等。

图 14-16 威朗组合仪表

二、驾驶人信息中心（DIC）显示操作

驾驶人信息中心的控制装置位于转向盘右侧控制装置上。可通过转向盘右侧的按钮（图 14-18）选择菜单和功能主菜单之间切换，用"√"按钮确认主菜单页面或功能。必要时，车辆和维修信息会在驾驶人信息中心上弹出。通过按下"√"按钮确认信息。

图 14-17 驾驶人信息中心（DIC）显示屏　　图 14-18 驾驶人信息中心的控制按钮

具体操作可通过"设置"应用打开或关闭驾驶人信息中心上的信息页面。
（1）按下"＜"进入组合仪表应用。
（2）按下"∧"或"∨"滚动至"选项"应用。
（3）按下"√"选择"选项"应用，然后进入"选项"菜单。
（4）滚动至"显示选项"页面，并按下"＞"。
（5）选择"编辑列表"。
（6）按下"∧"或"∨"以在可用的信息显示屏列表之间移动。
（7）当某一项目高亮显示时，按下"√"可选择或取消选择此项目。当选择某一项目时，复选标记会出现在其旁边。

三、驾驶人信息中心信息页面

常出现在驾驶人信息中心的符号见表 14-11。有些项目不会默认打开，需要通过"设置"应用打开。

驾驶员信息中心符号　　　　　　　　　　　　　　　表 14-11

符号	说明
LIM	发动机限速器：对于配备限速器的车辆，当限速器功能启用时，此灯点亮。当限速器开启处于就绪状态时，指示灯为白色；当设定和激活限速器时，指示灯变为绿色；超过设定速度时，限速器指示灯旁边的速度数字会进行闪烁
（巡航控制图标）	巡航控制指示灯：对于配备有巡航控制的车辆，当巡航控制开启并处于就绪状态时，巡航控制指示灯为白色；当设定和激活巡航控制时变为绿色
（自适应巡航图标）	自适应巡航控制指示灯：当自适应巡航控制（如装备）开启并处于就绪状态时，此指示灯为白色，当设定和激活自适应巡航控制时变为绿色
（车门图标）	车门未关指示灯：当点火开关打开时，该指示灯保持点亮，直至所有车门关闭并完全锁住。如果车门未正确关闭，发动机起动且变速杆置于 P（驻车）挡后会发出蜂鸣声
（跟车间距图标）	自适应巡航跟车间距指示灯：配备有自适应巡航控制系统的车辆，在使用自适应巡航控制系统时，此指示灯点亮
S	自动停止关闭：如果车辆配备有高配组合仪表，当自动停止模式被手动关闭后，此灯可能会点亮
（LKA图标）	车道保持辅助（LKA）指示灯：对于配备车道偏离警告（LDW）系统的某些车辆，当起动车辆时，此警告灯会短暂点亮。如果没有点亮，则应维修车辆。如果车道保持辅助系统可以进行辅助，则此指示灯会变为绿色。如果车辆靠近已探测到的车道线却没有使用相应方向的转向灯，则车道保持辅助系统会缓缓地转动转向盘加以辅助。车道保持辅助指示灯会变为琥珀色。发出车道偏离警告时，该指示灯变为琥珀色并不断闪烁，表明车辆越过了车道线
（前车图标）	前方车辆指示灯：在探测到前方车辆时，该指示灯（如装备）会显示为绿色；如果跟随前车过近，则会显示为琥珀色
A / A̸	自动停止模式： （1）自动停止启用。当发动机处于自动停止期间，根据车型配置不同，此灯可能会点亮。 （2）自动停止被禁用。由于各种车辆状况，自动停止被禁用时，此灯可能会点亮
PRNDL	挡位显示

1. 里程燃油信息菜单

可以显示速度、小计里程 1/平均油耗、小计里程 2/平均油耗、燃油续航里程、瞬时油耗和平均速度。

（1）速度：显示车辆当前速度，单位是公里/小时（km/h），小计里程1和平均油耗或小计里程2和平均油耗："小计里程"显示自上次重设行程表之后，到目前为止所行驶的距离，单位是公里（km）。当此页面激活时，通过按住"√"可以重设行程表。

（2）"平均油耗"显示每100km所消耗燃油的近似平均值，单位是L/100km。该数值是根据上次重设该菜单项目后记录的百公里油耗计算而来的。此数值仅反映了车辆当前油耗的近似平均值，而且会随着驾驶条件变化而变化。当此页面激活时，通过按住"√"可以重设平均油耗。

（3）瞬时油耗：显示当前的油耗，单位是L/100km。此数值仅反映了车辆当前油耗的近似值，而且会随着驾驶条件变化而不断变化。

续航里程：显示不再加油的情况下车辆还可以继续行驶的大致距离。当车辆的燃油油位过低时，会显示"低"。燃油续航里程是根据车辆最近行驶记录中的平均油耗和燃油箱内剩余的燃油量估算出来的。

2. 车辆信息菜单

可以显示单位、超速报警、机油寿命和轮胎压力等。

（1）机油寿命：显示机油剩余使用寿命的估值。如果显示"99%剩余"，则表示当前机油还有99%的剩余使用寿命。当剩余机油寿命低时，显示屏上会显示"请速更换机油"信息。必须尽快更换机油。除了利用发动机机油寿命系统监测机油的使用寿命，维护计划中还推荐进行定期维护。每次更换机油之后，必须重设"机油寿命"页面。它不会自动重设。除非刚刚更换了机油，否则不要意外重设"机油寿命"页面。只有到下一次更换机油时，才可以准确地重设。要重设发动机机油寿命系统，当"机油寿命"页面激活时，按住"√"数秒。

（2）胎压：显示所有4个轮胎的近似压力。显示的轮胎气压单位为千帕（kPa）。

前车间距（如装备）：对于装备了自适应巡航控制的车辆，自适应巡航控制没有启用时，当前到前方车辆的跟车时间在该页显示为一个时间值。自适应巡航控制启用时，前车间距指示页切换到间距设置页。该页显示当前跟车间隔设置以及前车指示标志。

3. 燃油经济性信息菜单

可以显示油耗、耗油排名、油耗趋势、ECO（燃油经济性）指数等。

（1）油耗：表示自驾驶人上次复位以来，与曾行驶的最佳油耗值相比的平均油耗。若要复位最佳油耗，查看该页面时按住"√"按钮数秒。此外，还显示即时油耗。油耗的计算里程默认为是100km，此计算里程可以进行更改，按下"√"按钮可在50km、100km和500km之间切换。

（2）最近油耗：下侧显示所选里程内达到的最佳平均油耗。上侧显示最近行驶的所选里程内的流动平均油耗。中间的条形图显示瞬时油耗。按下"＞"按钮，可显示用于选择其中一个里程选项的页面。按下"∧"或"∨"移动选择，按下"√"更改设置。当查看最佳平均油耗时，按住"√"几秒将会重设最佳值。条形图中的当前驾驶行为如何影响画面上侧的流动平均值，最近的驾驶与已达到的最佳水平相比有多好，显示屏提供与之有关的反馈。

（3）耗油排名：显示主要用电设备的耗油总量。还可查看耗油最高的用电设备列表。

（4）油耗趋势：显示50km行程内的平均油耗变化趋势。实心线条以每段5km显示油耗，并显示地形或驾驶人习惯对油耗的影响。

(5) ECO 指数：条形图提供有关当前驾驶行为效率的反馈。即时油耗指示在燃油经济性刻度表上。为了实现经济驾驶，请调整您的驾驶习惯，将指示器维持在 eco 区域内。指示器不在经济区域意味着油耗更高。

4. 驾驶人信息中心下侧显示（图 14-19）

图 14-19　驾驶人信息中心下侧

单元五　汽车空调系统维修教学内容设计

一、教学目标设计

1. 本单元的教学目标

学生能说出汽车空调系统各元件的作用及安装位置,准确描述它们的组成及工作原理,能分析其控制电路及工作过程,能表达故障诊断思路和排查步骤。

2. 本单元的能力目标

学生能正确使用检查工具,查阅维修手册完成汽车空调系统制冷、采暖、通风、电子控制故障点故障的确认,掌握制冷剂的充注与回收、汽车空调的维护工作、各元器件的检测、故障点的排查以及常见故障的排除。

二、教学任务分析

从介绍汽车空调理论知识切入,强化学生展开汽车空调检测与维护及维修的独立工作能力。

三、教学组织

1. 教学内容分析

内　　容	学　　时	重点与难点
项目十五　汽车空调系统的维修	12	
任务1　汽车空调的使用与维护	3	
任务2　汽车空调制冷剂的压力检测及回收与充注	6	重点:汽车空调系统与工作原理 难点:汽车空调系统常见故障的排查
任务3　汽车空调电器控制系统的故障诊断与检测	3	

2. 教学内容组织

教学内容组织按照知识序和认知序排列,每个项目的任务由部件检查到系统故障,由一般控制电路故障到模块控制故障依次展开,知识脉络清楚,环环相扣。

采用六步任务驱动教学法:

(1)资讯:完成任务应备的知识。

(2)决策:分析故障产生原因,确定故障点的范围。

(3)计划:制定排查排除故障的过程。

(4)实施:具体的操作过程(教师先示范或讲解)。

(5)检查:落实任务完成是否成功。

(6)评价:针对任务完成情况给予评分。

在排查故障时,采用与现场汽车诊断流程一致的教学,显现实用性。

恰当选择教学方法,合理确定教学步骤,有秩序地呈现教材,促进学生积极地投入到知识的心理建构中,达成学生的学习目标。

四、教学的监控与评价

序号	项 目	内 容	分值	评 分
1	教学目标	根据课程大纲要求,教学目标明确	10	
2	学情分析	对学生知识基础、学习特点及适宜的学习方法进行分析和引导	10	
3	教学材料	教学材料的选择和组织符合教师现在所教学生实际的知识基础和能力水平,有可操作性	25	
4	教学重点、难点	重点、难点确定准确	25	
5	教学内容组织	教学内容序化合理,符合学生认知规律	10	
6	学时安排	学时安排合理	10	
7	格式与表达	设计格式规范,表达清晰流畅	10	
	总 分		100	

项目十五　汽车空调系统的维修

学习目标

能 力 目 标	知 识 目 标
正确使用和维护汽车空调	描述汽车空调系统的组成、类型
掌握制冷剂的加注及回收	了解汽车空调系统的工作原理
处理汽车常见故障的诊断和排除	能分析汽车空调的控制电路

任务1　汽车空调的使用与维护

客户任务	天气逐渐热起来,入夏后第一次使用汽车空调,感觉出风口吹出的冷风有股异味,于是进厂检修。
任务目的	制订工作计划,更换汽车空调滤清器。清洗汽车空调送风管道。

一、资讯

(1)汽车空调有4种功能,即_____、_____、_____和_____。
(2)汽车空调制冷系统由_____、_____、_____、_____、_____空调制冷管路以及鼓风机等组成。
(3)汽车空调制冷系统的两个热交换器是_____和_____。
(4)汽车空调制冷系统的工作过程包括_____、_____、_____和_____。
(5)孔管式空调制冷系统与膨胀阀式制冷系统有何异同?

二、决策与计划

根据任务要求,对小组人员合理分工,制订详细的诊断和修复计划。
(1)小组成员分工。
_____
_____。

(2)诊断和修复计划。
_____
_____。

(3)需要的工具及器材见表15-1。

工　具　及　器　材　　　　　　　　　　　　表15-1

序号	名称	规格	数量	备注

续上表

三、实施

1. 识别、操作汽车空调

(1)汽车空调系统组成部件的识别。

重点识别以下组成部件:压缩机、冷凝器、蒸发器、储液干燥器、膨胀阀、高低压管路。在实训车上找到汽车空调系统主要部件的安装位置,并在图15-1右边的表格中填入汽车空调部件名称。

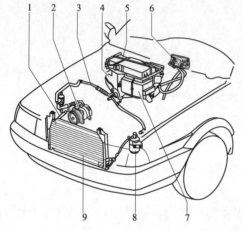

空调部件名称:
1.
2.
3.
4.
5.
6.
7.
8.
9.

图15-1 空调部件识别图

(2)汽车空调系统的操作。

查阅实训车型的用户手册,识别空调面板开关和按钮,并把开关名称填写在图15-2方框内。

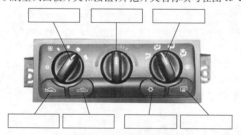

图15-2 空调面板开关识别图

2. 汽车空调维护

(1)空调滤清器的拆卸步骤。

(2)空调滤清器的清洁、安装步骤。

(3)清洗汽车空调送风管道步骤。

续上表

四、检查

(1) 空气滤清器安装情况：

(2) 空气送风道清洗情况：

五、评价（表15-2）

评 价 表　　　　　　　　表15-2

检查评价项目		完成标准	学生自评	小组评价
职业技能	会识别、操作空调	正确规范		
	掌握汽车空调的维护	正确规范		
技术知识	汽车空调组成、作用及分类	完整描述		
	汽车空调的工作原理	完整描述		
素质目标	安全、规范操作	做到做好		
	团结、合作	正确熟练		
	现场5S	是否和谐		

相关知识

汽车空调概述

1. 汽车空调系统的功用

汽车空调系统把经过处理的空气以一定的方式送入驾驶舱，从而控制车厢内温度、湿度、气流速度和空气洁净度，以满足驾乘人员的舒适性需求，如图15-3所示。

2. 汽车空调系统的组成和分类

现代汽车空调由制冷系统、采暖系统、通风系统和空气净化系统及电控系统组成。

按照控制方式的不同，汽车空调系统可以分为手动控制和自动控制。手动空调需要驾驶人通过旋钮或拨杆对控制对象进行调节，如改变风速、温度等，其控制面板如图15-4所示。自动空调只需驾驶人输入目标温度，空调系统便可按照驾驶人的设定自动进行调节，其控制面板如图15-5所示。

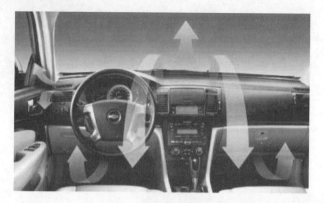

图 15-3 汽车空调系统的作用

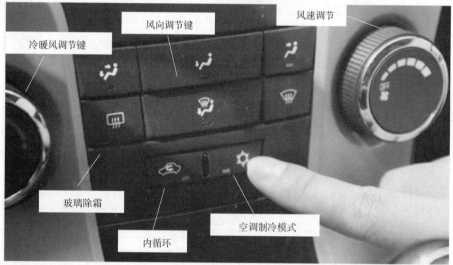

图 15-4 手动空调控制面板

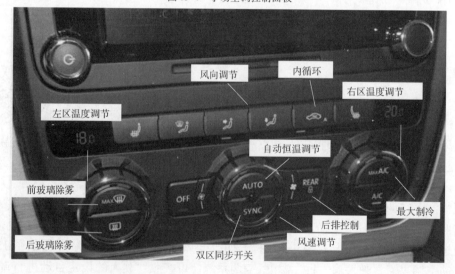

图 15-5 自动空调控制面板

汽车空调制冷系统由压缩机、冷凝器、储液干燥器、膨胀阀、蒸发器、空调制冷管路以及鼓风机等组成,图15-6所示。图中加热器芯、冷却液管路和鼓风机等组成水暖式暖风系统。自动空调制冷系统的组成增加了控制单元和一些传感器,如图15-7所示。

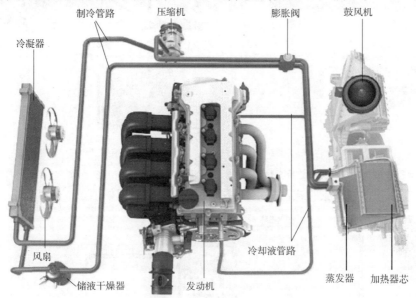

图15-6 汽车手动空调制冷与暖风系统的组成

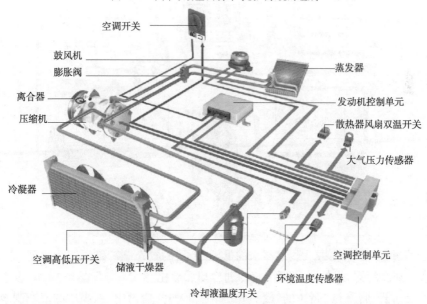

图15-7 自动空调制冷系统的组成

3. 汽车空调制冷系统的工作原理

1) 汽车空调制冷系统的类型

汽车空调制冷系统按照节流降压装置的不同可以分为膨胀阀式和孔管式两种,它们的组成如图15-8和图15-9所示。

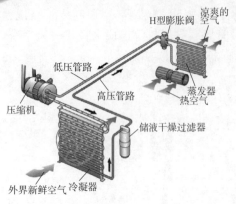

图 15-8 膨胀阀式汽车空调制冷系统　　　　图 15-9 孔管式汽车空调制冷系统

2) 汽车空调制冷系统的工作原理

如图 15-10 所示,膨胀阀式汽车空调制冷系统的工作原理如下。

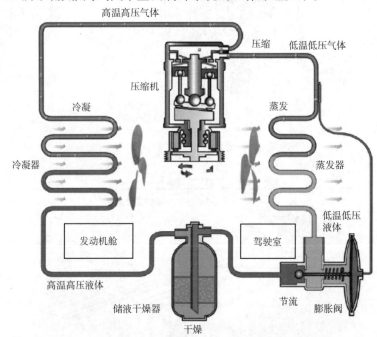

图 15-10　膨胀阀式空调制冷系统的工作原理

(1) 压缩过程:压缩机将从蒸发器来的低温、低压的气态制冷剂压缩为高温、高压的气态制冷剂,输送到冷凝器,目的是使高压制冷剂冷却后液化。

(2) 冷凝过程:将高温、高压的气态制冷剂冷却,使其变为中温、高压的液态制冷剂,送入储液干燥器。

(3) 干燥过程:将中温、高压的液态制冷剂过滤,除去制冷剂中的杂质和水分,送入节流阀,并存储小部分的制冷剂,以备制冷负荷发生变化时制冷剂补充。

(4) 膨胀过程:从储液干燥器出来的中温、高压液态制冷剂流至膨胀阀,从膨胀阀中的节流孔喷出形成低压雾状的制冷剂。

(5)蒸发过程：雾状制冷剂进入蒸发器，制冷剂的压力急剧下降，很快蒸发汽化并吸收热量。蒸发后的气态制冷剂再进入压缩机重复上述过程。

孔管式空调制冷系统的工作原理与膨胀阀式无本质上的差别，只不过将可调节流量的膨胀阀换成不可调节流量的孔管，使其结构更加简单。为了防止液态制冷剂进入压缩机造成"液击"而损坏压缩机，这种制冷系统将储液干燥器取消，而在蒸发器出口增设了液气分离器。

膨胀阀式与孔管式空调制冷系统的主要区别：

①膨胀阀系统中的膨胀阀既是节流装置又能根据制冷负荷的变化自动调节制冷剂的流量；孔管系统中的孔管只起到节流作用无法调节制冷剂的流量。

②孔管系统必须在低压管路安装液气分离器，以防止液态制冷剂进入压缩机并过滤杂质和水分；膨胀阀系统在高压管路上安装了储液干燥器，其作用是防止气态制冷剂进入膨胀阀而形成制冷效果不良，同时也过滤杂质和水分。

4.汽车空调系统的技术参数

压缩机的入口温度为0℃，压力一般为150kPa，出口温度为70~80℃，压力一般为1500kPa，制冷剂状态为气态。

冷凝器出口温度为40~50℃，压力一般为1400kPa，制冷剂状态为液态。

蒸发器出口温度为-5℃，压力一般为150kPa，制冷剂状态为气态。

蒸发器所吸收驾驶室及车厢的热量等于冷凝器向外散发的热量。所以冷凝器堵塞散热效果不好将会影响空调的制冷效果。

一、空调滤清器的拆卸

空调滤清器主要安装在两个地方：一是安装在副驾驶座位的杂物箱后面或下面，二是在发动机舱内，副驾驶室对应的一侧刮水器下方，如图15-11所示。

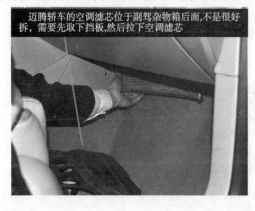

图15-11　空调滤清器的安装位置

安装在将杂物箱后面的（如丰田车），把杂物箱拆卸下来，就可以看到空调滤清器了，如图15-12所示。安装在杂物箱下面的（如大众迈腾），需要先拆卸一块挡板，才能取出空调滤清器（图15-11）。

图 15-12 空调滤清器的拆卸

二、空调滤清器的清洁、安装

一般情况下,每行驶 5000km 或 3 个月对空调滤清器进行一次清洁,每行驶 20000km 或 12 个月更换空调滤清器。对于使用时间不长的空调滤清器,可以用高压气枪从内侧往外将灰尘、毛絮等杂质吹出,如图 15-13 所示。

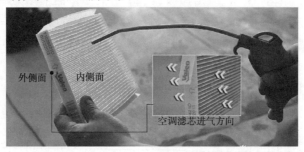

图 15-13 空调滤清器的清洁

安装空调滤清器时,要注意滤清器上面表示空气流动方向的箭头要朝着进气方向(如向上),如图 15-14 所示。

图 15-14 空调滤清器的安装方向

三、清洗汽车空调送风管道

更换完空调滤清器后,如果空调依然有异味,就需要使用空调清洗剂对空调进气道进行清洗。空调系统清洗示意如图 15-15 所示。

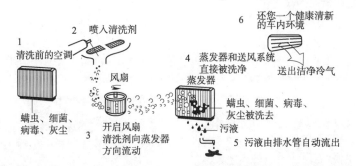

图 15-15 汽车空调系统清洗示意图

1. 清洗外循环管道

在清洗外循环管道前先烘干空调蒸发器：起动发动机至正常冷却液温度，关闭 A/C 开关，选择内循环、风量最大、风向吹身、温度最高，烘干 3～10min。

（1）打开空调（制冷），设置成外循环，把风量开到最大，冷热设置在中间位置，把风向设定到吹头部和脚部，如图 15-16 所示。

（2）找到外循环空调进气口，用软管从旁边小孔插入空调进气口进行间歇喷射清洗（市面上所购买的外循环清洗剂都配有一个透明软管），如图 15-17 所示。最后清洗剂会从空调排水口排出，这时候不要马上关闭空调，让它再开 5～10min，让清洗剂排除干净。

图 15-16 空调系统外循环清洗的设置

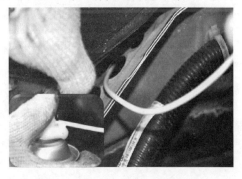

图 15-17 从空调新风口清洗外循环管道

2. 清洗内循环管道

（1）用高压气把出风口的灰尘吹出来，如图 15-18 所示。

（2）用蒸汽软化、清洗出风口污垢，如图 15-19 所示。

图 15-18 用高压气给空调出风口除尘

图 15-19 用蒸汽软化、清洗出风口

(3)用除菌清洁剂清洗空调出风口。每个出风口都不要放过,注意不要喷到音响系统。如图15-20所示。

(4)关闭所有出风口打开暖风,让清洁剂充分挥发。最后用压缩空气吹干各出风口,不要让水流到中控台的缝隙里,如图15-21所示。

图15-20　用除菌清洁剂清洗空调出风口

图15-21　内循环清洁吹干

任务2　汽车空调制冷剂的压力检测及回收与充注

步骤	实施内容
客户任务	汽车空调更换压缩机后,感觉出风口吹出的冷风没有以前那么凉了,考虑因制冷剂泄漏引起。
任务目的	制订工作计划,检查汽车空调制冷系统。
步骤	实施内容
一、确认客户报修故障	附录1　维修接待与接车问诊表
二、检测仪表、工具及车辆防护工作	根据任务要求,确定需要的检测仪器、工具并对小组人员合理分工,制订详细的诊断和修复计划。 (1)需要的检测仪表、工具见表15-3。 　　　　　　　　　检测仪表、工具　　　　　　　　表15-3 | 序号	仪表、工具名称	规格	数量	备注
---	---	---	---	---
					  (2)车辆防护。
三、根据资讯查找制冷系统元件位置	(1)资讯。 ①汽车空调压缩机的作用是_____。 ②可变排量压缩机可以不再安装电磁离合器,改由_____来代替。 ③在正常工作情况下,汽车空调制冷系统低压侧压力通常为_____MPa,高压侧压力通常为_____MPa。

续上表

三、根据资讯查找制冷系统元件位置	④冷凝器的作用是_____；储液干燥器的作用是_____；膨胀阀的作用是_____；蒸发器的作用是_____。 ⑤如果制冷系统高、低压侧压力均低，可能是_____。 ⑥压力表组的充注管分为红、蓝、黄三色，蓝色管是_____管，红色管是_____管，而黄色管通常接_____。 (2)实车上确定各元件位置。 | □压缩机 | □冷凝器 | □储液干燥器 | | □膨胀阀 | □蒸发器 | □制冷管器 | | □鼓风机 | | |
四、制冷系统检测	故障诊断流程（操作、填空与判断）。 (1)汽车空调制冷系统压力的检查。 ①压力表组上的高压充注管是_____色，低压充注管是_____色，制冷剂充注管是_____色。 ②测量静态压力：高压侧压力为_____，低压侧压力为_____。 ③测量动态压力：高压侧压力为_____，低压侧压力为_____。 判断制冷系统压力：□正常，□不正常。 (注：低压侧正常压力为0.15~0.25MPa，高压侧正常压力为1.37~1.57MPa) (2)采用_____检漏方式检测制冷剂泄漏。 (3)回收制冷剂时，需要同时打开高、低压阀（　　）。 (4)制冷系统抽真空时，需要同时打开高、低压阀（　　）。 (5)加注制冷剂时，需要同时打开高、低压阀（　　）。 (6)加注制冷剂步骤： 结果：_____。

续上表

五、故障部位确认和排除	根据上述的所有检测结果,确定故障内容并注明: (1)确定的故障内容。 <table><tr><td>□元件损坏</td><td>请写明元件名称:</td></tr><tr><td>□泄漏点</td><td>请写管路区间:</td></tr><tr><td>□其他</td><td></td></tr></table> (2)故障点的排除处理说明。 <table><tr><td>故障点1(　　　)</td><td>□更换</td><td>□维修</td><td>□调整</td></tr><tr><td>故障点2(　　　)</td><td>□更换</td><td>□维修</td><td>□调整</td></tr></table>
六、确认修复	
七、评价	评价表见表15-4。 评 价 表　　　　表15-4 <table><tr><td colspan="2">检查评价项目</td><td>完成标准</td><td>学生自评</td><td>小组评价</td></tr><tr><td rowspan="3">职业技能</td><td>判断故障点</td><td>正确分析</td><td></td><td></td></tr><tr><td>压力检测,回收、充注</td><td>步骤正确规范</td><td></td><td></td></tr><tr><td></td><td></td><td></td><td></td></tr><tr><td>技术知识</td><td>制冷系统组成及工作原理</td><td>会描述</td><td></td><td></td></tr><tr><td rowspan="3">素质目标</td><td>安全、规范操作</td><td></td><td></td><td></td></tr><tr><td>团结、合作</td><td></td><td></td><td></td></tr><tr><td>现场5S</td><td></td><td></td><td></td></tr></table>

相关知识

一、汽车空调压缩机的结构原理及其检测

1. 压缩机的作用、类型与结构

汽车空调压缩机是制冷系统的心脏,其作用是保证制冷剂在系统中的循环流动,吸入来自蒸发器的低温低压气态制冷剂,将其压缩成高温高压状态后送往冷凝器。

汽车空调压缩机的常见类型有:

(1)往复式:包括曲轴式、斜盘式、摇板式、径流式。

(2)旋转式:包括叶片式、螺旋式、涡旋式、滚动活塞式。

其中,摇板式压缩机属于变排量压缩机,能根据空调系统的制冷负荷自动改变排量,使空调系统运行更加经济。

目前,汽车空调压缩机主要以往复式为主。在大、中型客车上以曲轴式压缩机应用较多,而在中、小型车上,则以涡旋式、摇板式和斜盘式压缩机为主。

1)曲轴式压缩机

曲轴连杆活塞式压缩机的结构和工作过程如图15-22所示。

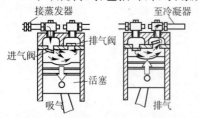

图15-22　曲轴连杆活塞式压缩机的结构和工作过程

2）摇板式压缩机

摇板式压缩机的气缸以压缩机的轴线为中心均匀分布，连杆连接活塞和摇板（摆盘）；主轴和楔形斜板（传动板）连接在一起，斜板驱动摇板，摇板中心用钢球作支承，并用一对固定的锥齿轮限制摇板只能摇动而不能转动，如图15-23所示。

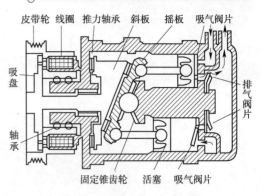

压缩机工作时，主轴带动楔形斜板旋转。由于楔形斜板的转动，迫使摇板以钢球为中心进行摇摆移动。摇板和斜板之间有滚针轴承，变滑动摩擦为滚动摩擦，虽然如此仍有一定的摩擦阻力，在摩擦力作用下，摇板有转动的趋势，但这种趋势被一对锥齿轮所限制，使得摇板只能进行摆动，并带动活塞在气缸中作往复运动，如图15-24所示。

图15-23 摇板式压缩机

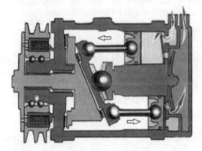
上侧活塞：吸气 下侧活塞：排气

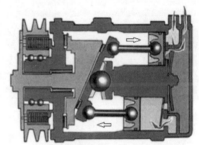
上侧活塞：排气 下侧活塞：吸气

图15-24 摇板式压缩机的工作过程

3）斜盘式压缩机

斜盘式压缩机和摇板式压缩机同属于轴向往复活塞式压缩机。它们的不同点是斜盘式压缩机的活塞运动属于双向作用式，而摇板式的活塞运动属于单向作用式。斜盘式压缩机由离合器、主轴、斜盘、活塞、进气簧片阀、排气簧片阀及压力安全阀（泄压阀）等零部件组成。如图15-25所示。

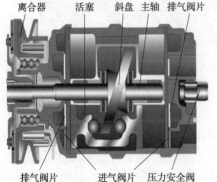

图15-25 斜盘式压缩机结构

斜盘式压缩机通常在两端各布置5个气缸及双向活塞，每个气缸两头都有进气阀和排气阀。当主轴旋转时，斜盘也随着旋转，同时驱动所有的活塞作轴向往复运动，部分活塞向左运动，部分活塞向右运动。当活塞向左运动时，活塞左侧的空间缩小，制冷剂被压缩，压力升高，排气阀打开，制冷剂排出；与此同时，活塞右侧空间增大，压力减小，进气阀开启，制冷剂进入气缸。主轴每旋转一周，两端的双向活塞各自完成一次进气及排气过程。

4）旋转叶片式压缩机

如图15-26所示，旋转叶片式压缩机（简称旋叶式）属于旋转式压缩机，这种压缩机的容积效率比往复式压缩机高得多,因此被广泛应用于汽车空调系统中。

旋转叶片式压缩机没有进排气阀片,转子上的叶片将气缸分成几个空间(图15-26),当主轴带动转子旋转一周时,这些空间的容积不断改变,使气态制冷剂在这些空间内发生体积上的变化,完成吸气和排气过程。叶片越多,压缩机的排气波动就越小。

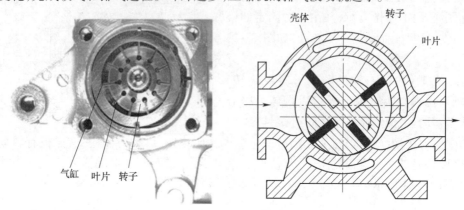

图15-26 圆形气缸旋转叶片式压缩机结构

5)涡旋式压缩机

涡旋式压缩机的结构主要由动涡轮与静涡轮组成。动、静涡轮的结构十分相似,都是由端板和端板上伸出的渐开线型涡旋轮组成,两者偏心配置并且相差180°,静涡轮静止不动,而动涡轮在专门机构的约束下,由曲柄轴带动作偏心回转运动,如图15-27所示。

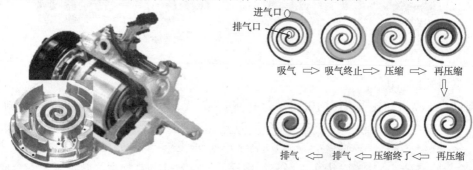

图15-27 涡旋式压缩机

涡旋式压缩机也没有进排气阀片。当压缩机旋转时,动涡轮相对于静涡轮运动,使两者之间的月牙形空间的容积和位置都在发生变化,容积在外部进气口处大,在中心排气口处小,进气口容积增大使制冷剂吸入,当到达中心排气口部位时,容积缩小,制冷剂被压缩排出。

6)可变排量压缩机

可变排量压缩机有机械控制式和电子控制式两种。

机械控制式可变排量压缩机是在斜盘式固定排量压缩机基础上进行改进的,其结构组成同样包括斜盘、活塞、进气簧片阀和排气簧片阀等部件。如图15-28,其与固定排量压缩机最大的区别在于其后端有一个机械式压缩机调节阀总成,这个调节阀能够调节活塞两侧的压力差,通过改变单向工作斜盘的倾斜度(活塞的工作行程)来改变排量,调节范围在5%~100%。

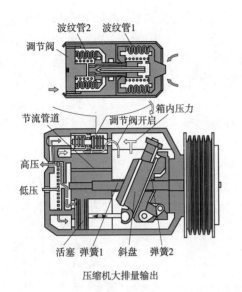 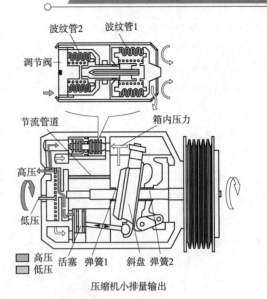

图 15-28 机械控制式可变排量压缩机

斜盘的倾斜度取决于每个活塞两侧的压力差,活塞右侧的压力受压力箱内压力的影响,压力箱内压力由调节阀和节流管道控制,压缩机的调节阀通过波纹管 2 的伸缩具有输出稳压作用。

压缩机大排量输出时,输出压力较高,通过节流管道作用使压力箱内压力升高。压力箱内压力升高到某一值时,调节阀开启,使压力箱与进气低压接通,压力箱内的压力不再升高。此时,活塞两侧的压力差增大,活塞左侧的压力相对增加,从而使斜盘的倾斜度增大,活塞行程变长。

压缩机小排量输出时,输出压力较低,通过节流管道作用使压力箱内压力不断升高,但调节阀处于关闭状态。此时,活塞右侧的压力相对增加,从而使斜盘的倾斜度减小,活塞行程变短。

电子控制式变排量压缩机是在斜盘式固定排量压缩机上增加一个电控调节阀,如图 15-29 所示。工作原理与机械式相类似,不同的是把前者的机械调节阀升级成一个电控调节阀。由空调控制模块给调节阀一个占空比信号来控制压缩机内腔压力的变化,从而改变斜盘倾斜角度以实现对排量的控制。

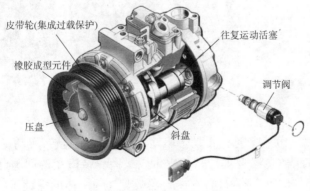

图 15-29 电子控制式可变排量压缩机

固定排量的空调压缩机都装有电磁离合器。而可变排量压缩机可以不再安装电磁离合器,改由压缩机电控调节阀取而代之。可变排量压缩机系统中无论空调制冷系统是否工作,压缩机驱动轴始终随发动机皮带轮一同运转。有些可变排量压缩机也会保留电磁离合器,如上海通用别克的昂科威和雪佛兰新科鲁兹等车型。但电磁离合器在这里不是用来控制制冷系统循环工作的,而是用于保护压缩机和提升车辆性能的。比如:当制冷系统压力太高而调压阀又失效时,电磁离合器可切断系统的工作;在急加速时电磁离合器也会迅速停止压缩机的工作,以保证车辆的加速性。

为避免机械故障或由于制冷剂缺失而造成的润滑不足可能会导致压缩机"抱死",压缩机上设置了过载保护装置:在皮带轮和压缩机转轴之间通过一个橡胶成型元件来驱动,一旦压缩机过载时,橡胶元件外端受挤压,皮带轮与压盘之间的连接断开,皮带轮可以继续自由运转,从而保护传动带乃至发动机,如图15-30所示。

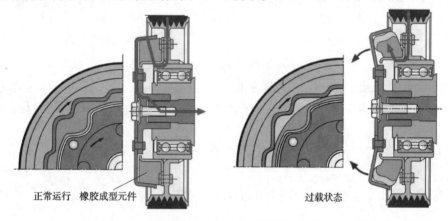

图15-30 压缩机过载保护装置

压缩机电磁离合器的组成如图15-31所示。驱动皮带轮是电磁离合器的主动元件,离合器吸盘(又称为压盘或压板)是电磁离合器的从动元件,电磁线圈是电磁离合器的控制元件。

图15-31 电磁离合器的组成

驱动皮带轮由发动机曲轴通过传动带驱动,只要发动机运转,驱动皮带轮就运转。当空调制冷系统不工作时,离合器吸盘与驱动皮带轮之间保持微小的间隙,此时驱动皮带轮空转,而离合器吸盘不转即离合器分离,与离合器吸盘连为一体的空调压缩机轴也不转,空调压缩机不工作。当起动制冷系统,电磁离合器满足工作条件后,电磁线圈将通电产生磁场,在磁场力的情况下,驱动皮带轮与离合器吸盘紧紧地吸在一起,离合器接合,此时空调压缩机开始工作。如图 15-32 所示。

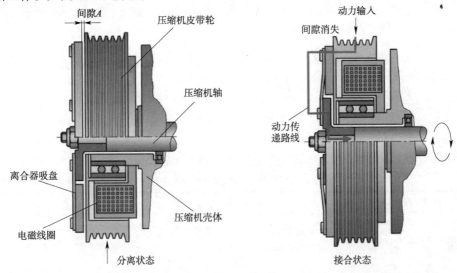

图 15-32　电磁离合器的结构与原理

2. 压缩机的检查与维修

压缩机由于其转速范围波动大、负载不恒定、运行环境相对比较恶劣等原因,因此故障率较高,实际维修中由于其可修复性越来越小,通常是检查分析确定故障后以总成更换为主。

压缩机常见的故障有:电磁离合器故障、轴承磨损或损坏、簧片阀损坏、机械故障造成的噪声和振动以及密封件失效造成的泄漏等。

1) 基本检查

压缩机故障的基本检查以目视检查为主,其检查项目见表 15-5。

压缩机故障的基本检查项目　　　　表 15-5

目视检查项目	检查部位
各部位连接是否牢固	(1) 压缩机安装是否到位,其安装螺栓是否牢固; (2) 压缩机电器连接部位是否清洁和牢固; (3) 制冷剂管路与压缩机连接是否牢固
是否存在损坏或泄漏	压缩机管路连接处和压缩机壳体的接缝处是否损坏或泄漏
电器熔断丝及继电器	压缩机的相关熔断丝和继电器是否损坏、烧断

2) 传动带的检查

压缩机传动带的检查以目视检查传动带的状况是否良好,查看有无裂纹、破损等现象,传动带是否正确地安装在传动带槽内,与皮带轮啮合是否正常等,必要时听察制冷系统运行时压缩机和传动带是否存在异常噪声。

对于没有采用自动张紧系统的传动带,还需要检查传动带的张力是否适中,其检查方法如图 15-33 所示。如果张力不符合要求,则需要调整调节螺钉,使之达到规定值。

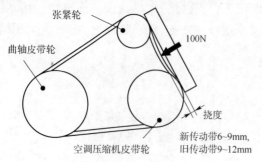
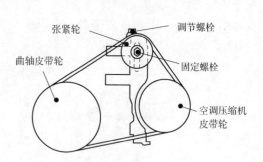

图 15-33 传动带的检查

3)电磁离合器的检查

电磁离合器故障类型及检修项目见表 15-6,检测方法如图 15-34 所示。

压缩机电磁离合器检修项目　　　　　　表 15-6

故障现象	可能的原因	检修项目
电磁离合器不接合	电磁离合器线圈电源及搭铁故障、电磁线圈断路	电磁线圈电阻值检测
电磁离合器打滑	电磁离合器压板和皮带轮间隙异常	电磁离合器间隙测量
电磁离合器分离不彻底	驱动压盘总成扭曲变形、卡住或传动皮带轮破损、变形	目测检查相关部件

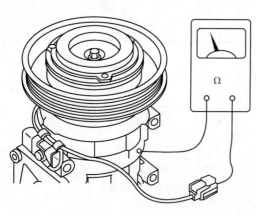

a)电磁线圈的检查　　　　b)离合器间隙的检查

图 15-34 电磁离合器故障的检查

4)系统压力检查

压缩机故障涉及整个制冷循环系统,有时需要结合系统压力来进一步分析。制冷循环系统内的工作压力虽然会随着运行条件的变化而变化,但在正常工作情况下,低压侧读数范围通常为:0.15~0.25MPa;高压侧压力读数范围通常为:1.37~1.57MPa,如图 15-35 所示。

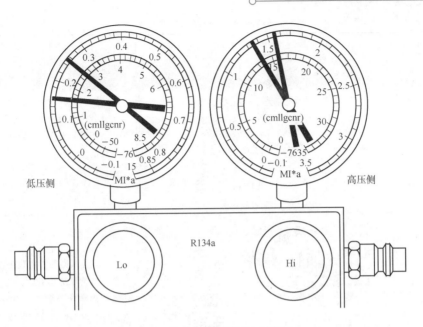

图 15-35　汽车空调高低压侧正常压力

当发动机加大节气门时,所测量的低压压力应随发动机的转速升高而降低,转速越快,压力下降得也越多(快)。则说明压缩机的性能良好,反之说明压缩机有故障。

二、冷凝器的结构原理及其检修

1. 冷凝器的作用、类型与结构

冷凝器的作用是对压缩机排出的高温、高压的气态制冷剂进行冷却使之凝结为液体。冷凝器一般安装在散热器的前面,利用发动机冷却风扇将制冷剂放出的潜热传送到空气中去。如图 15-36 所示。

图 15-36　冷凝器的安装位置

冷凝器主要由管路和散热片组成,有一个制冷剂的进口和一个出口。常见的冷凝器有管带式、管片式、鳍片式和平行流式四种,它们的结构特点见表 15-7。

各种类型冷凝器结构特点 表15-7

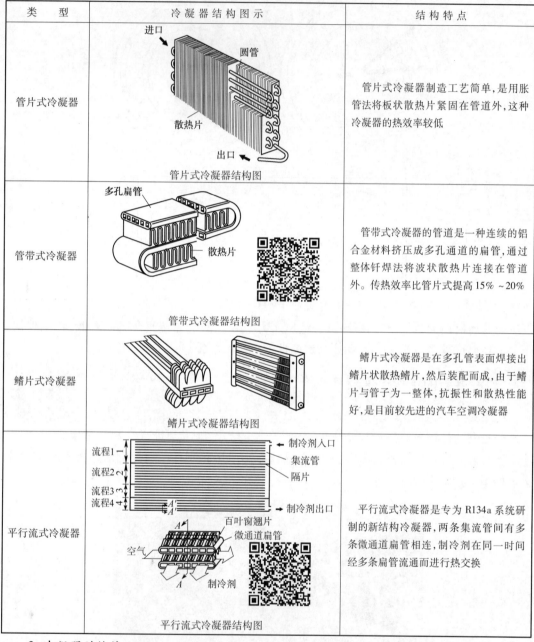

类型	冷凝器结构图示	结构特点
管片式冷凝器	管片式冷凝器结构图	管片式冷凝器制造工艺简单,是用胀管法将板状散热片紧固在管道外,这种冷凝器的热效率较低
管带式冷凝器	管带式冷凝器结构图	管带式冷凝器的管道是一种连续的铝合金材料挤压成多孔通道的扁管,通过整体钎焊法将波状散热片连接在管道外。传热效率比管片式提高15%~20%
鳍片式冷凝器	鳍片式冷凝器结构图	鳍片式冷凝器是在多孔管表面焊接出鳍片状散热鳍片,然后装配而成,由于鳍片与管子为一整体,抗振性和散热性能好,是目前较先进的汽车空调冷凝器
平行流式冷凝器	平行流式冷凝器结构图	平行流式冷凝器是专为R134a系统研制的新结构冷凝器,两条集流管间有多条微通道扁管相连,制冷剂在同一时间经多条扁管流通而进行热交换

2. 冷凝器的检修

汽车定期维护时,应检查冷凝器和散热器的表面是否被灰尘、树叶、泥浆、蚊虫或其他碎屑覆盖堵塞。因为它会影响空气的流通,导致冷凝器散热不良,影响制冷效果。如果需要清洁冷凝器和散热器表面,先用压缩空气逆着气流方向吹出堵塞物,再用水枪冲洗。注意把水枪调到雾状以降低水压,因为过高的压力会使冷凝器或散热器表面的散热片倒伏,同样会影响制冷系统的正常工作。

如果发现冷凝器因撞击等原因损坏,应更换新件,不建议焊修。

三、储液干燥器的结构与检修

1. 储液干燥器的作用与结构

储液干燥器用在膨胀阀式制冷系统中,作用是储存来自冷凝器的多余制冷剂,滤除制冷剂中的杂质,吸收制冷剂中的水分,防止制冷系统管路脏堵和冰堵。在制冷负荷变动时,及时补充和调整供给膨胀阀的液态制冷剂量,以保证制冷剂流动的连续和稳定性。

储液干燥器位于制冷系统冷凝器和膨胀阀之间的高压侧,通常在冷凝器出口附近,其结构如图15-37所示。

部分储液干燥器顶部设有观察窗,用于观察制冷剂在工作时的流动状态,由此判断制冷剂的填充量以及制冷系统的工作情况。顶部的安全熔塞内装填有焊锡之类的易熔材料,当温度达100~105℃(此时压力约3MPa)时,熔塞合金被熔化,从而排泄系统中的高压制冷剂,以防止系统中其他机件被损坏。

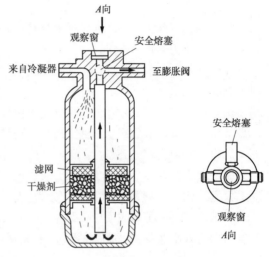

图15-37 储液干燥器的结构

2. 储液干燥器的检查

通过储液干燥器上的观察窗(视液镜)检查制冷剂的循环状况时,应起动发动机,运行空调系统,使发动机在1500~2000r/min状态下运转约5min,目视观察窗状态并进行分析,见表15-8。

储液干燥器的观察窗的检测分析　　　　表15-8

观察孔状态	状态分析
透明,发动机加、减速时有气泡	制冷系统正常 (如果通过观察窗观察到制冷剂几乎透明,在发动机加速或者减速时偶尔能看见气泡,则说明循环系统正常。)
大量气泡	缺少制冷剂或有空气 (如果通过观察窗观察到大量气泡出现,则说明缺少制冷剂或制冷循环系统内存在空气。)
什么也看不到或有油纹	无制冷剂 (如果通过观察窗什么也观察不到或者观察到有油纹,可能是循环系统内无制冷剂。)
泡沫 或 雾状	制冷剂被污染或湿度过大 (如果观察窗出现乳白状泡沫或者雾状情况,表示干燥剂从储液干燥器中逸出,随制冷剂一起在系统中循环,需更换干燥剂。)

四、节流降压装置的结构原理与检修

节流降压装置是制冷系统高压侧与低压侧的分界点,通常安装在冷凝器和蒸发器之间的液体管路上或者蒸发器的入口处,其作用是对制冷剂进行节流降压,并自动调节进入蒸发器的制冷剂流量。

节流:通过节流孔将空调制冷系统高压侧和低压侧分开,即高压液态进,低压液态出(少量制冷剂因压力差而汽化)。

降压:制冷剂经过膨胀阀或节流管(孔管)节流后,进入空间较大的蒸发器,压力下降,有利于制冷剂完全蒸发。

调节:根据热负荷变化自动调节阀门位置,以保证流入适量的制冷剂。

常见节流降压装置分为膨胀阀和节流管(孔管)两种类型。

1. 膨胀阀的类型与结构

膨胀阀安装在蒸发器的入口处,通过改变节流孔的尺寸来控制进入蒸发器的制冷剂流量。根据结构和原理不同膨胀阀又分为:内平衡式膨胀阀、外平衡式膨胀阀和 H 型膨胀阀。

1) 内平衡式膨胀阀

内平衡式膨胀阀由滤网、感温包、毛细管、膜片、推压杆、针阀和弹簧等组成,如图 15-38 所示。感温包内部充注制冷剂,通过毛细管与膨胀阀膜片上方相连。来自冷凝器的制冷剂通过入口滤网去除杂质,然后通过节流孔流到蒸发器。节流孔的尺寸限定了制冷剂的流量。感温包监测蒸发器出口的制冷剂温度,膜片下方承受蒸发器入口压力。如果空调负荷增加,液态制冷剂在蒸发器内提前蒸发完毕,则蒸发器出口制冷剂温度将升高,感温包内的制冷剂膨胀,膜片上方压力增大,推动阀杆使膨胀阀开度增大,进入蒸发器中的制冷剂流量就会增加,制冷量增大;如果空调负荷减小,则蒸发器出口制冷剂温度降低,感温包内的制冷剂体积收缩使膨胀阀开度减小,从而控制制冷剂的流量。

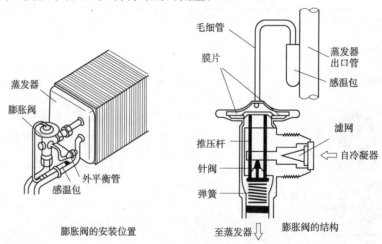

图 15-38 内平衡式膨胀阀的安装位置与结构

2) 外平衡式膨胀阀

外平衡式膨胀阀与内平衡式膨胀阀的原理基本相同。区别在于内平衡式膨胀阀膜片下方承受的是蒸发器入口压力,而外平衡式膨胀阀膜片下方承受的是蒸发器出口压力,如图 15-39 所示。外平衡式膨胀阀增加了一根外平衡接管,用来检测蒸发器出口的压力。由于汽车空调系统中制冷剂在蒸发器里的压力损失较大,因此外平衡式膨胀阀对于制冷剂流量的控制精度优于内平衡式膨胀阀。

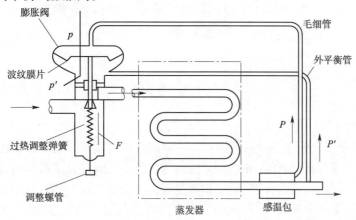

图 15-39 外平衡式膨胀阀的原理

3) H 型膨胀阀

H 型膨胀阀共有 4 个接口与制冷系统连接,其中两个接口与普通膨胀阀相同,一个连接储液干燥器,一个连接蒸发器进口;另外两个接口,一个连接蒸发器出口,一个连接压缩机进口,如图 15-40 所示。感温元件设置在蒸发器出口的制冷剂器流中。H 型膨胀阀取消了普通膨胀阀中的外置感温包、毛细管和外平衡管,提高了其调节灵敏度,另外因其结构紧凑,抗振动性好,被各品牌轿车的空调系统广泛采用。

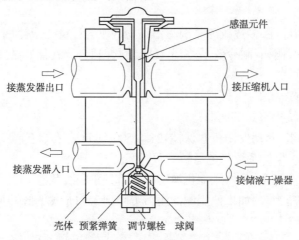

图 15-40 H 型膨胀阀的结构

2.节流管(孔管)的结构

如图 15-41 所示,节流管有一根经过校准的固定计量管,能在它的入口和出口之间产生压力差,高压的液态制冷剂进入节流管,节流管通过减少制冷剂的流量来实施节流降压作用。节流管的计量管是定流量的,所以不能调节制冷系统内的制冷剂流量,主要使用在一些可变排量压缩机系统中。节流管的入口和出口都有滤网,用来滤掉杂质及污染物,防止节流管堵塞。

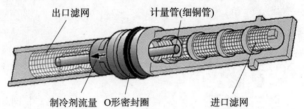

图 15-41 节流管(孔管)的结构

3. 节流降压装置的检修

1)膨胀阀的检修

膨胀阀的故障多数是因为计量阀卡滞在关闭或打开位置而失去调节作用。当计量阀卡滞在关闭位置时,流入蒸发器的制冷剂不足,会造成低压侧压力表读数偏低、膨胀阀处结露、蒸发器出口温度过高等症状(注意:制冷剂不足、膨胀阀入口滤网堵塞等故障,也可能会产生以上症状)。当计量阀卡滞在打开位置时,流入蒸发器的制冷剂过多,会造成压缩机吸入管路结露或温度过低。

膨胀阀的检查方法如下:

(1)确认制冷系统内有足够的制冷剂。

(2)连接压力表组,起动发动机并保持转速在 1500r/min 左右,将空调系统调到最冷模式,鼓风机调到最高转速,保持系统稳定运转一段时间。

(3)将温度计直接放在接近蒸发器出口的散热片附近。读取 3～10℃ 温度范围内低压侧压力表上的读数。如果测得的温度和压力范围不符合规格,则可能需要更换膨胀阀。

2)节流管的检修

节流管没有运动部件,多数故障是因为污染物造成的计量孔或滤网堵塞,其故障症状与膨胀阀故障是相似的,例如:制冷效果差、低压表读数偏低、节流管处结露或结霜以及蒸发器出口温度过高等。

节流管的检查方法如下:

(1)确认制冷系统内有足够的制冷剂。

(2)连接压力表组,起动发动机并保持转速 1500r/min 左右,将空调系统调到最冷模式,鼓风机调到最高转速,保持系统稳定运转一段时间。

(3)短接压力循环开关,保持压缩机离合器一直处于吸合状态。

(4)观察低压侧压力表,如果低压侧的压力下降到 35kPa 或更低,说明节流管存在堵塞,需要拆卸清洁或更换。

五、蒸发器的结构原理与检修

1. 蒸发器的作用与结构

蒸发器的作用是将经过节流降压后的液态制冷剂在蒸发器内汽化,吸收蒸发器周围空气的热量而使之降温,鼓风机再将冷风吹到驾驶舱内,让驾驶舱内的空气冷却并去除水蒸气。

蒸发器通常位于仪表台下方的空调箱壳体总成内,其结构如图15-42所示。它的组成部件主要有制冷剂管路、吸热片以及入口和出口管路。吸热片多为铝合金制成,是一种有效的热交换材料。

空气流经蒸发器表面,汽化过程中的制冷剂吸收热量,空气中的水蒸气被冷凝在蒸发器上形成小水滴,水滴聚集在蒸发器底部通过排水管排出车外。这就是空调制冷系统能够除湿的原理。

2. 蒸发器的检修

蒸发器最常出现的故障现象为物理损坏

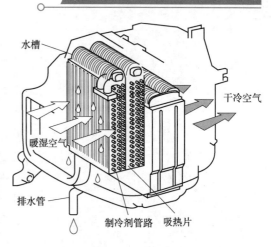

图15-42 蒸发器的结构

或泄漏,应予以更换。也有些车辆因为空调滤芯更换不及时造成蒸发器外表面脏污,最终导致其散热不良,维修时使用专用清洁剂喷洗可以除去其表面污垢。

六、气液分离器的结构原理与检修

1. 气液分离器的作用与结构

气液分离器也是制冷剂的一个储存瓶,它的作用是把气态与液态制冷剂分离开,同时过滤冷冻机油。气液分离器与储液干燥器的功能基本相同,不同之处在于它安装在蒸发器出口与压缩机入口之间的低压侧,用在装有固定孔径节流管(孔管)的系统中。

气液分离器的结构如图15-43所示。气态制冷剂吸入口位于气液分离器的顶部,因此只有气态制冷剂才能从其顶部被吸出,而液态的制冷剂被收集在瓶体的底部,这就能防止液态制冷剂进入压缩机。

2. 气液分离器的检修

一般出现如下情况时需要更换气液分离器:压缩机损坏后产生的金属碎屑污染了系统;制冷循环系统存在水分,并运行了较长时间;干燥剂袋破裂,且在系统内循环造成污染;气液分离器超过使用年限。

气液分离器是一个密封组件需总成更换。

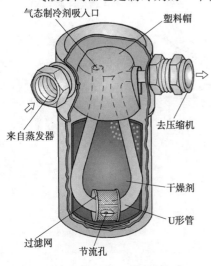

图15-43 气液分离器的结构

七、汽车空调制冷系统压力的检测

1. 压力表组

压力表组结构简单,操作简便,易于携带,是检修制冷系统常用的工具,包括压力表、充注管、高低压阀、截止阀、快速接头等部件,压力表组成套配件如图15-44所示。用它可以完成制冷剂的回收及充注,也可以用于执行系统压力的检查及抽真空等操作。

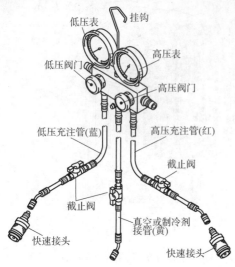

图15-44 汽车空调压力表组

1)压力表

压力表分为高压表(红色)和低压表(蓝色),高压表用于读取制冷循环系统高压侧的压力,低压表用于读取低压侧的压力。两种压力表上的刻度有所区别,高压表量程的范围为 0~3MPa。低压表既可以显示压力,也可以显示真空度,一般真空度量程范围为 0~101.3kPa,而压力量程范围为 0~1.5MPa。不同品牌的压力表单位有所不同,压力表上常见的压力单位有 kPa、MPa、psi、kgf/cm^2 等。

2)充注管

充注管分为蓝、红、黄三色,连接低压压力表的充注软管颜色为蓝色,连接高压压力表的充注软管颜色为红色。中间充注软管为黄色,用于连接真空泵或制冷剂罐,完成系统的抽真空或者制冷剂的回收/充注。软管一端为直形,一端为 L 形,直的软管接头连接到压力表,L 形一端连接检修用的快速接头。

注意:充注软管与压力表连接部位的螺母内装有密封圈,用手稍微紧固即可完全接好,不要用钳子等工具进行紧固。

3)高低压阀门

压力表的安装基座前面或两侧有两个开关阀,LO 代表低压阀,HI 代表高压阀。高低压阀门的内部结构如图 15-45 所示。通过旋转打开和关闭高低压阀门,可以控制高低压接口和中间接口的接通和关闭(顺时针拧到底为关闭两侧高、低压接口和中间接口的连接),用来检测制冷系统压力、加注制冷剂或排出制冷剂等,如图 15-46 所示。

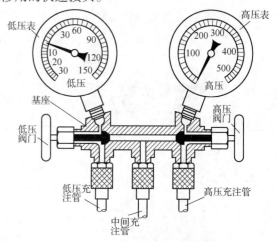

图15-45 高低压阀门的结构

4)截止阀

在制冷系统检修过程中如果需要从系统中拆下充注管,首先要关闭充注软管上的截止阀以减少制冷剂从软管中的排出量。在压力表组不用时,为了防止污染物和潮气进入压力表组,通常在存放前,要把各连接软管的快速接头连接到压力表组的对应接口上,如图 15-47 所示。

5)快速接头

压力表组的快速接口设计为带回流防止阀的结构,使用时推压快速接头的 A 部分,直到牢固卡入检修接口,当完成连接后能听到一声清脆的"咔嗒"声(当充注管里有制冷剂时,推压快速接头正确入位可能有困难)。

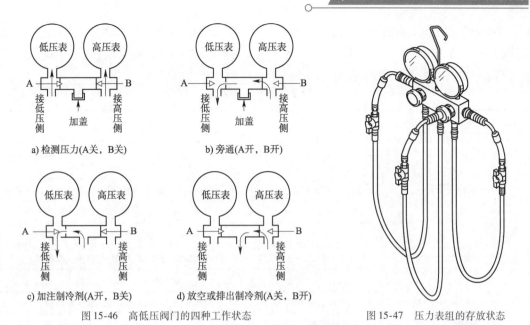

a) 检测压力(A关，B关) b) 旁通(A开，B开)

c) 加注制冷剂(A开，B关) d) 放空或排出制冷剂(A关，B开)

图15-46 高低压阀门的四种工作状态

图15-47 压力表组的存放状态

拆卸快速接头时，上拉并固定快速接头 A 部分，同时滑动快速接头的 B 部分(管接头)，便可完成拆卸，如图15-48所示。当拆下快速接头之后，应盖好检修接口的盖帽以防止污染。

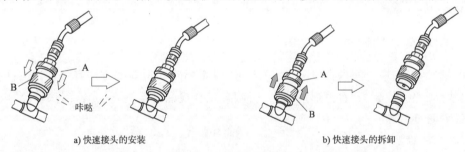

a) 快速接头的安装   b) 快速接头的拆卸

图15-48 快速接头的拆装

2. 制冷系统压力的检测

用压力表组检查制冷系统的压力。如图15-49所示连接压力表组，关闭高低压侧手动阀门，起动发动机，将转速控制在1 500～2 000r/min，使压缩机工作，但不要超过30s(保护低压表)，观察高低压表的读数。

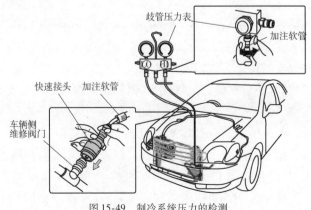

图15-49 制冷系统压力的检测

汽车电气设备与维修

制冷循环工作正常时,低压表的读数为 0.15～0.25MPa(1.5～2.5kgf/cm², 21～36psi),高压表的读数为 1.37～1.57MPa(14～16kgf/cm², 199～228psi)。如果高、低压表读数不正常,其故障原因及排除方法见表 15-9。

制冷系统压力异常分析　　　　　　　表 15-9

高压表读数	低压表读数	故 障 原 因	排 除 方 法
低	低	制冷剂不足	加注部分制冷剂
		制冷系统有泄漏	检漏修复后,加注适量制冷剂
		制冷系统内有水分	放净制冷剂,充分抽真空,排除湿气,重新加注制冷剂
		制冷剂流动不畅	检查膨胀阀、储液干燥过滤器、管路等
高	高	制冷剂过多	放出部分制冷剂
		冷凝器散热不良	检查冷凝器风扇工作情况,检查清洗冷凝器
		膨胀阀工作不良	检查膨胀阀,必要时更换
		系统中混入空气	放净制冷剂,抽真空后重新加注制冷剂
低	高	压缩机高低压串气	更换故障件

知识拓展

一、制冷系统的检漏

如果制冷剂在短时间内大量减少,应该进行泄漏检查。检漏的方法有多种,常有的方法有目测法、肥皂液检测法、着色剂检测法、卤族素元素检漏灯检测、荧光检漏法检测、电子检漏仪检测和打压检漏等。

1. 目测法检漏

观察管路接头处,有泄漏的地方一般会沾有带油的灰尘(直观有效),如图 15-50 所示。

2. 肥皂水检漏

将肥皂水涂到怀疑有泄漏的区域时,冒出气泡的地方表明这里存在泄漏,如图 15-50 所示。

3. 着色检漏

制冷系统在注入染色液之后,让车辆行驶几天。在泄漏处可见到染色液痕迹,这样很容易发现泄漏之处。

4. 卤族元素检漏灯检测法

卤族元素检漏灯检测法:价格便宜灵敏度高,但使用麻烦且不够安全,现很少使用。

5. 荧光检漏

将经过计量的一定数量的对紫外线敏感的染料引入到空调系统内,待空调系统运转几分钟,使染料循环,然后用紫外线灯来查找泄漏处。荧光检漏法(紫外线检漏法)是查找微小泄漏的最有效的方法,其设备如图 15-51 所示。

有些汽车制造厂家往原装空调系统内添加荧光染料(称作"探伤液")。

目测检查

肥皂水检漏

图 15-50 目测检漏和肥皂水检漏

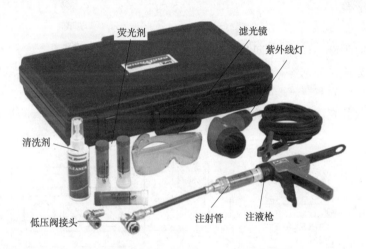

图 15-51 罗宾耐尔 16350 荧光检漏仪

6. 电子检漏仪检漏

电子检漏仪是所有检漏装置中最灵敏的。由于灵敏度太高,要在通风良好的地方检测,否则难以找出准确的泄漏点。

将电子卤素检漏仪放在泄漏部位,当检测到有外泄的制冷剂时,会发出报警声音,操作时要调整检测灵敏度,直到反应正确为止。电子检漏仪及其使用方法如图 15-52 所示。使用过程保持探头距离元件或接头约 5mm,不要让探头直接接触元件或接头,否则可能出现读数出错并损坏探头。

7. 打压检漏

给系统(无制冷剂)注入氮气或空气,压力不能超过系统正常高压压力值。然后用肥皂水检漏方法进行检漏。

二、制冷剂的回收

当制冷系统部件出现故障需要更换时,需先回收制冷剂才能拆装部件。

汽车电气设备与维修

图 15-52　TIF XP-1A 电子检漏仪

制冷剂的回收设备：制冷剂回收充注机。

1. 连接压力表组和制冷剂回收机

把压力表组中间黄色/绿色的软管连接到制冷剂回收机，完全关闭压力表组的高、低压侧阀门，把红、蓝色充注软管分别连接到车辆侧的高、低压维修接头。管路连接及开关状态如图 15-53 所示。

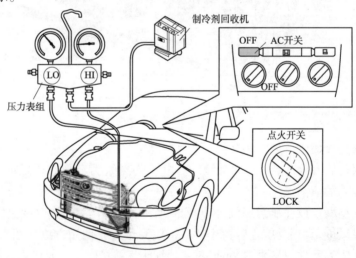

图 15-53　制冷剂回收管路连接

2. 回收制冷剂

参考有关制冷剂回收机的说明书进行操作。因为回收机型号不同，使用方法也不一样。需要注意的在回收过程中，应不断的观察压力表指针，当压力到达负压时，压缩机在抽真空。应及时按"取消"键，停止回收，防止损坏回收机中的压缩机。

三、制冷系统抽真空

抽真空的主要目的是排出系统中的空气、水分和杂质，以及利用真空进行检漏复检，为制冷系统加注制冷剂做好准备。

空调系统检打压检漏、更换元件、有"冰堵"现象及大修后等，必须进行抽真空处理，以清除系统内的空气和水分。在抽真空之前，若系统内有制冷剂，应首先进行排空或回收。建议用多功能制冷剂回收充注机进行回收。一方面可以避免直接排入大气造成污染，另一方面可以知道有多少冷冻油被抽出，从而向系统内加入同量的冷冻油，再就是可以在多功能制冷剂回收充注机上完成制冷剂回收、抽真空、检漏及充注制冷剂和冷冻油。多功能制冷剂回收充注机如图15-54所示。当然也可用单独的真空泵进行抽真空。

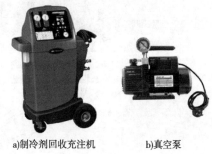

a) 制冷剂回收充注机　　b) 真空泵

图15-54　抽真空设备

下面以使用真空泵和压力表组为例说明抽真空的操作。

（1）连接真空泵和压力表组。把压力表组中间黄色/绿色的软管连接到真空泵，完全关闭压力表组的高、低压侧阀门，把红、蓝色充注管分别连接到车辆侧的高、低压维修接头，如图15-55所示。

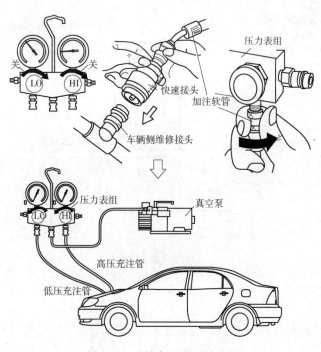

图15-55　连接真空泵和压力表组

（2）抽真空。如图15-56所示，打开压力表组高压侧和低压侧的阀门，开动真空泵抽真空，抽真空至压力表组低压侧显示真空度为 -100kPa 或更高负值，再抽10min。

（3）真空检漏。关闭压力表组高、低压侧的阀门，关闭真空泵，检查制冷系统的密封性，如图15-57所示。低压表指针在5min内不得有回升，若压力有回升，则表明系统有泄漏，应停止抽真空，转为查漏，排除后再进行抽真空。

（4）清理、收拾工用具，结束。

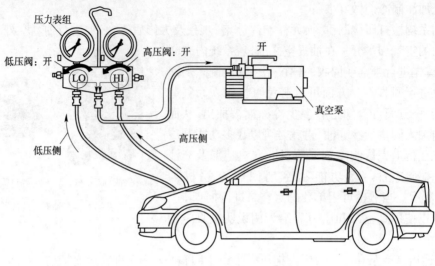

图 15-56 抽真空

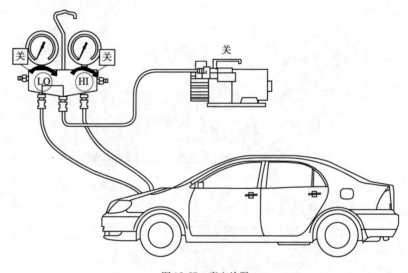

图 15-57 真空检漏

四、制冷剂的充注

汽车空调在使用过程中发现空调不够凉,并且制冷剂的量不够时,要进行制冷剂的补充。

制冷剂加注罐充注有两种方法:动态充注(发动机运行)和静态充注(发动机不运行)。

由于系统中已经有了制冷剂,具备了一定的压力,因此充注制冷剂时必须开启空调,利用压缩机的抽吸来把制冷剂补充到系统中去。这种补充制冷剂的方法称为动态充注法或低压充注法。是从空调系统低压检修口加入制冷剂。

动态充注法充注制冷剂的步骤:发动机处于运转状态并使空调系统正常工作,然后进行下面的操作。

1. 安装制冷剂罐

认识制冷剂加注阀,如图 15-58 所示。

(1)连接加注阀与制冷剂罐。如图 15-59 所示,逆时针转动手柄提升阀针(避免安装时针阀插进制冷剂罐,导致制冷剂泄漏),逆时针转动提升板状螺母,把制冷剂加注阀旋进制冷剂罐直到罐口密切贴合,然后顺时针拧板状螺母以便紧固加注阀。

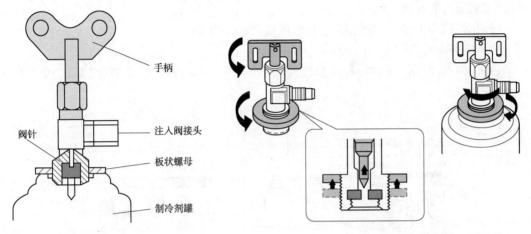

图 15-58　制冷剂加注阀　　　　　图 15-59　连接加注阀与制冷剂罐

(2)把制冷剂罐安装到空调压力表组上。如图 15-60 所示,完全关闭压力表组低压侧和高压侧的阀门,把空调压力表组中间的黄色软管连接到加注阀接头。顺时针转动手柄直到阀针在加注罐上钻一个孔。逆时针转动手柄退出阀针。

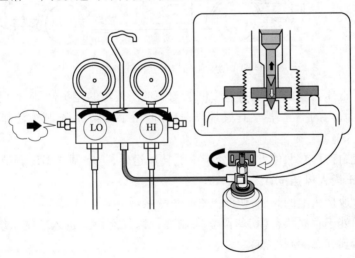

图 15-60　制冷剂罐安装到空调压力表组上

2.压力表组与空调系统正确的连接

使压力表组的高低压阀处于关闭状态,并把压力表组的高压管(红色)与空调系统的高压管连接、压力表组的低压管(蓝色)与空调系统的低压管连接、中间管(黄色)与制冷剂罐上的加注阀连接。

3. 排掉中间管的空气

排空气有两种方法：

（1）拧松中间管与制冷剂罐的连接接头，逆时针拧松压力表组低压手动阀，制冷系统中的制冷剂就会把中间管内的空气排出（空调压力表无排气阀）。

或用螺丝刀按下压力表组的空气驱除阀放出空气，直到听到"哧"的一声，制冷剂从阀门释出（空调压力表有排气阀）。

（2）用抽真空方法对空调压力表高低压软管进行抽真空。

4. 加注制冷剂

如图 15-61 所示，顺时针拧进加注阀的手柄，使针阀插进制冷剂罐，然后退到适当的高度。

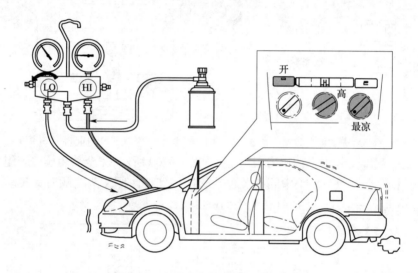

图 15-61　制冷剂动态充注法（低压侧加注）

排中间管及低压管内的空气：拧松中间管与高低压表组的接头螺母，利用制冷剂罐内的制冷剂冲出中间管内的空气，然后拧紧螺母；打开低压手动阀，用同样方法排空低压软管里的空气。

起动发动机，打开空调，使发动机处于中低转速运转，把空调的温度调节开关打到最冷的位置，风机置于最大风挡位置。

打开低压快速接头上的阀门，使低压管与系统接通。

使制冷剂罐处于直立状态（切勿倒立），制冷剂以气态形式进入空调系统中（在压力表组观察窗可以看到气态的制冷剂）。

这一步要特别注意：制冷剂不能以液态形式进入系统，否则会损坏压缩机。在此加注过程中在高压快速接头上的阀门与系统接通的情况下（便于观察压力以判断加注量），不能打开空调压力表上的高压手动阀，否则可能会造成高压制冷剂回流，胀破制冷剂罐。

在加注过程中要注意观察压力表组的高低表的读数和储液干燥器的观察窗，判断制冷剂量是否已经加注合适。如果加完一罐之后，制冷剂还不够，则换一个制冷剂罐，重复上述步骤，直到制冷剂加够为止。

任务3 汽车空调电器控制系统的故障诊断与检修

客户任务	雪佛兰科鲁兹轿车,在打开空调制冷开关后,空调出风口无冷风吹出。
任务目的	制订工作计划,检修汽车空调鼓风机电路及压缩机电磁离合器电路。
步骤	实施内容
一、确认客户报修故障	附录1 维修接待与接车问诊表
二、检测仪表、工具及车辆防护工作	根据任务要求,确定需要的检测仪器、工具并对小组人员合理分工,制订详细的诊断和修复计划。 (1)需要的检测仪表、工具见表15-10。 **检测仪表、工具**　　　　　表15-10 | 序号	仪表、工具名称	规格	数量	备注
---	---	---	---	---
					  (2)车辆防护。
三、根据资讯查找电器元件位置,分析电路,初步检查	(1)参看图15-68,分析科鲁兹轿车鼓风机不转的故障原因有哪些? (2)参看图15-69,分析科鲁兹轿车空调电磁离合器不吸合的故障原因有哪些? (3)实车上确定各元件位置。 	□熔断器盒 X50A	□压缩机离合器 Q2	□温度传感器 B39
---	---	---
□压力传感器 B1	□鼓风机 M8		
四、电路检测	(1)科鲁兹轿车鼓风机不转故障的诊断步骤。

续上表

四、电路检测	(2)科鲁兹轿车空调压缩机电磁离合器不吸合的故障诊断步骤。 细致目测电路的外部系统,检查各个相关线束、接插件及搭铁的情况,如有不良,记录表15-11。 检 查 表　　　　　　　　　　　　表15-11 | 项目	位置1	位置2	位置3 | |---|---|---|---|
线束			
搭铁			
接插件				 结果：
五、故障部位确认和排除	根据上述的所有检测结果,确定故障内容并注明。 (1)确定的故障内容。 	□元件损坏	请写明元件名称：	 |---|---|
□线路故障	请写明线路区间：
□其他	| (2)故障点的排除处理说明。 | 故障点1( )	□更换	□维修	□调整 | |---|---|---|---|
故障点2( )	□更换	□维修	□调整	
六、确认修复	
七、评价	评价表见表15-12。 评 价 表　　　　　　　　　　　　表15-12 |	检查评价项目	完成标准	学生自评	小组评价 | |---|---|---|---|---|
职业技能	根据控制电路,判断故障点	正确分析		
	能进行故障排查	步骤正确规范		
技术知识	控制电路组成、电路分析	会描述		
素质目标	安全、规范操作			
	团结、合作			
	现场5S				

制冷系统主要是通过改变制冷剂的形态变化来实现制冷作用的,这个过程的核心部件就是压缩机,为了能够对制冷效果更好的控制,在制冷系统工作的过程中就要不断地对压缩机进行控制。制冷系统的控制策略就是对压缩机及整个车辆进行综合控制,以实现提高空调系统性能和车辆发动机性能,同时起到保护压缩机的作用。

一、制冷控制系统的组成

制冷控制系统主要由传感器、控制开关、控制模块等组成。制冷系统的控制模块利用多个传感器或者开关等参数信息,对压缩机的运行进行控制,以实现对制冷效果的控制,同时对压缩进行相应的保护。

1. 蒸发器出口温度传感器

蒸发器出口温度传感器也是一个热敏电阻器,热敏电阻根据蒸发器温度的变化改变电阻值,将电阻值的变化转换为电压信号,然后传输至控制模块。蒸发器出口温度传感器通常直接被插入到蒸发器翅片的中间位置,如图15-62所示。如果蒸发器的温度下降到规定值以下时,控制模块将停止压缩机的运行,以控制系统在一定的温度范围之内工作。它被作为压缩机电磁离合器在"接通"和"断开"之间循环运行的主控信号。

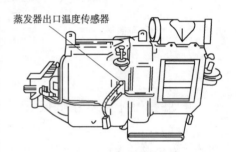

图15-62 蒸发器温度传感器的安装位置

2. 制冷剂压力传感器

制冷剂压力传感器用来监测空调系统的高、低压压力,它是一个压电式传感器。当系统压力变化传感器的阻值发生改变,反馈到相应的控制模块的信号电压就发生了变化,控制模块据此信息对压缩机进行控制,将循环系统内的压力控制在一个合理的范围内。如果监测到系统压力低于规定值压缩机将会被切断;如果检测到系统压力高于规定值,将首先起动冷却风扇快速运转并在必要时切断压缩机。这样一方面可以起到调节制冷效果的作用,另一方面也可以对压缩机进行相应的保护。

制冷剂压力传感器通常安装在空调系统高压管路上,如图15-63所示。

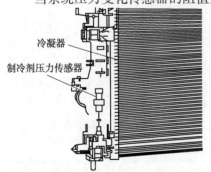

图15-63 制冷剂压力传感器

3. 环境温度传感器

环境温度传感器通过直接与环境接触来检测车辆外部温度,通常有双金属片式或者热敏电阻式两种形式。前者串联在压缩机控制电路中,通过温度变化引起双金属片活动而控制压缩机,当环境温度过低时切断压缩机电路。热敏电阻式传感器是一个热敏电阻器,随着温度的改变阻值会发生改变,阻值变化其信号电压就发生变化。热敏电阻式传感器不能直接连入压缩机电路,而是将检测的电压信号传输给控制模块,由控制模块来控制压缩机。两者都可以防止在环境温度较低的时候运行压缩机,起到保护作用。另外,目前有很多车辆带有外界环境温度显示功能,其信号也来自于环境温度传感器。

环境温度传感器通常安装在车辆冷凝器的前方,如图15-64所示。

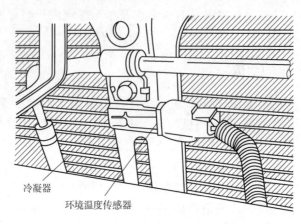

图15-64　环境温度传感器

4. 高、低压切断开关

早期的车辆上会使用高、低压切断开关来控制和保护压缩机,作用相当于空调压力传感器。系统的高压侧和低压侧分别有一个单独的开关,高压侧为高压切断开关,低压侧为低压切断开关。该开关可串接在压缩机离合器控制电路中,当开关达到各自的压力规定值时直接对压缩机的工作进行控制。高、低压切断开关通常安装在压缩机的后方,也有装在高低压管路上的。

5. 压力循环开关

压力循环开关是一种多用途的开关,主要用来监控系统低压侧的压力。当压力下降到一个预置的压力范围时,此开关将切断压缩机控制电路。一些车辆通常设置在压力约为141kPa或更低时将压力循环开关断开,而当压力上升到另一个预置的压力范围(约282kPa)时,压缩机重新起动,这就防止了因蒸发器出现冻结而造成的压缩机损坏,同时控制系统在合理的范围内运行。压力循环开关同时也能防止系统在出现渗漏的意外状态下运行压缩机,它的作用相当于一个低压切断开关。注意:不同的车辆和系统中的压力值会有所不同。

压力循环开关通常用在循环离合器式节流管系统中。一般安装于制冷剂收集干燥器处或者干燥器与压缩机之间的制冷剂管路中,如图15-65所示。

图15-65　压力循环开关

6. 控制模块

大部分空调压缩机的运行是由发动机控制模块(ECM)进行控制的。这种控制方式的优点就是ECM不但可以接收来自系统本身的相关信息,还可以根据发动机的各种运行参数,确定是否应该启用空调压缩机。同时 ECM 也可以根据压缩机的运行情况,调整发动机的运行参数,用来减少因压缩机工作时对发动机产生的影响,并实现最佳的经济运行控制。

压缩机电磁离合器通电与否,取决于控制模块接收到的传感器和控制开关的信息是否符合条件,然后控制模块根据内部程序进行逻辑控制。以 SGM 科鲁兹轿车为例,其压缩机的运行除了我们要打开鼓风机开关及 A/C 开关以外还要必须满足以下条件:

(1)蓄电池电压在 9~18V 之间。
(2)发动机冷却液温度低于 124℃。
(3)发动机转速高于 600r/min。
(4)发动机转速低于 5500r/min。
(5)空调高压侧压力在 269~2929kPa 之间。
(6)节气门位置小于 100%。
(7)蒸发器温度高于 3℃。
(8)ECM 没有检测到转矩负载过大。
(9)ECM 没有检测到怠速不良。
(10)环境温度高于 1℃。

不同车型控制逻辑和启用条件可能会有所区别,请参考相应的维修手册。

7. 电磁离合器

图 15-65 所示为典型的 ECM 控制压缩机的电路,压缩机电磁离合器受 ECM 控制,一旦 ECM 确认了压缩机的全部控制条件,会接通离合器控制继电器的电路,继电器闭合使电流通过电磁离合器的电磁线圈,电磁线圈产生电磁吸力,使压缩机进入运行状态。

二、汽车空调制冷系统控制电路

1. 鼓风机控制电路

常见的控制方式有两种:由鼓风机开关和调速电阻联合控制,电控模块通过大功率晶体管控制。

1)由鼓风机开关和调速电阻联合控制

风机的控制挡位一般有二、三、四、五速 4 种,最常见的是四速,如图 15-66 所示,通过改变风机开关与调速电阻的接通方式可令风机以不同转速工作。风机开关处于 1 挡位置时,至电动机的电流须经过 3 个电阻,风机低速运行,开关调至 2 挡位置,至电动机的电流须经 2 个电阻,风机按中低速运转,开关拨至 3 挡位置时,至电动机的电流只经过一个电阻,风机按中高速运转,选定 4 挡位置时,线路中不串任何电阻,加至电动机的是电源电压,风机以最高速运转。

2)由电控模块控制

图 15-67 所示为电控模块控制的鼓风机电路。鼓风机由鼓风机控制模块提供工作电压和脉冲搭铁。

2. 压缩机电磁离合器控制电路

目前压缩机电磁离合器控制电路有由空调压力开关和发动机 ECM 共同控制的,也有由各种传感器和发动机 ECM 共同控制的,如图 15-68 和图 15-69 所示。

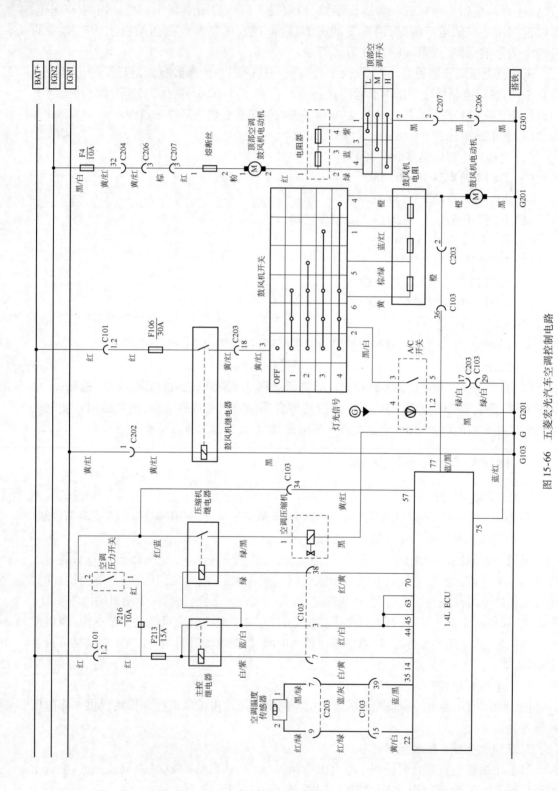

图 15-66 五菱宏光汽车空调控制电路

项目十五　汽车空调系统的维修

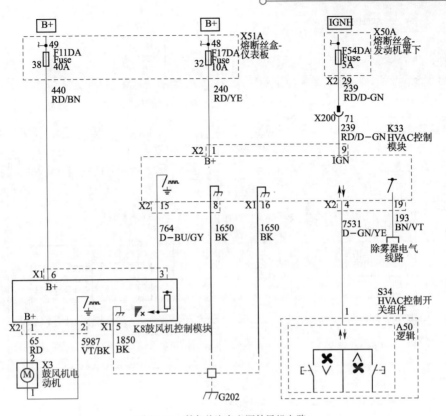

图 15-67　科鲁兹汽车空调鼓风机电路

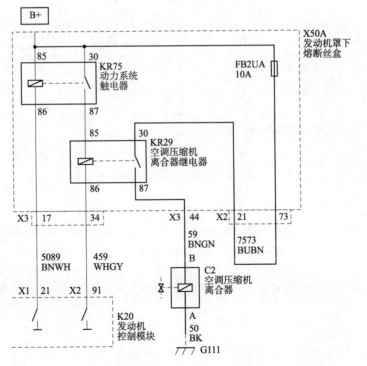

图 15-68　压缩机电磁离合器电路

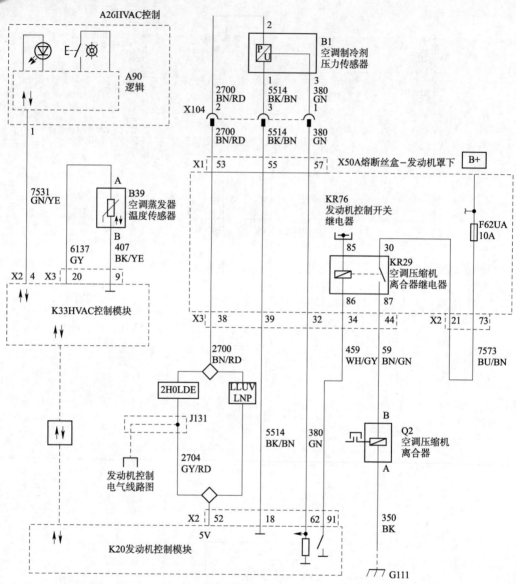

图 15-69 科鲁兹轿车空调压缩机控制电路

附　　录

维修接待与接车间诊表

车牌号		车型		行驶里程	
车辆 VIN				接车日期	
客户姓名		联系电话		联系地址	
客户描述的故障现象					
服务顾问诊断初步意见					
服务顾问建议					
油量确认		外观确认（如有损伤，在相应部位作标记）			
功能确认（正常√　不正常×） □音响系统　　□点烟器　　□玻璃升降 □中控门锁　　□后视镜　　□天窗		物品确认（有√　无×） □随车工具　　□千斤顶　　□备胎 □灭火器　　□其他（　　　　　） □贵重物品已提醒用户带离车辆			
服务顾问提醒	（1）本次检查出故障如在本店维修，检测费包含在修理费内；如用户不在本店维修，则需支付检测费。本次检测费：¥＿＿＿＿＿＿＿＿＿＿。 （2）维修旧件处理：□用户要求带走　□用户选择不带 （3）本站已提醒用户将车内贵重物品带离车辆并妥善保管，如有丢失恕不负责。				
服务顾问			客户确认		

参 考 文 献

[1] 姜大源.当代世界职业教育发展趋势研究[M].北京:电子工业出版社,2012.
[2] 博世培训教材.汽车电器与电子[M].北京:北京理工大学出版社.
[3] 古永棋.汽车电器及电子设备[M].重庆:重庆大学出版社,2004.
[4] 李智超.汽车电器与电子设备[M].合肥:合肥大学出版社,2011.
[5] 谭善茂,黎亚洲.汽车电器设备检修一体化项目教程[M].上海:上海交通大学出版社,2013.
[6] 阴丽华,胡勇.汽车整车电路检测与修复[M].北京:机械工业出版社,2014.
[7] 袁苗达.实施汽车电路系统初级维护[M].北京:机械工业出版社,2010.
[8] 舒华.汽车电器设备检测与维修[M].北京:北京理工大学出版社,2009.
[9] 王娜.汽车电器系统检修[M].北京:北京大学出版社,2009.
[10] 金洪卫,陈昌建.汽车电器设备与维修[M].大连:大连理工大学出版社,2010.
[11] 李云杰,黄龙进.汽车电器设备与维修[M].北京:人民交通出版社,2012.
[12] 曾显恒,胡勇.汽车电器系统检测与修复[M].北京:机械工业出版社,2011.
[13] 关志伟.现代职业教育汽车类专业教学法[M].北京:北京师范大学出版社,2010.